Rosmarie Mann · Johann Sebastian Bach

Johann Sebastian Bach

Harmonie
und Kontrapunkt
Biografie
von Rosmarie Mann

Verlag Neues Leben Berlin

ISBN 3-355-00552-5

© Verlag Neues Leben, Berlin 1988 · Lizenz Nr. 303 (305/317/88) · LSV 7001
Schutzumschlag und Einband: Gerhard Christian Schulz · Typografie: Katrin Kampa
Schrift: 11 p Timeless · Gesamtherstellung: Offizin Andersen Nexö, Graphischer
Großbetrieb, Leipzig III/18/38 · Bestell-Nr. 644 368 3 · 01390

Kindheit – Jugend – Lehrjahre

1685–1702

Die Stadt Eisenach

Eisenach ist eines jener thüringischen Kleinstädtchen, dessen ganz besonderen Reiz die Landschaft ausmacht, die es umschließt. Mischwaldbestandene Berge und Höhenzüge umgeben die Stadt wie ein Rahmen. Der in diesem Städtchen geborene Johann Sebastian Bach ist ein überzeugendes Beispiel dafür, daß kleinstädtisch-kleinstaatliche Verschlafenheit und scheinbare Idylle nicht unbedingt auch verschlafene Bürger hervorbringen müssen.

Waren Eisenach und vor allem die der Stadt nahe gelegene Wartburg auf dem Wartberg vor der Reformation ein bedeutender Wallfahrtsort für Pilger und Gläubige katholischer Konfession gewesen, so entwickelten sich Stadt und Burg im zweiten Viertel des 16. Jahrhunderts zu Zentren der lutherischen Glaubensreform. Auf der Wartburg hatte Luther einst Zuflucht vor Verfolgung gefunden und während seines Aufenthaltes mit der Übersetzung des neuen Testaments aus dem Griechischen ins Deutsche begonnen. Dies begründete gleichsam unsere moderne deutsche Hochsprache.

Zur Zeit des Dreißigjährigen Krieges hatte Eisenach das Schicksal vieler mitteldeutscher Städte teilen müssen und die wechselnden Besetzungen durch „Kaiserliche" oder „Schweden" zu erdulden. Wie andernorts auch war hier die Einwohnerschaft stark dezimiert und eine große Anzahl von Häusern zerstört worden. Besonders viel Unheil hatte der „Schwedenbrand" des Jahres 1636 angerichtet, in dessen Verlauf nahezu

Eisenach

1. Fürstl Residentz Schloß.   4. Die Klay.   7. Fürstl Schießgraben.
2. S. Georgen Stadkirch   5. S. Niclauskirch   8. Prediger Closter
3. Das Rahthauß   6. Das Klockenhauß   9. S. Maria Stifft.

nu Spital.   13. S. Georgen thor.   16. Schloß vnd Vestung Wartenberg.
en thor.   14. Predigerthor.   17. Der Modelstein. da zuvor ein Schloß gestan
as thor.   15. Die Nast vnd Nessel fluß. 18: Hie ist die Eysenacher burg gestanden

die ganze Stadt in Schutt und Asche sank. Die Überlebenden der ohnehin nicht gerade wohlhabenden Stadt sahen sich ihres geringen Besitzes beraubt. Was durchziehende Landsknechte beider Heere nicht hatten mitgehen lassen, war nun dem Feuer zum Opfer gefallen. Doch nicht nur die Stadt, auch weite Flächen der einst reizvollen Umgebung waren vom Kriege gezeichnet. Äcker lagen verwüstet und brach. Es fehlten Menschen, die die vernichteten Felder hätten rekultivieren und die Ernährung der Bewohner in ausreichender Menge gewährleisten können. Über Jahrzehnte hinweg wandelte sich daher die tiefe Not des Krieges in qualvolle Bemühungen und Anstrengungen des Nachkriegs.

Während nach dem Abschluß des Westfälischen Friedens 1648 zu Münster im westlichen Teil Europas die ersten Nationalstaaten entstanden waren, hatte in Deutschland die zentrale Reichsgewalt immer mehr an Einfluß verloren. Die Souveränität der nahezu dreihundert Landesfürsten wurde indes stärker gefestigt. Damit nahm für die deutschen Lande jene verhängnisvolle Entwicklung der Zersplitterung und Kleinstaaterei einen folgerichtigen Fortgang, die bereits nach dem Scheitern der verzweifelten revolutionären Bestrebungen von 1525, nach dem „Bauernkrieg", begonnen hatte.

Auch für Eisenach und seine Einwohner hatte sich vieles verändert. Das ehemals unabhängige Gemeinwesen war Residenz eines jener Landesfürstentümer geworden, in welchem der „Souverän" unumschränkt regierte. Die einst selbstbewußten und freisinnigen Bürger mußten sich nun als abhängige Untertanen unter die harte und ungerechte Rechtsprechung ihres Fürsten stellen, um ja keine Gesetze oder Vorschriften – seien sie noch so unsinnig oder unmenschlich – zu übertreten. Das gesamte wirtschaftliche, politische und kulturelle Leben wurde auch in Eisenach vom jeweils regierenden Herzog, von seinem Hofe bestimmt.

Die Stadt Eisenach – alter Stich

Führt man sich die Größe des Territoriums vor Augen, war das Hofleben unverhältnismäßig kostspielig. Das Volk hatte wie überall an einer vom Geschmack des Hofes diktierten Kunst keinen Anteil, obwohl es die materiellen Voraussetzungen für sie geschaffen hatte.

Neben dem Geschmacksdiktat des winzigen Hofes war das gesamte Leben Eisenachs geprägt durch den lutherischen Protestantismus, und wie in den meisten mitteldeutschen Kleinstaaten unterstützte auch hier das Landeskirchentum die fürstliche Territorialherrschaft. Für die älteren Gemeindemitglieder der Stadt, welche die Schrecken des noch nicht lange zurückliegenden Krieges durchlitten und überlebt hatten, bedeutete die lutherische Gemeinde Zuflucht und Schutz vor allen aufgezwungenen, oft wechselnden weltlichen und geistlichen Machtansprüchen. Doch auch die mittlere und junge Generation wurde von den Nachfolgeerlebnissen des großen Krieges, von Engels als „größte Tragödie des deutschen Volkes" bezeichnet, geprägt.

So spielte sich das gesamte Leben von der Geburt bis zum Tode innerhalb der protestantischen Gemeinde ab. Jeder einzelne wurde von dieser Zugehörigkeit geprägt, hatte an allem teil, was sich innerhalb dieses Verbandes ereignete.

In den achtziger Jahren des 17. Jahrhunderts umgab die Stadt – wie damals allerorts üblich – eine Mauer aus unbehauenen groben Steinen mit ausgesparten Spalten, die als Schießscharten der Abwehr feindlicher Überfälle dienten. Stadttore und Verteidigungstürme bildeten einen äußerst nutzbringenden, vorbeugenden, weithin sichtbaren und zudem dekorativen Schutz. Eisenach besaß fünf Tor- und vierundzwanzig Wachttürme. Drei der ausladenden Stadttore wurden zusätzlich mit Vortoren gesichert, in welche riesige dickwandige Türen aus massivem Eichenholz mit kunstfertigen schmiedeeisernen Beschlägen eingehängt waren.

Die fünf Haupttore wurden jeweils am Morgen zu bestimmter Stunde geöffnet und am Abend ebenfalls zu festgesetzter Zeit wieder geschlossen. Nachts kam niemand hinaus und auch keiner herein. In Kriegs- und Notzeiten blieben die Tore verriegelt. Passieren ließ die diensthabende Stadtwache in Krisenzeiten nur Personen, die einen behördlich unterzeichneten und mit dem Siegel des Stadtrates versehenen Passierschein vorweisen konnten. Herrschte in der Stadt die Pest, durften durch die Tore nur die flachen Leichenkarren rollen. Denn bei Seuchen mußten die unzähligen Toten außerhalb der Stadt begraben werden.

Trotz aller Vorsicht und Wachsamkeit entlang der Stadtmauer konnte indes nicht verhindert werden, daß sich in Eisenach zuweilen verschiedenes „Gesindel" und „Gelichter" herumtrieb. Mit allerlei harmlosem Schabernak, oft aber auch üblen Streichen störten diese dunklen Gestalten die Ruhe der Bürger oder bedrohten gar deren Leben.

Die Wacht- oder Verteidigungstürme waren meist bewohnt – ganz sicher aus praktischen Erwägungen heraus. In einem von ihnen lebte bis zum Jahre 1674 der Eisenacher Stadtpfeifermeister, auch „Hausmann" genannt. Vermutlich trug er den Namen, weil er eine Art Hausmeisterposten bei der Stadt versah. Darum hießen Wachttürme oder auch Kirchtürme, von denen der Stadtpfeifer mit seinen Gesellen die Stunden- und Wochenchoräle blies, in vielen Städten auch „Hausmannstürme".

Dem Eisenacher Hausmannsturm war ein Holzschuppen vorgebaut, in welchem die Glocken von St. Georg hingen. Sicher gehörte es nicht zu den Annehmlichkeiten des Lebens, so direkt neben den Glocken zu wohnen. Jeder, der beim Läuten schon einmal in der Nähe dieser erzenen Kolosse gestanden hat, wird sich eine Vorstellung von der unerträglichen, ohrenbetäubenden Lärmbelästigung machen können, die für die Bewohner des Turms zu den verschiedenen Tageszeiten von dem Geläut ausgegangen ist. Und damals wurde viel geläutet! Zu Gottesdiensten, Hochzeiten, Begräbnissen, Kindtaufen, Konfirmationen, fürstlichen Geburtstagen und hohen Staatsbesuchen. Vor allem natürlich zu allen kalendarischen Kirchenfe-

Straße in Eisenach

sten. Eisenach war ja eine protestantische Stadt. Und wenn den Protestanten als Folge der Reformation auch der Sinn für große Prachtentfaltung in ihren Gotteshäusern abhanden gekommen war, feierten sie als gottesfürchtige Leute doch sehr gern viele Feste.

Brach in den Straßen oder Gassen Feuer aus, mußten die Glocken zuweilen auch nachts in Schwung versetzt werden.

Die Straßen Eisenachs waren eng und dem hügeligen Gelände entsprechend zum Teil halsbrecherisch steil. Nach starken Regengüssen oder bei Tauwetter wurde oft rollendes Gestein bis auf den Marktplatz geschwemmt, worauf der Name eines Platzes, „die Rolle", noch heute hinweist.

Durch das starke Gefälle der Berglandschaft bedingt, führten von den Straßen oft kleine, ausgetretene Steintreppchen zu den Erdgeschossen der unterschiedlich gestalteten und größtenteils bunt bemalten Fachwerk- und Lehmhäuser hinauf. Über dem Erdgeschoß hing fast überall wie eine vorstehende gesteifte spanische Halskrause das erste Stockwerk. Diese Bauweise trug nicht wenig zur Behaglichkeit der Stadt bei. Kommunikationsfreudigkeit und -möglichkeit der Bürger wurden geradezu herausgefordert. Man war einander nahe und konnte seinem Gegenüber buchstäblich in die Stuben sehen und sogar über die Straße hinweg miteinander plaudern. Neuigkeiten rasten in ähnlicher Geschwindigkeit durch die Stadt wie ein Feuer; nicht umsonst hieß es, daß sich Nachrichten verbreiteten „wie ein Lauffeuer".

Fast alle Wohnhäuser hatten eine große Diele, in die man gleich von der Straße eintrat und von welcher je nach Größe des Gesamtbaus eine mehr oder weniger gewundene, aber schmale Treppe zu den Wohn- und Schlafstuben führte. Die Küche lag meist im Zwischengeschoß mit Blick nach hinten, das hieß zum Garten. Und diese Gärten oder vielmehr Gärtchen klebten regelrecht an der Rückwand der Häuser. Ordentlich und sauber war in ihnen das Erdreich in rechteckige und runde, von niedrigem Buchsbaum umstandene Beete aufge-

12

teilt. Auch hier herrschten Enge und Winzigkeit! Aber nicht selten gediehen in dieser Gedrängtheit „Arabiens Wohlgerüche": Pimpernell, Basilikum, Liebstöckl, Wanzendill (Koriander), Minze, Rosmarin und Tripmadam. Diese „Spezereyen" gehörten zu einer halbwegs guten Küche, und die eigene Ernte war der Stolz jeder Hausfrau. Selbstverständlich hätte man sie kaufen können beim Gewürzkrämer, der „... Materialist ..., aus Mißbrauch auch Apotheker" genannt wurde. Dann aber für teures Geld! Den lustigen Namen der Küchenkräuter entsprachen die zum Teil nicht weniger lustigen, aufschlußreichen Familiennamen: Kannewurf, Lämmerhirt, Borstelmann, Hesselbarth, Kiesewetter, Eisenkraut, Geisthirt, Räuber ...

Für die in vielen Familien beachtliche Kinderschar waren die Häuser, Straßen und Gassen ideale Spiel- und Tummelplätze.

Der 21. März 1685

Ein ziemlich geräumiges Haus bewohnte seit Jahren auch der Stadtpfeifermeister Johann Ambrosius Bach, ein Zugereister aus Erfurt. Er gehörte zu einer im Thüringischen ansässigen weitverzweigten Familie, aus der zahlreiche Organisten, Kantoren, Hofmusiker und Stadtpfeifer hervorgegangen waren, die nun ihrerseits mit ihren Familien in vielen umliegenden Dörfern und Städten lebten.

1674 hatte Ambrosius Bach das Gebäude in der Eisenacher Fleischergasse mit seinem mühsam Ersparten erwerben und sogleich „versteuern" können. Der Wachtturm mit den Glocken der Georgskirche hatte sich für seine rasch wachsende Familie als zu eng erwiesen und war Ambrosius Bach vielleicht auch nicht mehr attraktiv genug. Denn immerhin hatte er einen guten Ruf zu verteidigen, er galt über die Grenzen Eisenachs hinaus als ausgezeichneter Lehrmeister und konnte sich eines regen Zulaufs von Schülern aus anderen thüringischen Städten und Dörfern erfreuen.

Etwa um die fünfte Nachmittagsstunde des 21. März Anno 1685 ist es im Bachschen Hause stiller als gewöhnlich. Laut Kalender sollte heute eigentlich das Frühjahr kommen. Aber noch immer ist es naßkalt, neblig und ungemütlich. Den ganzen Tag über ist es nicht hell geworden, und die Talglichte, erst gestern beim Seifensieder gekauft, sind schon bis zur Hälfte heruntergebrannt. Lehrbuben und Gesellen, die mit im Hause wohnen, „copiren" Noten oder beschäftigen sich mit ihren Instrumenten, die täglich geputzt werden müssen. Das gehört zum Handwerk. Der vierzehnjährige älteste Sohn des Hauses, Johann Christoph, hat gerade den dreijährigen Jakob zu Bett gebracht und sich nun wieder auf der Fensterbank in die theoretischen Regeln des Orgelspiels vertieft. Mit fünfzehn soll er nach Erfurt zu dem berühmten Organisten Johann Pachelbel in die Lehre geschickt werden.

Lange ist Ambrosius Bach heute mit den Gesellen unterwegs gewesen, um die Stundenchoräle zu blasen und andere Stadtpfeiferpflichten zu erfüllen. Vor Ostern gibt es viel zu tun. Jetzt aber hat der Meister einen Gesellen allein losgeschickt, um selbst die Kinder in Schach halten und der „Wehmutter" bei der bevorstehenden Geburt helfen zu können.

Das Nachtmahl fällt an diesem Abend kärglicher aus als sonst, wenn sich die Mutter selbst darum kümmerte. Es gibt kräftiges, rundes Bauernbrot mit einer Satte Sauermilch für jeden. Sorgte die Mutter für das Essen, so war die Milch mit etwas Weißkäse eingedickt oder mit süßem Mus. Heute fehlen Käse und schmackhafte Kräuter aus dem Fensterkasten. Für den Vater und den Altgesellen stehen Krüge mit selbstgebrautem Dünnbier bereit.

Nun war die Geburt eines Kindes im Hause Bach nichts gar so Ungewöhnliches! Trotzdem ist Ambrosius Bach beunruhigt, denn er weiß, daß sein Weib Elisabeth, eine geborene Lämmerhirt, nicht mehr die Stärkste und auch nicht mehr die Jüngste ist. Elisabeth, einundvierzig Jahre alt und von vielen Schwangerschaften geschwächt, sieht der Ankunft des neuen

14

Schlafraum mit Alkoven um 1700

Erdenbürgers nicht mehr so freudig entgegen. Komplikationen sind zwar kaum zu erwarten, aber sie hat gewünscht, daß ihr Jakob das letzte Kind bleibt. Doch alles war unabwendbar. Was blieb ihr anderes übrig, als sich dreinzuschicken. Noch ein Kind! Kein Anlaß also zu besonderer Freude, aber auch kein Grund, sich lange darüber aufzuhalten.

Entbunden wird selbstverständlich in der eigenen Schlafkammer, und wie immer ohne einen Arzt, nur mit Hilfe der „Wehmutter", der Hebamme. In Eisenach gehörten zwei Hebammen zur städtischen Beamtenschaft. Resolut wie ein Dragoner beherrscht die herbeigerufene rundliche Frau das Feld zwischen Schlafstätte und Küche. Ruhe, Entschlossenheit, peinliche Sauberkeit, viel heißes Wasser und chirurgisches Geschick können im richtigen Moment bei der Geburt oft über Leben und Tod entscheiden.

Auf einem Beistelltisch liegen griffbereit ausgekochte Leintücher verschiedener Größe ausgebreitet, in die das Neugeborene gewickelt werden soll. Auch ein „Klopfsäcklein" mit dem für heutige Begriffe gefährlichen Bleiweiß zum Einpudern steht da.

Säuglingssterblichkeit und tödliches Kindbettfieber bei den Mütter waren bei der Geburt trotzdem nie auszuschließen. Nicht selten kam es zu Infektionen durch Verunreinigung; zum Beispiel wenn die Nabelschnur von der Hebamme mit den Zähnen getrennt wurde.

Der Knabe, der jetzt geboren wird, ist kräftig und gesund. Johann Sebastian Bach selbst kommentiert das Ereignis seiner Geburt im Jahre 1735 kurz und bündig mit den Worten:

„JOHANN SEBASTIAN, Joh. Ambrosii Baachens jüngster Sohn, ist gebohren in Eisenach Anno 1685, den 21 ten Martij."

Wie es der Brauch vorsah, wird das Kind gleich nach der Geburt getauft. Im Kirchenbuch von St. Georg ist im Register „Tauffen" verzeichnet:

„Lunae, den 23. Martij
Herrn Johann Ambrosio Baachen, Haußman ein Sohn, Gevattern Sebastian Nagel, Haußman zu Gotha, und Johann Georg Kochen, Fürstlicher Forstbedienter alhier.
Nomina Filii (Die Namen des Sohnes) *Joh. Sebastian".*

„Gevattern" waren damals wichtige Leute, denn sie hatten den Täuflingen nicht nur ihre Namen zu geben, sondern im Notfall für die Heranwachsenden auch einzustehen mit Leben und Gut. Verwaiste ein Kind oder starb ihm der Vater, wurde meist einer der männlichen Gevattern als Vormund eingesetzt und

16

für die Erziehung des unmündigen Kindes verantwortlich gemacht. Vorausgesetzt, es waren nicht erwachsene Geschwister dazu in der Lage. Undenkbar war, daß eine verwitwete Mutter ihre unmündigen Kinder in eigener Verantwortung erziehen durfte. Selbst materielle Unabhängigkeit hätte dies nicht ermöglichen können. Schon bei dem Wunsch wäre die Mutter in den Verdacht geraten, zu den „Freiheits- und Gleichheitsjungfern" zu zählen, die nicht eben im besten Rufe standen.

An Geburtstagen hatten die Gevattern, die meist aus der engeren oder weiteren Verwandtschaft kamen, Geschenke zu bringen. Überhaupt war man miteinander versippt und verschwägert und darum bemüht, die Familie zusammen und in Ehren zu halten. „Schwartze Schafe" waren freilich äußerst unwillkommen.

Diese Art der Familienverkettung war sozusagen ein Schutz- und Trutzbündnis, eine „Selbsthilfeorganisation" ihrer einzelnen Mitglieder. In jeder Situation war man bereit, einander zu helfen. Und da einem von „oben", von den Beamten des Herzogs nämlich, ziemlich selten und – wenn überhaupt – auch nur sehr wenig Rechte zugestanden wurden, bedeuteten die Familienbindungen zugleich die Möglichkeit, sich geschlossen mit den jeweiligen politischen und sozialen Gegebenheiten auseinanderzusetzen oder, sollte dies nötig sein, sich auch gegen diese zu wehren.

Die Stadtpfeiferei – ein musikalisches Handwerk

Die Eintragung im Taufregister gab Auskunft über die soziale Herkunft des Täuflings und damit zugleich über das gesellschaftliche Umfeld, in welchem die Familie sich bewegte. Johann Sebastian Bach stammte aus einer Musikerfamilie, da „Haußman" gleichbedeutend war mit Stadtpfeifer. Ein Stadtpfeifer war Angehöriger der niederen städtischen Bediensteten und genoß, wenn er sein Amt umsichtig und pünktlich versah, fast die gleiche Achtung wie ein Tischler, ein Schlosser oder ein Zimmermann. In der Ständeordnung rangierte der Stadtpfeifermeister allerdings erst nach dem Handwerksmeister, der über weit mehr Vorteile und Ansehen verfügte.

Hauptinhalt der Tätigkeit eines Stadtpfeifers bildete ausschließlich die Musik, die zu Zeiten der Geburt Johann Sebastian Bachs noch immer als lehrbares und erlernbares Handwerk galt. Musiker, ob nun Kantoren, Organisten, Stadtpfeifer oder Hofinstrumentalisten, mußten einen langen und harten, meist entbehrungsreichen Ausbildungsweg gehen, bevor sie angestellt wurden.

Seit langem waren in Bachs Familie nahezu alle musikalischen Berufe vertreten. Der von Bach später in einer kurzen, skizzenhaft aufgezeichneten Familienchronik erwähnte Weißbäckermeister Veit Bach – als Lutheraner aus Ungarn „entwichen" – soll zum Takt seines Mühlrades auf „einem Cythringen" gespielt haben. Dieser Veit Bach verkörperte also Bäckermeister, Müller und Musikus in einem. Und schon dieser Tatbestand genügte dessen berühmtestem Nachfahren, Johann Sebastian Bach nämlich, Veit Bach zum Stammvater aller thüringischen „Bache" zu erklären. Seit Veit Bach hatte sich die Familie über das ganze Thüringer Land verbreitet. Der Musiker Michael Altenburg bemerkte schon 1620:

(es gab) *„doch bald kein Dörflein in Thüringen, darinnen Musica beydes, vocalis und instrumentalis, nicht herrlich und zierlich sollte florieren".*

Und ebenjene, welche die Musik zum „florieren" brachten, waren vorwiegend Mitglieder der Familie Bach!

Einer von ihnen – Johann Ambrosius Bach – hatte unter anderem die Aufgabe, als Angestellter des Eisenacher Stadtrates mehreren Jugendlichen das Stadtpfeiferhandwerk beizubringen. Die Pflichten eines Stadtpfeifers waren vielfältig,

18

Bachdenkmal in Eisenach

wichtig und nützlich, seine Arbeitszeit war nahezu unbegrenzt.

Deshalb lag die Erziehung des jüngsten Sohnes in Händen der Mutter, denn den Vater wird der Knabe nicht allzuoft zu Gesicht bekommen haben. Vielleicht dann und wann einmal zum Nachtmahl oder auch während abendlicher Hausmusiken, zu denen Freunde geladen wurden, deren Darbietungen der junge Johann Sebastian fasziniert lauschte.

Jedesmal, wenn sich Angehörige und Freunde bei Bachs trafen, pflegte man nicht nur das Instrumentalspiel, sondern sang Choräle und andere Lieder. Besonderer Beliebtheit erfreuten sich die „Quodlibets". Einer stimmte die Melodie irgendeines allen bekannten Liedes an, an dessen Grundharmonien sich dann die anderen zu halten hatten. Jeder sollte etwas beisteuern. Auf diese Weise entstand oft ein komisches Nebeneinander und Durcheinander, bei dem es nicht selten ziemlich grob, zuweilen auch recht „schlüpfrig" herging. Keiner nahm ein Blatt vor den Mund. Schwächen, die von Beteiligten bekanntgeworden waren, wurden aufs Korn genommen. Jene, welche besonders empfindlich waren, zogen es dann vor, die Stube zu verlassen.

Der Beruf der Stadtpfeifer hatte sich im Verlauf eines längeren Zeitraums aus fahrenden Spielleuten und Ratsmusikanten entwickelt. Ihre Musizierweise setzte, im Gegensatz zu jener der höfischen Musiker, eine plebejische Tradition fort. Für den Tagesablauf der städtischen Bevölkerung unentbehrlich, wurden die Stadtpfeifer schließlich zu Trägern städtisch-bürgerlicher Musikpflege. Mit dem wachsenden Selbstbewußtsein des Stadtbürgertums etablierte sich auch die „Stadtpfeyferey" zu einer achtbaren und für die Aufrechterhaltung der Ordnung unverzichtbaren Zunft, die überall im Dienste der Obrigkeit stand. Der Meister hatte zum Beispiel dafür zu sorgen, daß am Zahltage pünktlich ein besonderes Glöckchen, nämlich das „Steuerglöcklein", geläutet wurde. Vielleicht war dies eine der Aufgaben von Ambrosius Bachs Lehrbuben? Zu diesen vom

Rat festgesetzten Stunden mußten dann die Bürger ihre Steuergroschen aufs Rathaus bringen.

Die Steuerzahler der Stadt und auch jene „personae", welche sich unerlaubterweise in der Stadt aufhielten, wurden vom Stadtpfeifermeister, von seinen Gesellen und Lehrjungen morgens geweckt und abends zu Bette gebracht. Zur Ruhe durfte man sich allerdings erst dann begeben, wenn man, dem entsprechenden Trompetensignal des Stadtpfeifers und der gesungenen Aufforderung des Nachtwächters folgend, „Feuer und Licht" verwahrt hatte.

„Hört ihr Leut und laßt euch sagen,
die Glocke hat ... Uhr geschlagen.
Verwahrt das Feuer und das Licht,
damit der Stadt kein Leid geschicht!
Lobet Gott den Herrn! Amen!"

Familienväter, die diese Pflichten versäumten, wurden, falls man sie ertappte, hart bestraft. Die Stadtpfeifer waren also zugleich auch Feuerwächter, und die Glocken Gottes mußten oft als banales Alarmsignal für die mit Stroheimern und Holzbottichen bewaffnete städtische Feuerwehr herhalten.

Das Funktionieren des gesamten gesellschaftlichen und politischen Lebens war von der Aufmerksamkeit des Stadtpfeifermeisters, der Einsatzfähigkeit seiner Lehrlinge und Gesellen abhängig. Neben anderen Dienstleistungen hatte der Hausmann Ambrosius Bach dann auch „nebst vieren Personen seine Aufwartungen zu verrichten", die unter anderem darin bestanden, daß er „jeden Tage 2 mahl wohl aufs Rathauß, als mittags umb 10 Uhr, des abends aber umb 5 Uhr die Stunden abblasen" mußte. Jeder Fremde, der sich der Stadt in freundlicher oder auch feindlicher Absicht näherte, wurde von einem der Tor- oder Wachttürme „angeblasen". Auch das „Marktaufspielen" gehörte zu den Obliegenheiten des Hausmanns. Nicht zuletzt gab das Blasen des Stadtpfeifermeisters Ereignisse des

Kirchenjahres bekannt. Denn man hatte „dazumal noch die Gewohnheit, alle Dinge mit Religion anzufangen", wie der Enkel Ambrosius Bachs, Carl Philipp Emanuel, später feststellte.

Jeder Stadtpfeifermeister bildete demnach mit seiner Familie, seine Gesellen und Lehrbuben, die während ihrer Ausbildungszeit fest in das Familienleben integriert waren, ein kleines musikalisches Dienstleistungsunternehmen. Ihre Kunst war Handwerkskunst im besten Sinne, so daß Johann Kuhnau, Johann Sebastian Bachs Vorgänger im Amte des Thomaskantors, um 1700 schreiben konnte:

> *„Wenn unsere Stadtpfeifer etwa zur Festzeit ein geistliches Lied mit lauter Trombonen vom Turme blasen, so werden wir über alle Maßen darüber bewegt und bilden uns ein, als hörten wir die Engel singen."*

Trotz dieser mit dem Engelsgesang verglichenen Musizierkunst der Stadtpfeifer schienen die Erfahrungen, welche das Kind Johann Sebastian Bach mit der Arbeit dieser Zunft machte, nicht die besten gewesen zu sein. Zu keinem Zeitpunkte seines Lebens stand für ihn diese Laufbahn zur Debatte. Als „gebranntes Kind" hielt er diesen nicht nur wenig einträglichen, sondern auch in der sozialen Stufenleiter auf einer unteren Stufe angesiedelten musikalischen Broterwerb nicht für erstrebenswert. Zudem hatte er zweifellos beobachten können, wie wenig doch die meisten Verpflichtungen, welche sein Stadtpfeifervater täglich zu erfüllen gezwungen war, wirklich mit Musik zu tun hatten, wie sehr sie aber dessen Zeit und Kräfte verbrauchten.

In den Jahrzehnten nach dem Friedensschluß zu Münster hatten alle Zünfte einen ununterbrochenen und aufreibenden Kampf um ihre Existenz zu führen. Auch die Stadtpfeifer sahen ihren Einfluß und vor allem ihre Einnahmen durch vagabundierende „Bierfiedler", „Leyrer" und „Geiger" gefährdet. Deshalb schlossen sich die mitteldeutschen Meister 1653 zum

„Instrumental-Musikalischen Collegium in dem Ober- und Niedersächsischen Kreis" zusammen. Es gab also eine Art Gewerkschaft, die eine gewisse Stabilisierung der Lage brachte. Und diese war sogar kaiserlich privilegiert! Allerdings blieben Lehrlinge und Gesellen davon ausgeschlossen.

Dieser Schutz der Zunft erwies sich für die Stadtpfeifer als bitter nötig. Viele Landsknechte, die dreißig Jahre lang ein unstetes und freies Leben geführt hatten, waren auch jetzt nicht bereit, seßhaft zu werden, und versuchten ihr Glück lieber als Wandermusikanten. Als fahrende musikalische „Schwarzarbeiter", die sich in Dörfern und Städten herumtrieben, bedeuteten sie eine akute Existenzbedrohung für die „ordentlichen" und auf ihre Berufsehre bedachten Stadtpfeifer. Brachten sie doch die Angehörigen der Zunft um einen beträchtlichen Teil ihrer Nebeneinkünfte, der „Accidentien".

Denkbar war auch, daß die Jugendlichen den Vorträgen der musizierenden Vagabunden lieber zuhörten als den oft allzu ernsten städtischen Musikanten, die in der Öffentlichkeit immer nur Choräle spielten. Was hatten die Stadtpfeifer schon gesehen? Die Bierfiedler hingegen waren weit herumgekommen und hatten immer das Modernste, auch das Frechste aufgeschnappt. Und das wollten die Heranwachsenden kennenlernen, wenn es in den „Winckeln und Schänken" zum besten gegeben wurde. Außerdem tanzte es sich zu dieser „Leyrerey" auch besser als zur Stadtpfeifermusik.

All dies war den hochwohllöblichen Zunftbrüdern ein Dorn im Auge. Auch dem Meister zu Eisenach, Ambrosius Bach! Im April 1684 beschwerte er sich bei der Behörde, dem Rat der Stadt Eisenach mit einer Eingabe:

„... von der Besoldung allein aber zu leben, hält schwer: gar kümmerlich muß er (der Stadtpfeifer) *sich mit den seinigen behelfen ... daß man also bey so gestalten Sachen* (gemeint sind die Bierfiedler etc.) *gantz ungeduldig und verdrossen wird."*

Dies war nicht nur unzufriedene Nörgelei gegen fremde, außerhalb der Zunftordnung stehende Musikanten, sondern berechtigte Existenzangst! Ambrosius Bach war so verdrossen, daß er mehrere Versuche unternahm, Eisenach zu verlassen und nach Erfurt umzusiedeln. Alle Bemühungen aber, die Leitung der Erfurter Ratsmusik zu übernehmen, schlugen fehl. Sie fanden weder das Einverständnis des Eisenacher Herzogs noch das rechte Interesse seitens des Erfurter Rates.

Zuviel Arbeit und die ununterbrochene Sorge um den Unterhalt für die große Familie haben allmählich die Gesundheit von Johann Ambrosius Bach untergraben und ganz sicher auch die wenigen Spargroschen dahinschmelzen lassen. 1694 war ihm die Frau gestorben, die er um nur ein Jahr überlebte. Nach seinem Tode standen die Hinterbliebenen mittellos da. Hier hatte das Handwerk keinen goldenen Boden.

Lateinschule und musische Erziehung

In einem Teil des alten Dominikanerklosters befand sich die Eisenacher Lateinschule, die zweihundert Jahre zuvor, nämlich zwischen 1498 und 1501 – von Martin Luther besucht worden sein soll. Vermutlich sogar hatte man Luther nach demselben Lehrplan unterwiesen wie den Knaben Johann Sebastian Bach, der 1693 als siebenundvierzigster Schüler der „Quinta" eingeschult wurde.

Der Unterricht in der unteren Klasse war für Lehrer und Schüler gleichermaßen belastend und deshalb wenig effektiv. Es saßen in relativ engen Klassenzimmern zuweilen mehr als hundert Kinder in einem Raum! Trotzdem war es Bach gelungen, schon 1694 zum vierzehnten Schüler derselben Klassenstufe aufzurücken. Das spricht für Intelligenz und Schülerfleiß. Um so mehr, wenn man bedenkt, daß der Knabe in diesen beiden Jahren hundertfünfundfünfzig Tage, also mehr

Stadtkirche St. Georg zu Eisenach

als fünf Monate, aus nicht bekannten Gründen den Schulunterricht versäumte. Hatte er den überlasteten Vater unterstützen müssen? Oder im Kirchenschiff von St. Georg lieber dem Orgelspiel des Onkels Johann Christoph Bach gelauscht? Oder einfach die Schule geschwänzt? Wichtigstes Fach der Unterweisungen war „Religiöse Belehrung". Dieser folgten Latein, Arithmetik und Geschichte.

Die Unterrichtsstunden waren auf unterschiedliche Zeiten festgelegt und richteten sich nach dem jahreszeitlich bedingten Helligkeitsgrad, das heißt nach der Passierbarkeit der Straßen und Gassen und dem damit eng zusammenhängenden Beginn des öffentlichen städtischen Lebens. Im Sommer begann der Unterricht um sechs Uhr, dauerte bis neun, und nach einer langen Pause ging es weiter von eins bis drei. Die Sonnabend- und Mittwochnachmittage waren schulfrei. Im Winter drückten die Schüler nur von sieben bis zehn Uhr die Schulbank. Zu dieser Jahreszeit war der Schulgang kein Vergnügen. Die Knaben froren, weil sie nur Kittel und dünne Beinkleider trugen. Die Füße steckten in handgestrickten schafwollenen Socken, die an den Sohlen mit Leder „beschlagen" waren. Bekamen diese Sohlen Löcher, so wurden die Socken gestopft und angestrickt, dann wieder frisch „besohlt". Im Sommer liefen die Kinder meist barfuß oder in klappernden Holzpantinen zum Unterricht.

Die freien Nachmittage bedeuteten für den jungen Johann Sebastian Bach keineswegs uneingeschränkte Freizeit. Diese war knapp bemessen, er hatte dem Vater zu helfen oder der Mutter zur Hand zu gehen, Holz und Wasser zu schleppen.

In der Lateinschule gab es selbstverständlich auch das Unterrichtsfach Musik, was die musikalische Entwicklung des Knaben wesentlich beeinflußte. Denn im Elternhause hatte es eine regelmäßige musikalische Ausbildung mit Blick auf die Zukunft bislang nicht gegeben.

Da der reform- und vor allem sangesfreudige Luther anläßlich der Kirchenweihe zu Torgau einst gepredigt hatte,

„… daß der liebe Herr mit uns redet durch sein heiliges Wort
und wir wiederum mit ihm reden durch Gebet und Lobgesang",

wurde der Musikunterricht in Eisenach sehr ernst genommen.
Man war stolz auf den ehemaligen Schüler und hielt sich genau an dessen Weisungen.

Der Zusammenhang zwischen „Latinität" und Musik weist
außerdem weit in die Vergangenheit zurück. Georg Philipp Telemann, der 1706 am Hofe des Eisenacher Herzogs zum Kapellmeister avancierte, schloß daraus:

„Musik kann mit Latein sich wohl verknüpfen lassen,
wie dies das Altertum vorlängst schon dargetan.
Ein Kopf, der fähig ist, die Harmonie zu fassen,
sieht auch den Cicero für keinen Kobold an."

Ein gutgeleiteter Schulchor verlieh der religiösen Belehrung
musikalischen Nachdruck. Gesungen wurde vorwiegend nach
dem 1540 von Zeuner verfaßten großen „Cantional", dem berühmten Eisenacher Kantorenbuch. Der Schulchor sang außerdem in den Gottesdiensten der Georgenkirche. Um Weihnachten bis zum Fest der „Heiligen Drei Könige" bildete ein Teil
der Choristen die „Currende". Diese Gruppe zog nach dem
1698 verfaßten Bericht des Chronisten Paullini seit dem Mit-
telalter durch die Stadt und ihre umliegenden Dörfer, um sich
damit einen nicht unbeträchtlichen Teil der Naturaleinkünfte
zu ersingen.

Als Sänger des großen, achtundvierzig Schüler zählenden
Schulchores wirkte der jüngste Stadtpfeifersohn auch in den
Kantaten mit, die in der Georgenkirche aufgeführt wurden. Sie
stammten vorwiegend aus der Feder seines Onkels Johann
Christoph Bach (1642–1703). Die Kompositionen dieses Mannes, bemerkenswert und von den Zeitgenossen gerühmt, über-
schritten auch im Urteil der Nachwelt die Grenzen nur hand-
werklich solider Musikausübung. Dem hochmusikalischen

Neffen haben sie entscheidende Eindrücke vermittelt. Und noch der Großneffe Carl Philipp Emanuel Bach nannte den Organisten später einen „großen und ausdrückenden Komponisten".

Ähnlich wie sein Neffe später in Weimar und Leipzig bekleidete Johann Christoph in Eisenach zugleich mehrere Ämter, war Organist an der Stadtkirche St. Georg, Hofcembalist und herzoglicher Kammermusiker. Im Vergleich zu dem Stadtpfeifervetter Johann Ambrosius Bach bezog er ein geradezu fürstliches Gehalt. Was ihn jedoch nicht davon abgehalten haben soll, seinen Brotgebern fortwährend wegen Gehaltserhöhungen in den Ohren zu liegen oder sie um „freie Wohnung" anzugehen. Parallelen zu vergleichbaren Lebenssituationen und Verhaltensweisen Johann Sebastian Bachs sind nicht von der Hand zu weisen.

Für die Behörden Eisenachs war Johann Christoph Bach das „schwarze Schaf" der Familie. Ohnehin hatten die Organisten derzeit einen schlechten Ruf. „Organisten – schlechte Christen" war eine für diesen Berufsstand oft gebrauchte zeitgenössische Beschimpfung. Vielfach wurden sie wegen allzu großen Kindersegens und einer unbändigen Trinklust Zielscheibe des Spotts oder – wenn sie dann im angetrunkenen Zustand während des Gottesdienstes ihr Instrument traktierten – Gegenstand heftiger Angriffe der Gemeinden und Kirchenvorstände.

Eigentlich gehörte es zu den bekannten Gepflogenheiten der Familie, sich mit allen Angehörigen in gutes Vernehmen zu setzen. Der Organistenvetter indes wurde von Ambrosius Bach gemieden. Dabei mochte ein gewisses Maß an Existenzneid wie auch die Furcht, von den Honoratioren der Stadt mit dem fortwährend querulierenden und aufsässigen Verwandten in Verbindung gebracht und gesehen zu werden, eine Rolle gespielt haben. Für den jüngsten Bachsohn aber blieb gerade die Begegnung mit diesem Onkel folgenreich. Nicht allein dessen Kantaten haben in Johann Sebastian Bachs Schaffen ihren Widerhall gefunden, sondern es·ist auch nicht auszuschließen, daß in diesen Begegnungen die Wurzeln zu Bachs großer Orgelspielkunst und vor allem seiner Orgelbaukenntnis ihren Ursprung haben.

Neben der Kirchenmusik und dem Einfluß stadtbürgerlicher Musikkultur war die Hofmusik ein wichtiges Element für Bachs musikalische Erziehung und Entwicklung. Die Eisenacher Hofkapelle, „nach französischer Art" eingerichtet, genoß nicht nur in Thüringen einen guten Ruf. Wie Telemann behauptete, soll die Qualität ihres Spiels sogar die der Pariser Hofoper übertroffen haben.

Nicht unterschätzt werden darf für Bachs Entwicklung der Einfluß der musikalischen „Subkultur", das heißt jener Musik, die während volkstümlicher Aufzüge, zu Volksfesten und Kirchenfestumzügen erklang. Auch die zeitgenössische Tanzmusik, deren Interpreten den Stadtpfeifern so zu schaffen machten, wird der Heranwachsende sich mit großem Interesse angehört haben.

Alle vier Musiziersphären – Kirchenmusik, stadtbürgerliche Musikpflege, Hofmusik und die Musik zur Unterhaltung des „niederen Volkes" – haben in der Kindheit Bachs den Grund für seine tiefe Kenntnis aller musikalischen Gattungen gelegt.

Bach als Waise im Hause des Bruder-Vaters in Ohrdruf

Durch den plötzlichen Tod der Mutter im Jahre 1694 bricht für die Bachkinder die Kontinuität nötiger häuslicher Nestwärme jäh ab. Ein Jahr später wird auch der Vater begraben. Die unmündigen Waisen stehen vor einer völlig veränderten Lebenssituation. Da eine Familie nicht mehr existiert, werden die Kinder getrennt. Rücksichten auf die Jüngeren, auf deren Kraft, derartige seelische Erschütterungen zu bewältigen, können nicht genommen werden.

Die Vormundschaft für den noch nicht zehn Jahre alten Johann Sebastian und seinen älteren Bruder Jakob wird ihrem ältesten Bruder, Johann Christoph Bach, übertragen. Nach der Beerdigung des Vaters verlassen die Knaben Eisenach und damit eine bis zu diesem Zeitpunkt wohlbehütete Kindheit. Mit ihren wenigen Habseligkeiten ziehen sie nach Ohrdruf, wo der Älteste kurz zuvor die Stadtorganistenstelle an der Kirche St. Michael angetreten hat. Trotz einer ausgezeichneten Ausbildung bei Pachelbel in Erfurt fristet Johann Christoph Bach in diesem Amte ein ziemlich jämmerliches Dasein. Die Besoldung ist knapp bemessen und reicht nun, da zwei starke Esser hinzukommen, nicht mal für das Nötigste.

Seit Johann Christoph Bach 1694 – im Todesjahr der Mutter – mit dreiundzwanzig Jahren einen eigenen Hausstand gegründet hatte und sich allmählich Nachwuchs einstellte, war er gezwungen, seine spärlichen Einnahmen mit einer festen Nebenbeschäftigung aufzubessern. Er wurde Elementarlehrer an der städtischen Lateinschule, die in der Mitte des 16. Jahrhunderts gegründet worden war und in ganz Thüringen im besten Rufe stand.

Christoph Bachs Dienst am Lyzeum und als Organist ist aufreibend. Und sosehr er sich auch bemüht, dagegen anzukommen, gehört die Familie während seiner ganzen Dienstzeit zu den Armen der Stadt. Das Gesamteinkommen beläuft sich jährlich auf nur:

97 Gulden, 6 1/2 Malter Korn, 6 Klafter Scheitholz und 4 Schock Reisig.

Bei aller bescheidenen Lebenshaltung bleiben deshalb die Lebensbedingungen denkbar schlecht. Und schließlich ist es nicht damit getan, die beiden jüngeren Brüder mit durchzufüttern. Sie müssen auch gekleidet werden, brauchen hin und wieder Schulzeug, manchmal einige Blatt Notenpapier.

Sebastian und Jakob Bach müssen also mitverdienen. Schon in Eisenach hatten sie als Currendesänger oder, wie dies einst von Luther bezeichnet worden war, als „Partekenhengste" einen Teil der dringend benötigten Naturaleinkünfte ersingen, das heißt „erbetteln" müssen. Beide sangen im Schulchor, der wie überall zu vielen Gelegenheiten eingesetzt wurde und dessen Gesamteinnahme im Jahre immerhin um die 250 Gulden betrug. Regelmäßig wurde den beiden Bachknaben ihr Anteil von der „erarbeiteten" Choreinnahme ausgezahlt. Johann Sebastian Bach scheint mit seinem klaren, „durchdringenden" Sopran eine größere Summe erhalten zu haben, denn es heißt:

> *„Eine Vergleichung mit dem geringen Diensteinkommen des Organisten Johann Christoph Bach erweist die Bedeutung von Sebastians Chorverdienst für seine Unterhaltung."*

Ohne Frage war der älteste Sohn des verstorbenen Stadtpfeifermeisters nicht nur materiell, sondern auch psychisch überfordert, als er nach dem Tod der Eltern die Bruder-Vater-Rolle für die jüngeren Brüder zu übernehmen hatte. War er doch selbst kaum dem Jünglingsalter entwachsen. Daß er immer die nötige Toleranz für die gerade in das Pubertätsalter hineinwachsenden Brüder aufgebracht hat, darf bezweifelt werden.

Lange vor dem Eintritt Johann Sebastian Bachs in das Lyzeum war an diesem wie auch an anderen Bildungseinrichtungen des Herzogtums Sachsen-Gotha eine Schulreform durchgeführt worden, über deren Veränderungen eine Denkschrift erschien.

> *„Special- und sonderbahrer Bericht*
> *wie nebst Göttlicher verleyhung die Knaben und*
> *Mägdlein auf den Dorffschafften und in den Städten*
> *die unter dem untersten Hauffen der Schul-Jugend*
> *begriffne Kinder im Fürstenthumb Gotha*
> *Kurtz- und nützlich unterrichtet werden können und sollen".*

Schulmatrikel des Lyzeums zu Ohrdruf

Die Erfolge der „kurtzen" und „nützlichen" Unterweisung kommentiert ein begeisterter Zeitgenosse folgendermaßen:

> *„Herzog Ernsts Bauern sind besser erzogen als anderswo die Edelleute!"*

Sitten und Vorschriften an dieser Schule waren streng. Schulversäumnisse ohne ausreichende Begründung wurden mit

Geldstrafen gesühnt. In der Schulordnung war außerdem vermerkt, „denen Ältern" werde „nochmals und zwar bey Strafe anbefohlen, ihre Kinder, sobald sie 5 Jahre alt sind, ohne einigen Verzug in die Schule einzuführen". Um den Schülern keine Zeit für „Dummheiten" zu lassen, hatte der Superintendent Abraham Kromayer angeordnet,

> *„... daß Sonntags zu Mittage die Kinder in allen Classen müssen in die Schule kommen, da sie aus der Predigt examinieret werden und andere gute Übungen treiben".*

Dies zeigt, daß auch hier in Ohrdruf die Unterweisung in Religion an erster Stelle stand. Insgesamt war der Lehrstoff umfangreicher als an der Lateinschule zu Eisenach. Latein und Griechisch waren mit weit mehr und auch schwierigeren Übungen vertreten. Auf das Fach Deutsch wurde wie allerorts wenig Wert gelegt:

> *„Teutschen materien, diweil die schon in den untersten classen begriffen wurden",* wurden nur beiläufig *„repetiret".*

Johann Sebastian Bach lernte Deutsch und Latein aus einem zweispaltigen Lehrbuch, in welchem farbige Bilder als Gedächtnisstützen dienten. Um das Gedächtnis zu trainieren, mußte er außerdem sogenannte Eselsbrücken auswendig lernen, die dann von der Klasse ständig hergesagt wurden. Dazu schlug der Lehrer mit dem Rohrstock den Takt. Wer aus der Reihe tanzte, wurde nach vorn gerufen und mußte sein Verslein vor der ganzen Klasse so lange wiederholen, bis es fehlerlos klappte. Und half bei einem besonders Verstockten auch dieses Mittel nicht, so gab's Strafarbeiten! Fünfzigmal, hundertmal dies oder jenes aufschreiben – in der schönsten Schrift und ohne den kleinsten Verschreiber, versteht sich.
Während des ganzen Lebens vergaß man die lapidaren Sätze

nicht, die sich von Generation zu Generation weitervererbten, wie zum Beispiel:

> *„Land, Insel, Stadt und Baum auf -us*
> *als weiblich man sich merken muß."*

Oder:

> *„Viele Wörter sind auf -is*
> *masculini generis."*

Latein war für so manchen ein Trauma!

Wesentlich für die geistige Entwicklung Johann Sebastian Bachs wurde die in Ohrdruf sowohl im Hause des Bruders wie auch in der Schule praktizierte lutherisch-orthodoxe, eindeutig antipietistische Erziehung. Sie legte den Grund zu seinem „nach Religion gerichteten Geist". Von Marx als „Flucht aus der Wirklichkeit in ideale Regionen" bezeichnet, bedeutete der Pietismus nach der Verelendung des Volkes durch den Dreißigjährigen Krieg zunächst eine progressive, tätige „Seelenhilfe". Verinnerlichung der Beziehung des Menschen zu Gott und Konzentration auf Wesen und Wert menschlicher Empfindungskraft waren Ausdruck einer wachsenden bürgerlichen Gefühlskultur, welche die Vorstellung eines neuen Menschenbildes der Aufklärung vorzubereiten half. Im Verlauf eines längeren Zeitraums aber wandelte sich diese Form eines „wohltätigen" Christentums zu reiner Frömmelei, welche die Unterwerfung menschlicher Entscheidungsfähigkeit unter die Herrschaft einzelner als „von Gott gegeben" predigte.

Bach war zwar tief religiös, verachtete aber jede Form von Bigotterie. Aufgrund seiner Erziehung vermochte er, der sich zeitlebens als tätiger, nach außen hin wirkender Christ verstand, zur pietistischen Religionspraxis schon wegen ihrer Musikfeindlichkeit kein rechtes Verhältnis herzustellen. Er entschied sich bei der Auswahl seiner Kantatentexte dennoch nicht selten für jene, die den Ideen des Pietismus zumindest nahestanden. Verbaler Gefühlsüberschwang, schwärmerische Todessehnsucht und Todesbereitschaft als Ausdruck verinnerlichter Gott-Mensch-Beziehung lassen später ein gebrochenes Verhältnis Bachs zu der pietistischen Glaubensrichtung deutlich werden. Sein „nach Religion gerichteter Geist" aber, der in seiner Musik so zwingenden Ausdruck findet, war geprägt durch Luthers „... wie das Wort Intellekt ist, so ist die Stimme sein Affekt". Und unter „Affekt" verstand er teilnehmende Empfindung und nicht etwa die „Empfindsamkeit des Herzens" der Pietisten.

Erstaunlich hoch war auch in Ohrdruf der Anteil des Musikunterrichts mit vier oder auch fünf Wochenstunden in den einzelnen Klassen. Jahre hindurch wurde der Musikunterricht geleitet von dem Kantor Johann Heinrich Arnold, der nach Aufzeichnung des Schulregisters weder bei den Kollegen noch bei seinen Schülern beliebt gewesen war. Er galt als brutal, ja sadistisch und wurde beschuldigt, „selbst Herr sein zu wollen". Arnold verhetzte die Schüler und intrigierte gegen andere Lehrer, um sich dadurch Vorteile zu verschaffen. Er bestrafte Vergehen, ohne sich mit dem Schulvorstand vorher über das Maß der Strafe zu einigen. In der Schulchronik steht, dieser Kantor sei eine „Bedrohung für die Schule, ein Skandal für die Kirche und ein Krebsgeschwür in der Gemeinde". Zwei Jahre lang wurden auch die beiden Bachbrüder von Arnold drangsaliert, bis dieser „gottloße Cantor" endlich 1697 wegen „Unfleisses" entlassen wurde. Ganz sicher zur großen Erleichterung der von ihm gequälten Schüler. An seine Stelle berief man Elias Herda aus Leina, einen toleranten und freundlichen Lehrer, das Gegenteil Arnolds. Dieser Herda war es dann auch, der im Jahre 1700 die begabten Schüler Georg Erdmann und Johann Sebastian Bach für eine Lehr-Wanderschaft nach Lüneburg vorschlug.

Indes herrschte dafür im Hause des Bruders allzu große Strenge und erzieherische Härte, ja sogar Uneinsichtigkeit von seiten Johann Christoph Bachs. Darauf weist eine Anekdote

hin, die von Nikolaus Forkel in seinem berühmten „Nekrolog"
überliefert wird und ganz sicher eine authentische Wurzel zu
haben scheint. Dieser Geschichte zufolge soll der älteste der
Söhne Ambrosius Bachs, der Erzieher, dem jüngsten ein von
diesem zunächst heimlich und auch mühsam entwendetes Notenbuch „ohne Barmherzigkeit" weggenommen haben. Und
das gerade in jenem Augenblick, als der „Neunjährige" die Abschrift „bey Mondenscheine" soeben beendet hatte. Die „Lust
des kleinen Johann Sebastian zur Musik" soll nach Forkels Bericht, der sich ganz auf Erinnerungen Carl Philipp Emanuel
Bachs stützt, damals schon „ungemein groß" gewesen sein.
Eine Behauptung, die nicht bewiesen werden konnte, aber
auch nie widerlegt zu werden brauchte.

*„In kurtzer Zeit hatte er alle Stücke, die ihm sein Bruder frey-
willig zum Lernen aufgegeben hatte, völlig in die Faust gebracht. Ein Buch voller Clavierstücke, von den damaligen berühmtesten Meistern ... aber, welche sein Bruder besaß, wurde
ihm alles Bittens ohngeachtet ... versaget. Sein Eifer immer
weiter zu kommen, gab ihm also folgenden unschuldigen Betrug ein. Das Buch lag in einem blos mit Gitterthüren ver-
schlossenen Schrancke. Er holte es also ... mit seinen kleinen
Händen ... des Nachts ... heraus und schrieb es ... ab. Nach
sechs Monaten war diese Beute glücklich in seinen Händen. Er
suchte sie sich ... zu Nutzen zu machen, als zu seinem größten
Herzeleide, sein Bruder dessen inne wurde, und ihm seine mit
so vieler Mühe verfertigte Abschrift ohne Barmherzigkeit weg-
nahm."*

Besonders aufschlußreich ist die dramatisierende Übertreibung
und die Erzählweise am Schluß dieser Geschichte. Das hier
anschließende Gleichnis läßt auf die Möglichkeit einer Urhe-
berschaft Johann Sebastian Bachs selbst schließen, der, wie
man zu berichten wußte, eigene Kinder später gern mit „Histörchen" zu erfreuen suchte:

„Ein Geiziger, dem ein Schiff, auf dem Wege nach Peru, mit
hundert tausend Talern untergegangen ist, mag uns einen leb-
haften Begriff von unsers kleinen Johann Sebastians Betrübnis
über diesen seinen Verlust geben ..."

Vielleicht benutzte Bach diese Erzählung, um sich selbst, die
Dringlichkeit seines bereits im frühen Kindesalter vorhandenen Bemühens um musikalische Kenntnis – wenn auch allzu-
sehr auf Kosten seines anscheinend nicht sehr geliebten Bruders – ins rechte Licht zu setzen.

Unabhängig davon, wie diese Anekdote entstanden sein
mag, wer und aus welchem Anlaß sie zuerst erzählte, läßt sie
ohne Zweifel auf ein gestörtes Verhältnis zwischen den Brüdern schließen. Johann Christoph Bach wird als hartherzig, ja
verständnislos dargestellt. Dafür, daß der Ältere überfordert
war, weil die Last seiner beruflichen Doppelfunktion, die Armseligkeit seiner Lebensweise und die zusätzliche Erzieherrolle,
der aufreibende Kampf um das tägliche Brot für so viele Esser
schwer auf den Schultern gelegen haben wird, zeigt der Berichterstatter keine Einsicht. Allzu offensichtlich und einseitig
ergreift der Erzähler – oder Erfinder? – Partei für den Jüngeren. Setzte man immer anstelle der dritten Person das „Ich", so
gewönnen die Informationen an Dichte und Bedeutung.

Hatte sich hier nach langen Jahren die Erinnerung Bachs
vielleicht getrübt, die Realität zuungunsten des Bruders verschoben? Konnte sich im Erzählen endlich ein ins Unterbe-
wußtsein verdrängter Groll des Jüngsten, des damit zwangsläufig Schwächeren, gegen den als bedrückend empfundenen
Bruder-Vater Bahn brechen? Daß wachsende Spannungen und
vermutlich harte Auseinandersetzungen zwischen den Brüdern
in Johann Sebastian und Jakob Bach schon früh den Wunsch
geweckt haben mochten, des Ältesten Haus, seinem strengen
Blick und auch dessen überstrapazierter Haushaltung zu entkommen, darf als sicher angenommen werden.

Jakob war inzwischen achtzehn Jahre alt geworden. Er ging

zurück nach Eisenach, um dort in die Fußstapfen des Stadt-
pfeifervaters zu treten. Doch so recht mag ihm das wohl nicht
gefallen haben, denn bereits 1704 gab Jakob den Verlockungen
der Fremde und seiner Abenteuerlust nach: Er verdingte sich
samt seinem Blasinstrument beim Heer des Schwedenkönigs
Karl XII., dessen Truppenteile auf dem Feldzug gegen Polen
auch durch Deutschland kamen. So herumzuziehen war schon
eher in Jakobs Sinne. Kurz entschlossen sagte er der Eisenacher Stadtpfeiferei Lebewohl und versuchte anderswo sein
Glück zu machen, was ihm dann später als Hofmusiker des
schwedischen Königs auch gelang.

Im selben Jahr findet in Arnstadt eines der großen Familien-
treffen aller Bachs statt, und selbstverständlich wird Jakob dabei musikalisch verabschiedet. Auch der Jüngste, der Gefährte
der Kinder- und Jugendstreiche, trägt zum Abschied etwas bei:

„Capriccio sopra la lontananza del suo fratello dilettissimo"
(Capriccio über die Entfernung des geliebtesten Brüder-
chens)

Ganz sicher genießt Johann Jakob die ungeteilte Bewunderung
des Jüngeren, der zurückbleibt und kaum Ambitionen hat,
sich den Unsicherheiten eines Vagabundenlebens auf den
Landstraßen auszusetzen. Johann Sebastian Bachs Abenteuer
werden andere sein, obwohl Reiselust und innere Unruhe auch
ihn zeitlebens immer wieder von einem Ort zum anderen treiben werden.

Das „Capriccio" ist ganz offensichtlich eine „Programm-
musik". Mit feiner Ironie wird der Abschiedsschmerz wieder-
gegeben. Es erklingen immer wieder Posthornmotive, und fast
meinen die Versammelten des Familientages, ein ständiges
„Lebewohl" zu hören. Die bevorstehende Trennung ist aber
nur die eine Seite des Reiseentschlusses. Es gibt da auch eine
andere, erfreuliche und verheißungsvolle. Wieviel Neues, Auf-
regendes und Lustiges wird der Bruder zukünftig erleben. Des-

38

halb auch immer wieder der Ruf des Horns, sogar in einer „Aria di Postiglione". Ständig werden die Lamentationen und Warnungen der Anwesenden – so ist das von Johann Sebastian Bach musikalisch dargestellt worden – unterbrochen. Das neue abenteuerliche Leben ruft.

Das norddeutsche Musikzentrum Lüneburg

Nachdem Johann Jakob sich also zunächst nach Eisenach gewandt hatte, wollte auch Johann Sebastian Bach 1700 um jeden Preis Ohrdruf verlassen. Hier gab es für ihn nichts mehr zu lernen. Zudem standen die Chancen, sich in anderen Fächern als in der Musik weiterzubilden, denkbar schlecht. Die Streichung der Freistelle kommt daher nicht ungelegen: Der Weg wird frei! Mit einer Empfehlung des Chorlehrers Elias Herda in der Tasche kann er nun endlich Ohrdruf den Rücken kehren. Das letzte Chorgeld, das Johann Sebastian Bach im ersten Viertel des Jahres ausgezahlt worden war, überließ ihm der Bruder als Wegzehrung.

Gemeinsam mit dem Freund und Mitschüler Georg Erdmann wandert Bach nach Lüneburg, welches derzeit als Musikstadt einen guten Ruf genoß und seit langem von vielen wißbegierigen thüringischen „Musik-Lehrlingen" besucht wurde. Auf Schusters Rappen, manchmal vielleicht dank der Freundlichkeit eines Fuhrmanns oder Bauern auf der Deichsel eines Pferdewagens geht es über viele Ländergrenzen gen Norden. Für den Weg brauchen die beiden Halbwüchsigen mehrere Wochen.

Im April 1700, gleich nach ihrer Ankunft, treten sie in den Chor der Lüneburger Michaelisschule ein.

Wie die meisten norddeutschen Handelsstädte hatte sich auch Lüneburg schneller von den Schäden des Dreißigjährigen Krieges erholen können als die mitteldeutschen Städte. Um

Ernst Barlach, Chorsänger

1700 war es schon wieder zu neuem Wohlstand gelangt. Das Bürgertum war freier und lebte ungezwungener als im Süden Deutschlands, obwohl die Macht der Hanse längst gebrochen war und die Großstädte kaum noch über besondere Rechte verfügten. Einige „ratsfähige" Patrizierfamilien lenkten das Leben der Stadt nach ihrem Ermessen und beherrschten die Bürgerschaft. Diese wenigen Familien verfügten über Rechte in allen Zweigen des Handels und der Gewerbe und bestimmten auch das Schulwesen der Stadt. Obwohl die Gymnasien den großen Kirchen angegliedert waren, bestimmte eine reiche Minderheit, wieviel Freistellen geschaffen werden sollten und wem sie zuzusprechen wären. Sie überwachte die Einhaltung der Schulordnung und wählte die Unterrichtsfächer aus, die man für besonders wichtig hielt. Pflege und Übung des „kirchlichen Kunstgesanges" ließen sich Rat und Bürgerschaft Lüneburgs etwas kosten. Diente dieser doch der

„Erhebung der andächtigen Stimmung bei Kirchentrauungen und Kirchenleichenbestattungen, zu gottwohlgefälliger Ergötzung an Tagen der Arbeit wie bei frohen Festen".

Den größten Anteil an dieser Art Ergötzung hatten die Chöre der Stadtschulen – und die meiste Arbeit. Außer dem Chor der Michaelisschule existierte in Lüneburg nämlich noch ein zweiter an der Johanniskirche. Beide „Singechöre" beobachteten einander mit Argwohn und Futterneid. Wenn beide Chöre für dieselbe Sache eingesetzt wurden und sich an Ort und Stelle dann plötzlich gegenüberstanden, ließ erbittertes Konkurrenzdenken die Schüler oft hart aneinandergeraten. Raufereien waren an der Tagesordnung. Versuche, diese mit Drohungen oder Verfügungen zu unterbinden, schlugen meist fehl. Dementsprechende urkundlich nachgewiesene Äußerungen zeugen von dem großen Leistungsdruck, dem die Knaben und Jünglinge beider Chöre gleichermaßen ausgesetzt waren. Bei wöchentlichen Umzügen in den Straßen der Stadt wie beim „Singen von Leichen und Hochzeiten" mußte ein Chor den anderen in seinen Leistungen überbieten, um die Einnahmen für den Unterhalt der einzelnen armen Choristen zu kassieren. Anders verhielt es sich bei den „stillen Abendleichen ohne Sang und Klang", die nichts einbrachten und die man einander demzufolge auch nicht neiden mußte.

Als Bach sich in Lüneburg aufhielt, galt noch eine Chorordnung aus dem Jahre 1635, deren Paragraphen nicht gerade human gewesen sind. Es heißt dort unter anderem:

> *„Wir wünschen, daß jeder Sänger mit dem Anteil zufrieden ist, den das Urteil von Rektor und Kantor entsprechend seiner Stimme und Singfertigkeit für ihn beschlossen hat. Anderenfalls wird er einfach vom Geldempfang ausgeschlossen."*

Gemeint ist der Anteil des ersungenen „Honorars", das von den Chorpräfekten an die einzelnen verteilt wurde.

An anderer Stelle heißt es:

> *„Die Chorsänger ... sollen es nicht wagen, sich vor Ablauf eines Jahres von hier zu entfernen."*

Die Aufgabe, den Chor alljährlich mit „frischen Stimmen" zu versorgen, oblag dem Abt des Klosters, der über die Freistellen der Lateinschule nach eigenem Belieben zu verfügen hatte. Um eine dieser Stellen bewarb sich mit Herdas Schreiben der fünfzehnjährige Bach. Und er erhielt sie, weil er alle Bedingungen, die die Chorordnung vorschrieb, erfüllte. Die Bewerber mußten nämlich

> *„armer Leute Kinder sein ... so nichts zu leben aber gute Stimmen zum Diskant hatten, damit sie der Kirche dienlich wären".*

Es war also nicht reine Menschenliebe, die Bach zu einer Freistelle verhalf, sondern Zweckdenken im Sinne kirchlicher Interessen und stadtbürgerlicher Reputation!

Der Abt war auch verpflichtet, die Chorknaben „zu speisen". Dafür hatte man die sogenannten Schüler-Freitische eingerichtet. Alle Choristen, die für ihre Teilnahme an den Messen und Vespern ein „Mettengeld" erhielten, waren zugleich glückliche Anwärter auf einen Platz „beym Schülerntische" und nahmen ihr Essen gemeinsam mit der „Altfrau, der Viehmagd und dem Pförtner" ein.

Der junge Bach, der plötzlich aus kleinstaatlicher und kleinstädtischer thüringischer Enge in das hanseatisch-patrizische, reiche Lüneburg verschlagen wurde, ergriff nun jede Möglichkeit, um seinen ungewöhnlichen Wissensdurst zu stillen. Sein „ungemein schöner Sopran", die bereits beachtlichen kirchenmusikalischen Fertigkeiten, sein Musikverständnis, die Kunst, schon mehrere Instrumente ziemlich gut spielen zu können, gute schulische Leistungen und seine unerschöpfliche Lerngier machten ihm seine Stellung an der Schule leicht. Durch Fleiß und Disziplin erwarb er sich schon bald die Achtung und Anerkennung seiner Lehrer. Er genoß eine größere Freizügigkeit als andere Mitschüler, durfte sogar einige Sonderrechte für sich in Anspruch nehmen.

So lernt er zusätzlich bei dem französischen Tanzmeister der gleichfalls der Michaeliskirche unterstellten benachbarten Ritterakademie Thomas de la Selle Französisch, in der knapp bemessenen Freizeit vielleicht auch tanzen und fechten. Entweder allein, in Begleitung einer seiner Lehrer oder mit einem Freunde reist er nach Celle und Hamburg, um dort musikalische Eindrücke zu sammeln. In Celle fesseln ihn Charme und Leichtigkeit französischer Musik, die von der jungen Fürstin, einer Pariserin, bevorzugt wird.

Mit dem Organisten der Lüneburger Johanniskirche, Georg Böhm, verbindet ihn bald eine Freundschaft, die über Jahre halten wird. Böhm nimmt Bach mit nach Hamburg, damit er dort den berühmten greisen Jan Adams Reinken Orgel spielen hört. Das Erlebnis bleibt Bach unvergessen. Schnelle Auffassungsgabe und ein ausgezeichnetes musikalisches Gedächtnis bewahren diesen Eindruck, bis er dann zu einem späteren Zeitpunkt angewendet und zu Eigenem umgeschmolzen werden kann. Die große Orgelspielkunst Böhms und Reinkens bereichert die in Eisenach beim Onkel beobachtete und in Ohrdruf beim Bruder praktisch erworbene Spielweise von Johann Sebastian entscheidend. Daß der begabte Michaelisschüler nicht nur singen mußte, sondern von Böhm auch im Orgelspiel unterrichtet worden ist, darf als sicher angenommen werden. Vermutlich wurde er von dem verständnisvollen Lehrer-Freund sogar gründlich mit dem Bau der „Königin aller Instrumente" vertraut gemacht.

Auch Bachs Sinn für die Qualität eines Orgelklangs wird sich in Lüneburg gebildet haben. Böhm spielte eine Renaissanceorgel, die von Michael Prätorius einst als ein „trefflich Werk von 27 Stimmen, gar hell und scharf" gerühmt worden war.

Nach Hamburg zog es den Heranwachsenden mehrmals. Nicht nur das Orgelspiel des Meisters Reinken hat ihn dorthin gelockt, sondern auch die großzügige, weltstädtische Atmosphäre dieser Stadt.

1786, zu einem Zeitpunkt, als Johann Sebastian Bach längst gestorben war, wurde von Friedrich Wilhelm Marpurg in dessen „Legende einiger Musikheiligen" eine Anekdote veröffentlicht, die sowohl die Freizügigkeit beleuchtet, über welche Bach in Lüneburg trotz strengster Schulordnung verfügte, als auch die Armut, die materielle Misere, in der er sich derzeit befand.

„Er war auf der Schule zu Lüneburg, in der Nähe von Hamburg, wo damals ein sehr gründlicher Organist ... Nahmens Reinecke blühete. Da er um diesen ... zu hören, öfters eine Reise dahin machte, so geschah es eines Tages, da er sich länger in Hamburg aufgehalten hatte, als es das Vermögen seiner

Börse erlaubte, daß er bei seiner Zurückwanderung nach Lü-
neburg nicht mehr als ein paar Schillinge in der Tasche hatte.
Noch nicht hatte er den halben Weg zurückgelegt, als ihn ein
starker Appetit anwandelte, und das er ... in einem
Wirthshause einkehrte, wo ihm ... die Lage, worinnen er sich
befand, noch zehnmal schmerzlicher vorkam. Mitten in seinen
trostlosen Betrachtungen darüber hörte er ein knarrendes Fen-
ster öffnen, und sahe, daß aus selbigem ein paar Heringsköpfe
auf den Kehrigt geworfen wurden. Als einem ächten Thürin-
ger, fieng ihm beym Anblick dieser Figuren der Mund zu wäs-
sern an, und er säumte keinen Augenblick sich ihrer zu be-
mächtigen; und siehe, o Wunder! er hatte kaum angefangen
sie zu zergliedern, so fand er in jedem Kopfe einen dänischen
Dukaten versteckt, welcher Fund ihn in den Stand setzte, nicht
allein nunmehr eine Portion Braten zu seiner Mahlzeit hinzu-
zufügen, sondern annoch mit ehesten mit mehrer Gemächlich-
keit eine neue Wallfahrt zum Hrn. Reinecke nach Hamburg zu
machen.“

Dies könnte zwar auch eine von Bach selbst in die Welt gesetzte
Geschichte sein, enthält aber zumindest mehrere Körnchen
Wahrheit über die seinerzeit herrschenden Umstände.

Die Struktur der später entstehenden Kompositionen Bachs
läßt darauf schließen, daß er sich schon früh gründlich mit
Rhetorik befaßt hat, deren Regeln ihm in ihrer praktischen
Handhabung nicht neu gewesen sind. Hatte er seit seiner
Kindheit doch unzählige Predigten hören müssen. Und jeder
Pfarrer, der vor seiner Gemeinde von der Kanzel herab mit
einer auch nur halbwegs guten Predigt glänzen wollte, mußte
sich an die Regeln dieser Wissenschaft von der Redekunst halten. Vermutlich besuchte Bach in Lüneburg die Rhetorikstun-
den seines Schulrektors, um sich nun auch mit den theoretischen Grundlagen der Redekunst vertraut zu machen.
Übrigens stammt diese Wissenschaft aus der Antike und um-
faßt folgende fünf Elemente:

*Sammlung des Stoffes, gute Gliederung desselben, stilistische
Ausgestaltung, Aneignung des Stoffes und Vortragskunst.*

Bachs spätere Schaffensweise, sein Denken in Musik, hängt
mit der Kenntnis dieser Regeln eng zusammen. Die Möglichkeit, mit den fünf Elementen das gesprochene Wort zu Kunst,
nämlich zu Vortragskunst zu erheben, faszinierte ihn. Und er
versuchte – ob nun bewußt oder unbewußt, sei dahingestellt –,
rhetorische Figuren auf musikalische Formen zu übertragen.
In allen seinen Werken, vor allem aber in seinen späteren
Kompositionen, sind diese Kenntnis und Auseinandersetzung
mit der Rhetorik unverkennbar.

Doch wird Bach in Lüneburg nicht nur von den strengen
Wissenschaften und der Musik in Bann gezogen.

Kontakte zu den Studenten der Ritterakademie, die im benachbarten Gebäude ihr Domizil hat, Bekanntschaften mit
den Söhnen aristokratischer und reicher handelsbürgerlicher
Familien machen ihn auch mit anderen Regeln bekannt als
nur mit denen der Rhetorik, der Arithmetik, des Lateins oder
des Orgelspiels. Er lernt, wie man sich in der „gebildeten, bes-
seren Gesellschaft" zu benehmen hat. Zu den bereits gesam-
melten Erfahrungen gesellt sich jene, daß berufliches Fortkommen undenkbar ist ohne nötigen Schliff in den Umgangsfor-
men, ohne die Gewandtheit, sich in den Kreisen, von denen er
bald abhängig sein wird, bewegen zu können. Es ist nicht auszuschließen, daß ihm der Umgang mit diesen „Söhnen reicher
Eltern" gefiel, daß deren Allüren ihm sogar imponierten. Bach
ist jung. Und da er arm ist, hat er bald feststellen müssen, daß
diese Armut einem Menschen wie ein Makel anhängt und jedes Fortkommen zu hindern vermag. Es ist die Erfahrung sozialer Erniedrigung aufgrund existierender Standesunter-
schiede. Zudem ist er ganz sicher auch nicht frei von den
Eitelkeiten und der Übertreibungs- und Nachäffungslust der
Jugend.

Gewiß hält er sich auch mit viel Vergnügen an wohlgemeinte „galante" Hinweise, die nicht nur in den Statuten der Ritterakademie, sondern auch in denen der Lateinschule festgelegt waren:

„Kann einer so viel Nebenstunden abmäßigen, eine feine Viol di gamba oder andere Instrumente zu lernen, so dient solches oft zu großer Rekommendation und hat solche manchem bei hohen Patronen und vornehmen Damen einen Zutritt gemacht."

Bach lebte schließlich in einer Zeit, als neben den Kriegen „galante Feste" an den Höfen Europas eine der wichtigsten Freizeitbeschäftigung der Potentaten und ihrer blaublütigen Hofgesellschaften waren. Selbstverständlich blieb die Darstellung dieser höfischen Gepflogenheiten in den Künsten nicht aus. Schon in Celle hat Bach beobachtet, wie schnell und mit welcher Meisterschaft höfische Verhaltensweisen beispielsweise in Musik umgesetzt werden können. Die Sarabanden, Giguen, Couranten, Menuette und viele andere mit ihren genau abgezirkelten Schritten, Hüpfern und Verbeugungen, mit den auf den Zentimeter berechneten Drehungen und Hofknicksen gaben davon ein beredtes Bild. Und dieses prägte sich ihm tief ein.

Das, was sich da an den Höfen abspielte, wurde von den Bürgern teils abgelehnt, zuweilen auch belächelt oder entrüstet verurteilt. Oft aber wurde es doch mit einem verstohlenen Seitenblick auch bewundert oder im stillen Kämmerlein sogar nachgeäfft. Weshalb also hätte nicht auch Bach die Gelegenheit beim Schopfe fassen sollen, von einer Praxis zwischenmenschlichen Umgangs zu profitieren, die Privileg bevorzugter Klassen, einer elitären Minderheit war? Künftig konnte ihm vielleicht auch dies dazu verhelfen, aus der Misere herauszufinden.

Noch weiß er nicht, wohin es ihn verschlagen wird, welche Aufgaben in welchen Ämtern auf ihn zukommen werden. Sicher ist für seine Zukunft nur, daß er nach seinem Weggang von Lüneburg ganz auf sich gestellt sein wird. Alle Entscheidungen wird er allein zu treffen haben, immer im Abwägen, was nun für sein Fortkommen am besten sei und was ihn seinen Zielen und seinen Wünschen am ehesten näher zu bringen vermag.

Der Reiz dieser anderen sozialen Sphäre, zu der er nicht gehört, mit der er hier in Lüneburg zum ersten Male in direkte Berührung kommt, nimmt Bach gefangen und läßt ihn zeitlebens nicht mehr los. Ein ganz besonderer Hochmut, den nur bitterste Armut und daraus resultierender, alles beherrschender Wille zu deren Überwindung erzeugen können, sitzt seit Lüneburg fest in ihm. Er gibt sich überheblich, anmaßend. Dieses Verhalten zeigt das Übermaß an Empfindlichkeit gegenüber Kränkungen und Zurücksetzungen. Daraus erkennt er zugleich die Notwendigkeit eines festen Lebensprogramms.

Im Elternhause zu Eisenach, als Zuhörer beim Organistenonkel, unter Aufsicht des Bruders und bei anderen musikalischen Begebenheiten hat Johann Sebastian Bach bis zu seinem 15. Lebensjahr die grundlegenden musikalischen Erfahrungen sammeln können. Er weiß nun im wesentlichen, wie man mit Musik umgeht. Wie er allerdings mit dem Leben und vor allem mit sich selbst umzugehen hat, das muß er noch lernen.

Zu wichtigen musikalischen Erfahrungen gesellen sich also nun andere, nicht weniger nachhaltige und schwerwiegende. Bach sammelt Erkenntnisse, die in diesem jugendlichen Alter ebenso belastend wie prägend sind.

Das Resümee, das Bach deshalb aus positiven wie auch negativen Erfahrungen zieht, ist das folgende: Nur durch Einsatz seiner vollen Kraft, durch Beharrlichkeit und Fleiß, durch rigorose Hartnäckigkeit und den unbeugsamen Willen voranzukommen wird er sich behaupten können und von Armut und einem Teil der Abhängigkeiten befreien. Ausbruch aus diesem

Teufelskreis wird daher für ihn zum wichtigsten, zum erstrebenswertesten Punkte seines Lebensprogramms.

Als er 1702 Lüneburg verläßt, verfügt er über ein für diese Zeit beachtliches Allgemeinwissen und über eine ausgezeichnete fachliche Ausbildung für den Musikerberuf. Aber er ist ein Habenichts! Leid und Entbehrungen der Kindheit und einer noch nicht abgeschlossenen Jugend, zunehmender Einblick in soziales Unrecht und die feste Absicht, sein Lebensprogramm durchzusetzen, haben ihn – zumindest nach außen hin – stabilisiert. Er fühlt sich stark genug und besitzt die Willenskraft zu kämpfen. Und doch reagiert er übersensibel auf alles, was nach Unverständnis aussieht, was er als Zurücksetzung erlebt, vor allem aber auf das, was seine Kompetenz in allen die Musik betreffenden Fragen anzutasten droht.

Er beweist nun viel Talent, sich das Leben schwer zu machen, obwohl er doch in Lüneburg gelernt hat, wie wichtig es ist, gewisse äußere Formen zu wahren. Obwohl er weiß, daß gerade dies in den bevorstehenden Abhängigkeitsverhältnissen die einzige Methode sein wird, Gedanken unangefochten zu Ende denken zu können, Vorstellungen zu realisieren oder Entscheidungen zu seinem Besten zu treffen, gerät er infolge seines schnell aufbrausenden Temperaments immer wieder mit jenen Formen in Konflikt. Immer wieder bricht sich die Überempfindlichkeit Bahn. Er wird aggressiv, fällt aus der Rolle, verletzt die Grenzen des Anstands und ist renitent. Mit einer oft nahezu grotesken Wut und Unnachgiebigkeit gerät er in Situationen, die nicht nur peinlich sind und seine Dienstherren ungnädig stimmen, sondern auch seinem eigenen Rufe schaden.

Schon früh zeigen sich Uneinsichtigkeit und Verdruß gegenüber jeglicher Kritik. Nicht von jedem läßt er sich etwas sagen. Sein Verhalten zu Angehörigen anderer sozialer Schichten ist dabei zwiespältig. Zuweilen huldigt er gerade jenen, die durch bloßes Vorrecht der Geburt auf der obersten Sprosse der sozialen Stufenleiter stehen. Jenen, denen er sich allenfalls deshalb, weil er ein Bürger ist, unterlegen fühlt, keineswegs aber als Musiker, widmet er zahllose Festmusiken. Er sucht ihre Freundschaft und fühlt sich aber um so mehr auch wieder von ihnen abgestoßen, wenn er von ihnen verletzt wird. Dann versteht er es, gerade die, welchen er zuvor seine tiefe Reverenz erwiesen hat, in ihre Schranken zu weisen. Selbstverständlich zieht er immer den kürzeren!

So legt Bach später beispielsweise großen Wert auf aristokratische Patenschaften bei seinen Kindern, was ihn jedoch nicht daran hindert, diesen Paten dann bei Gelegenheit mit einer geradezu unglaublichen Aufsässigkeit entgegenzutreten. Oft macht er später Zugeständnisse an den Geschmack seiner Brotgeber, was wiederum nicht heißt, daß er ihnen ein anderes Mal nicht seinen „unabänderlichen" Willen aufzuzwingen sucht. „Bei Hofe" wohlangesehen zu sein bedeutet ihm viel. Viel mehr als sein Ansehen bei den für seine Belange zuständigen bürgerlichen Stadträten, über die er sich nicht selten voller Nichtachtung und Hohn hinwegsetzen möchte. Die „Ehre", an einem Fürstenhofe Geltung zu haben, scheint ihm als praktische Lebenshilfe unerläßlich. Der „Ehren halber" ist er stolz auf die Titel eines „Hofkompositeurs" mehrerer mitteldeutscher Kleinfürstentümer. Später wird er sogar den des Königreiches Sachsen „erbetteln". Diese zwiespältige Haltung ist allerdings nur zum Teil sein Verschulden. Vielmehr sind es die Zwänge herrschender Verhältnisse, aus denen diese Zwiespältigkeiten resultieren.

Seine wichtigsten und dringlichsten musikalischen Botschaften aber richtet er vorwiegend an die Armen, die Niederen und von der Gesellschaft Benachteiligten. Aus dieser Zugehörigkeit auszubrechen macht nur die eine Seite seines Wesens aus. Die andere, ganz wesentliche, zeigt sein tiefes Verständnis für alle jene, welche leiden, die zu kurz gekommen sind, auch für die Kranken und Schwachen, die vorerst auch arm bleiben, weil die Reichen und Bevorzugten die Welt – ihre Welt – so eingerichtet haben und weil die Zeit für

Veränderungen dieser Verhältnisse noch nicht reif ist. Ihrer Ausweglosigkeit und ihren Johann Sebastian Bach so wohlvertrauten Sorgen und Nöten, ihren Kämpfen gehört sein Mitgefühl. In ihre Gedankenwelt kann er sich hineinversetzen, weil er selbst lange genug arm war und diesen Zustand auch nie so richtig überwunden hat. Ständig wird er mit Armut konfrontiert. Er weiß, wie Angst um das tägliche Brot und Elend die Würde eines Menschen verletzen und nicht nur dessen materielle, sondern auch geistige Existenz in Frage stellen kann. Auf die Furcht, mit seiner Familie jenen Demütigungen ausgeliefert zu sein, welche Armut zwangsläufig nach sich zieht, sind viele seiner späteren Verhaltensweisen zurückzuführen.

Um die Bewältigung des Lebensalltags wie um die Eroberung „aller Provinzen" der Musik geht es in den folgenden Jahren. Es stellt sich die Frage, wie Bach sich diese Eroberung der musikalischen Provinzen nach seinem Scheiden aus der Lüneburger Schulpflicht vorstellte: ob er dabei systematisch vorzugehen beabsichtigte oder alles nur dem Zufall überlassen wollte. Wenn man der Konsequenz nachzuspüren versucht, mit der er sich an die Erschließung aller musikalischen Bereiche machte, darf man ihm durchaus bewußtes Planen unterstellen.

Planen aber bedeutete für ihn zu jeder Zeit Auseinandersetzung, niemals Ruhe. Das verlangte ihm Mühen ab. Und diese Mühen bedeuteten für Bach, sich auch weiterhin einem permanenten Lernprozeß zu unterziehen. Es hieß, sich mit der Tradition herumzuschlagen, diese für sein Schaffen aufzubereiten, sie sich neu zu erschließen, obwohl er in ihr zu Hause war. Nicht selten hatte man ihm die starke Bindung an die Überlieferung als „Stagnation", als „Konservativismus" vorgeworfen. Aber es war stets nur scheinbares Verharren. Denn gerade sein intensives Ringen um das Vergangene und sein Bemühen um Gegenwärtiges und Zukünftiges bedeuteten in jedem Falle Bewegung und waren immer auch Auseinandersetzung mit den gesellschaftlichen Verhältnissen auf seine Weise – mit Musik.

Hofmusiker und Organist in Thüringen
1703–1708

Am Hofe des Herzogs zu Weimar

Bach steht 1702 am Anfang eines Weges, bei dessen Bege-
hen er die Eroberung der Provinzen oder, wie er dies selbst
später nannte, den „Endzweck" seines musikalischen wie auch
gleichermaßen alltäglichen Lebens nie aus den Augen verlieren wird. Die erste belegte Anstellung erhält er als Geiger am
Hofe zu Weimar. Er wird Mitglied der Privatkapelle des Herzogs Johann Ernst und kann als Instrumentalist sein „nebenbei" erworbenes Können erstmals unter Beweis stellen. Endlich hat er die Möglichkeit, in einem Ensemble spezialisierter
Fachkollegen zu musizieren. Anhand der gespielten Stücke
kann er den Instrumentalstil der Zeit studieren und sich zudem eingehender mit der Spielpraxis der Streicher vertraut machen. Zu erworbener Vokalpraxis tritt nun hier in Weimar die
Instrumentalpraxis.

In seinem Bemühen kommt ihm der Zufall entgegen. Er hat
das Glück, am Hofe zu Weimar die Bekanntschaft mit Paul
von Westhoff zu machen, der im Urteil sachverständiger Zeitgenossen als einer der besten deutschen Geiger gerühmt wird.
Von beiden Herzögen Weimars war Westhoff als Kammerse-
kretär, Kammermusiker und – aufgrund seiner hervorragenden
Sprachkenntnisse – auch als Prinzenerzieher verpflichtet worden. Dieser Mann, der weit in Europa herumgekommen war,
vereinte in seiner Musizierweise und auch in seinem Komposi-
tionsstil musikalische Einflüsse mehrerer Länder, vor allem
aber Italiens. Zum ersten Male lauscht der junge, begeiste-

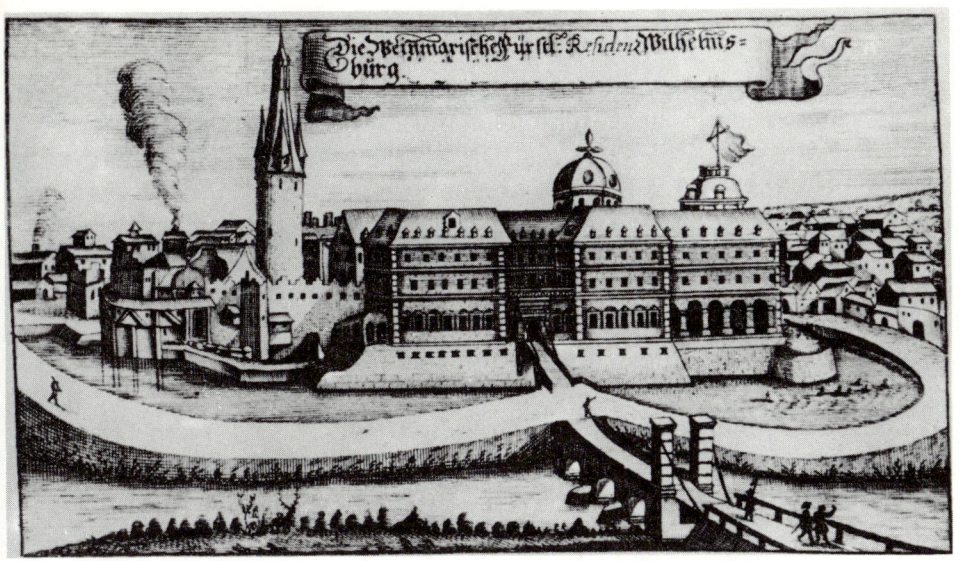

Schloß zu Weimar

rungsfähige Ensemblemusiker Johann Sebastian Bach einer Solosonate im italienischen Stil, die von Westhoff komponiert und vollendet dargeboten wird. Erstmals hört er auch Westhoffs doppelgriffiges Violinspiel, mit dem dieser in Frankreich am Hofe Ludwigs XIV. Furore gemacht hatte.

Bleibt Bach neben seinen Verpflichtungen ein wenig Zeit, so hospitiert er bei den Proben der Hofkapelle des Herzogs Wilhelm Ernst. Es ist nicht ausgeschlossen, daß der Hofkapellmeister Adam Drese den begabten jungen Violinisten, der ihm auffällt, als „Aushilfe" für diese oder jene Aufführung heranholt. Es ist auch anzunehmen, daß der regierende Herzog Wilhelm Ernst, der „der Kunst von ganzem Herzen ergeben" ist, auf den jungen Musiker Bach aufmerksam wird und daß die Erinnerung an dessen gutes Spiel und seinen Fleiß bei der späteren Anstellung als Hoforganist eine maßgebliche Rolle gespielt hat.

Es sind jedoch nicht nur Westhoff, Drese und der Herzog, die Bachs große Begabung erkannt haben, sondern auch der Vizekapellmeister Georg Christoph Strattner, dessen „musikalische Szenen", ausgeschmückt mit „tonmalerischen Elementen" von den Kollegen stark beachtet werden und sich außerordentlicher Beliebtheit erfreuen. Auch der junge Herr Kapellgeiger ist von Strattners „Szenen" beeindruckt, deren Wort-Ton-Verhältnis er genau studiert. Bach lernt und übt ununterbrochen. In seinem phänomenalen Gedächtnis bleibt alles haften.

Das Hoforganistenamt befand sich derzeit in Händen Johann Efflers, eines nicht unbedeutenden Organisten, der dem Geiger, welcher mit siebzehn Jahren schon so gut die Orgel spielen konnte, oft bereitwillig sein Instrument überließ. Mit größter Sachkenntnis betrieb Effler außerdem im Thüringischen Orgelabnahmen. Bei Orgelneu- oder -umbauten wurde er zur Begutachtung angefordert. Es ist sicher, daß Bach den alten Herrn dabei von Fall zu Fall hatte begleiten dürfen, wenn sein Dienstherr es ihm gestattete.

Musikalischer und bürgerlicher Ungehorsam in Arnstadt

Im Jahre 1703 hatte Effler die Orgelbegutachtung des Instruments in der Neuen Kirche zu Arnstadt Bach überlassen. Sollte dieser junge Mann doch die Chance haben, eine derartige Prüfung auch einmal in eigener Verantwortung und ohne sich beaufsichtigt zu fühlen übernehmen. Für Effler bedeutete dies eine merkliche Entlastung, denn er war nicht mehr der Jüngste. Die wiederholten Reisen durch Thüringen wurden ihm allmählich beschwerlich. Er entschuldigte sich deshalb beim Arnstädter Rat mit Arbeitsüberlastung und schickte dafür seinen „Vertreter" Johann Sebastian Bach, der vom Herzog bereitwillig beurlaubt wurde.

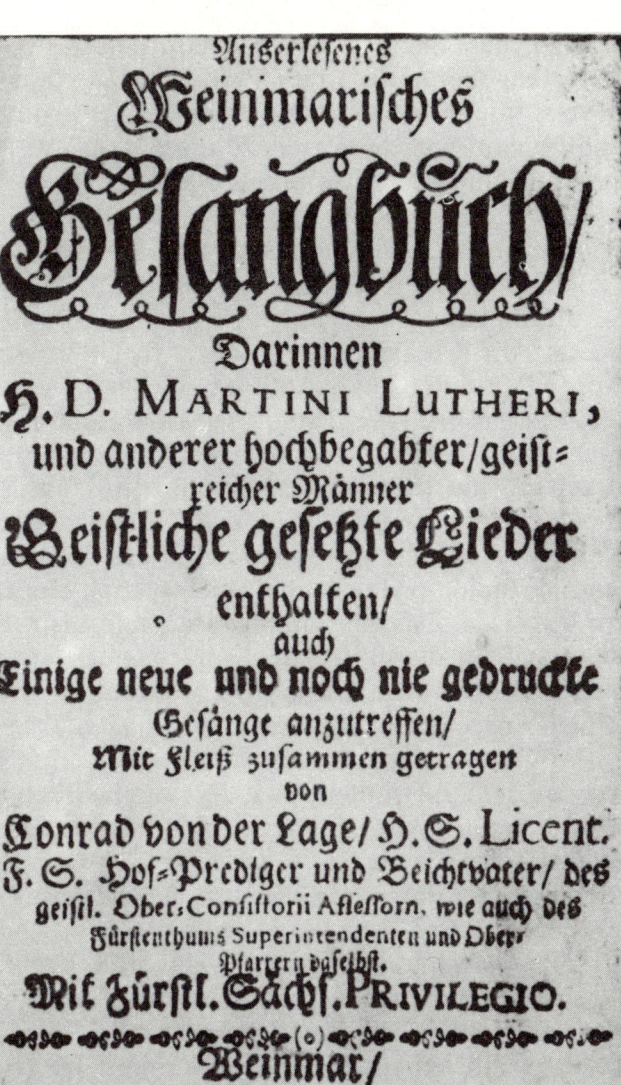

Auserlesenes
Weinmarisches
Gesangbuch/
Darinnen
H. D. Martini Lutheri,
und anderer hochbegabter/geist-
reicher Männer
Geistliche gesetzte Lieder
enthalten/
auch
Einige neue und noch nie gedruckte
Gesänge anzutreffen/
Mit Fleiß zusammen getragen
von
Conrad von der Lage/ H. S. Licent.
F. S. Hof-Prediger und Beichtvater/ des
geistl. Ober-Consistorii Assessorn, wie auch des
Fürstenthums Superintendenten und Ober-
Pfarrern daselbst.
Mit Fürstl. Sächs. PRIVILEGIO.

Weinmar/
Druckts Johann Andreas Müller/ Fürstl.
Sächs. Hof-Buchdrucker/ 1681.

Titelblatt des Weimarer Gesangbuchs

Das Experiment gelingt! Das Kapellmitglied der weimarischen Privatkapelle macht sich plötzlich einen Namen als Orgelsachverständiger. Der Rat der Stadt Arnstadt und die Kirchenbehörde sind von der Urteilsfähigkeit, der musikalischen Treffsicherheit und der unvermuteten Sachkenntnis Bachs begeistert. Obendrein scheint dieser nicht nur vom Orgelbau recht viel zu verstehen, sondern auch noch hervorragend musizieren zu können. Sauber spielt er und solid, ohne unangenehme Auffälligkeiten!

Gerade ist die Organistenstelle der Arnstädter Stadtkirche frei geworden, und der Rat der Stadt trägt Bach dieses Amt an. Johann Sebastian Bach greift sofort zu! In Weimar fühlt er sich nicht mehr wohl. Sieben Monate haben dort genügt, um alle Möglichkeiten, musizierend weiterzulernen, auszuschöpfen. Auch möchte er nicht mehr als „Lakai" auf den Besoldungslisten geführt werden. Jetzt ist es gerade an der Zeit, sich umzusehen und, da sich die Gelegenheit bietet, auch einmal als Organist zu beweisen. Das von ihm begutachtete Instrument regt seine Phantasie an. Es mußte Spaß machen, als erster darauf zu spielen und es so zum Leben zu erwecken.

Und Bach erweckt die Arnstädter Orgel zum Leben. Jeden Sonntag im Gottesdienst zieht er alle Register und tobt sich geradezu auf dem Instrument aus. Mit unglaublicher Sicherheit und Fingerfertigkeit spielt er die Manuale, und „seine Füsse flogen über die Pedale, als ob sie Schwingen hätten". Den Kirchendiener, der die Bälge getreten hat, muß man bedauern!

Schon jetzt, mit neunzehn Jahren, läßt sich Bachs Formbewußtsein erkennen. Er spielt Präludien und Fugen derart, wie sie in Arnstadt noch nie zu hören gewesen sind. Ein Pedalsolo! Virtuose Kunststückchen! Die Fugen stimmt der „Neue" zuerst leise, verhalten an und steigert dann immer mehr bis zur Volltönigkeit der Orgel. Kaum jemand vermag dieser Musik noch zu folgen. Bach spielt sich frei und bringt „die Orgelkunst so zur Vollendung, wie sie vor ihm nie war". Seine „tiefe

Kenntnis der Harmonie, sein Bestreben, alle Gedanken fremd-artig zu wenden ..., seine reichste, unerschöpflichste und stets unaufhaltsam fortströmende Fantasie" werden berühmt.

Sosehr aber die Arnstädter Gemeinde und die zuständige Kirchenbehörde zunächst von ihrem jungen Stadtorganisten begeistert gewesen waren, der damals bei der Probe so gut und problemlos ihre vertrauten Choräle spielte und auch wohl zu „präludieren" verstand, so schnell machte diese Begeisterung bald großer Betroffenheit Platz. So war es ja nun nicht ge-meint! Was maßt sich dieser junge Fant da an? Bei seiner Probe erklang doch etwas ganz anderes! Etwas, was so leicht sich ins Ohr schmeichelte. Aber was er nun in den Gottesdien-sten spielt, ist gar zu ungewöhnlich, zu neu, zu fremd, zu ver-messen! Er schweift ab, kommt aus der Melodie, um dann ebenso plötzlich wieder in diese hineinzufallen. Dieser junge Mann gerät offensichtlich, sobald er am Instrument sitzt, au-ßer Rand und Band. Zeigt Mangel an Respekt. Gewiß, er ist musikalisch und kann Orgel spielen. Aber was er spielt und wie er Gewohntes zu entstellen sich erdreistet, zeigt Unbotmä-ßigkeit, Maßlosigkeit. Er scheint die Gemeinde zu vergessen, sich hochmütig über sie zu erheben. Er überschreitet seine Kompetenz und tut dem Zulässigen, Gottgefälligen Gewalt an. Bei solch einem heillosen Durcheinander kann natürlich kein Mensch mehr mitsingen. Schließlich soll er die Gemein-dechoräle einleiten, begleiten. Dieser Bach hat aber nur Ver-zerrungen der seit Luthers Zeiten so vertrauten Gesänge anzu-bieten ...

Alles wird kompliziert. Es kommt zu regelrechten Karambo-lagen zwischen der musikalisch verunsicherten Gemeinde und dem dreisten Herrn Organisten. Die Andacht ist gestört! Kir-chen- und Gemeindevorstand sind ratlos. Sie erwarten keine musikalischen Kommentare von ihrem Organisten, sondern wohlgefälliges, für eine lutherisch fromme Gemeinde nachvoll-ziehbares Musizieren.

Und überhaupt! Der Herr Stadtorganist führt sich nicht nur

während des Gottesdienstes ungebührlich auf. Er durchbricht in allem die Norm und macht seinem Amte Schande. Ja, er sei sogar „unter der Predigt in Weinkeller gangen"! Vermutlich hat Bach mit Freunden gezecht und über den Durst getrunken. Und es ist deshalb beim Orgelspiel noch schlimmer zugegangen als sonst. Und er rauft! Man muß sich ja seiner schämen. Auch soll er seine Jungfer Base mit auf die Orgel genommen haben. Sich mit einem Frauenzimmer in die Kirche zu schleichen und dieses die Orgel schlagen zu lassen ist unerhört, grenzt geradezu an Gotteslästerung!

„Eines Nachts, als er ... nacher Hause gangen und ufm Marckt kommen, hatten 6 Schüler ufm Langensteine geseßen. Als er nun dem Rathhause gelich kommen, were ein Schüler Geyersbach hinter ihm her und mit einem Brügel uf ihn loß gangen, mit diesen Formalien; Worumb er ihn geschimpfet hette? Er antwortet, er hette ihn gar nicht geschimpfet, und könnte es ihm auch niemand beweisen ... daruf Geyersbach gesagt, ob er gleich ihn nicht geschimpfet hette, so hette er doch seinen Fagott einstmals geschimpfet u. wer seine Sachen schimpfte, der schimpfte auch ihn ... und zugleich auf ihn loß geschlagen ... so hette er Bach *nach seinem Degen greiffen wollen ..."*

Eine Reihe amtlicher Verhöre Bachs, seiner nächtlichen Begleiterin (der Jungfer Base von der Orgel) und anderer Beteiligter folgt diesem peinlichen Vorfall auf dem Fuße. Doch Bach weist keck alle Vorwürfe zurück und erklärt herablassend, daß er es „vor keine Ehre gehalten" hat, sich mit einem solchen „Individuum" zu schlagen.

Als Gipfel seines anmaßenden Ungehorsams aber wird ihm eine Urlaubsüberschreitung angekreidet:

„... Hier in Arnstadt bewog ihn einstmals ein besonders starker Trieb, den er hatte, so viel von guten Organisten, als ihm möglich war, zu hören, daß er, und zwar zu Fuße, eine Reise nach

58

Lübeck antrat, um den dasigen berühmten Organisten an der Marienkirche Diedrich Buxtehuden, zu behorchen. Er hielt sich daselbst nicht ohne Nutzen, fast ein Vierteljahr auf, kehrete alsdann wieder nach Arnstadt zurück ..."

Vier Wochen Urlaub hatte man ihm zugebilligt, *„4 mahl so lange"* ist er weggeblieben.

Möglicherweise war Bach nicht nur nach Lübeck gewandert, um dort Buxtehude anzuhören, sondern auch, um sich nach einer Organistenvakanz im Norden Deutschlands umzusehen. Es ist kaum anzunehmen, daß er die ganze Zeit in Lübeck verbrachte, ohne sich um eigene Angelegenheiten zu kümmern. Und diese hatten eben ihre Zeit gebraucht.

Für die Arnstädter Behörden indes ist das Maß des Verdrusses voll. Der Rat der Stadt und auch der Kirchenvorstand machen ihrem Zorn Luft

und halten *„Ihm vor, daß er bisher in dem Choral viele wunderliche variationes gemachet, viele frembde Thone mit eingemischet, daß die Gemeinde drüber confundiret worden. Er habe ins künftige wann er ja einen tonum peregrinum mit einbringen wolte, selben auch außzuhalten, oder wie er bißher im brauch gehabt, gar einen Tonum contrarium zu spiehlen."*

Also immer wieder diese „fremden" Töne mit den daraus entstehenden Verwirrungen für die Gemeinde. Alles, was man im stillen gegen Bach gesammelt hat, kommt nun heraus. Er spiele außerdem viel zu schnell!

Bachs Reaktion auf diesen Vorwurf ist wieder beleidigend für den Rat: Hochmütig schlägt er seinen Kritikern ein Schnippchen und spielt nur noch ganz kurz und langsam! Die Wirkung auf die Zuhörerschaft ist ebenso verwirrend! Fiel Bach vorher „zu schnell in ein anderes Tempo, dehnt er jetzt, wo er nur kann". Und die Gemeinde verpaßt auch jetzt wieder ihre Einsätze.

Die Behörden sind außer sich! Maßregelungen bleiben nicht aus! Man ist hilflos – wie kann man diesen aufsässigen Burschen nur schnellstens wieder loswerden?

Natürlich ist der Wunsch nach Trennung beiderseitig. Ob Bach es auf Streit anlegte, sei dahingestellt. Immer wieder und immer häufiger kommt es zu ernsten Auseinandersetzungen. Immer wieder bestellt ihn das „Consistorium" zum Verhöre wegen Disziplinarverstoßes im Dienst. Doch Bach läßt, ganz abgesehen davon, daß ihm das Ganze auch Vergnügen zu bereiten scheint, nicht nach. Er hat seinen eigenen Kopf mit ganz neuen Vorstellungen von der musikalischen Kunst. Auch von der Musik im Gottesdienst. Schließlich hatte er in den großen Hansestädten des Nordens Erfahrungen sammeln können. Er ist genaustens informiert über alles, was modern ist und erlaubt. Er ist aber auch bereit, sich gegen etwas zu stellen, was seiner Überzeugung und seiner Vorstellung nicht entspricht. Die musikalische Belastbarkeit der Gemeinde ist für ihn nicht entscheidend. Eine Gemeinde läßt sich schließlich erziehen und überzeugen. Sie war diese Dringlichkeit des Musizierens nur nicht gewohnt. So etwas aber kann sich ändern. Ihm ging es allein darum, das Bibelwort, das für die Gemeinde in der Predigt interpretiert wird, musikalisch zu vertiefen.

Hier in Arnstadt hat man seine Absichten nicht begreifen können. Kurz entschlossen bemüht er sich deshalb um eine Anstellung an St. Blasius zu Mühlhausen. Das Probespiel fällt gut aus. Bach siedelt 1706 um!

Die Arnstädter atmen auf, als sie diesen Bach, der sich nie an herkömmliche Regeln gehalten hat, endlich los sind. Mit großer Erleichterung wird seiner Bitte um Entlassung stattgegeben, mit ebenso großer Freude übergibt Bach am 26. September 1706 der städtischen Behörde den Kirchenschlüssel.

Mühlhausen: Erbschaft – Eheschließung mit Maria Barbara – bürgerliches Selbstbewußtsein

Bachs Selbstvertrauen beginnt sich allmählich zu stabilisieren. Die Arnstädter Vorfälle werden diesen Prozeß begünstigt haben. Er hat sich durchgesetzt, sich nicht dem Willen der Behörden und einer musikalisch trägen Gemeinde gebeugt.

In Mühlhausen indes ist man stolz auf den neuen Organisten. Gerade das, was in Arnstadt Kopfschütteln erregt hatte, stößt hier auf Verständnis und Bewunderung.

Was nicht so ganz behagt, ist, daß der nun Zweiundzwanzigjährige noch ledig ist. Zu einem ordentlichen protestantischen Stadtorganisten gehört eine ordentliche Hausfrau, und man sähe es daher nicht ungern, wenn er möglichst schnell heiraten würde. Auch Bach ist einer derartigen Veränderung seiner Lebensweise keineswegs abgeneigt, doch fehlte ihm bisher für einen solchen Schritt jede materielle Grundlage. Und ohne die geht es nun einmal nicht.

Wieder kommt ihm der Zufall zu Hilfe: Im Spätsommer des Jahres 1707 stirbt in Erfurt ein Verwandter seiner Mutter, Tobias Lämmerhirt. Der hinterläßt Bach die nicht unbeträchtliche Summe von fünfzig Gulden. Nun kann er darangehen, einen eigenen Hausstand zu gründen und das Aufgebot mit Maria Barbara Bach aus Arnstadt bestellen. Schon seit geraumer Zeit sind die beiden im Gerede. Vermutlich war diese Maria Barbara die „fremde Jungfer", die er zum Ärger der Arnstädter auf der Stadtorgel hatte spielen lassen. Als Tochter Michael Bachs aus Gehren ist Maria Barbara Bachs leibliche Cousine, mit der ihn ganz sicher gemeinsame Jugenderlebnisse verbunden haben. Zudem ist sie eine akzeptable Person, hat Sinn für Späße, ist fleißig, wirtschaftlich und vor allem nicht unmusikalisch.

Die beiden verstehen sich gut, dem Stadtklatsch soll endlich ein Riegel vorgeschoben werden. Mit der Erbschaft steht einer Heirat nun nichts mehr im Wege: Vierzehn Tage nach dem

Titelblatt der Ratswahlkantate „Gott ist mein König"

Aufgebot findet am 17. Oktober des Jahres 1707 im nahe gelegenen Dornheim die Trauung statt.

Im neuen Amte begegnet man Bach mit größter Wertschätzung. Nicht nur die Kirchenbehörde, sondern auch der Stadtrat sind mit seiner Tätigkeit voll zufrieden.

Als im Jahre 1708 ein verdienter Ratsherr altershalber von seinen Pflichten entbunden werden soll, beabsichtigt der Rat, ihn zum Abschied mit einer Festmusik zu ehren. Der Auftrag ergeht an den Stadtorganisten Bach, der die Kantate „Gott ist mein König" komponiert.

Diese sogenannte „Ratswechselkantate" Bachs wird schon 1708 in Mühlhausen als erstes Werk aus Bachs Feder von Tobias David Brückner, „E. HochEdl. Raths Buchdrucker", gedruckt. Wohl kaum aber der Komposition wegen, sondern eher aus Gründen städtischer Reputation. Das Honorar, welches Bach vom Rat dafür gezahlt wird, ist mit Blick auf den jungen Hausstand nicht zu verachten.

„Vor Verfertigung des Rathsstückkes erhielt der Komponist 4 Gulden 12 Groschen."

Doch auch die freie Reichsstadt Mühlhausen, in der man Bach in vielem großzügig entgegenkam, konnte ihn nicht halten. Hatte ihn in Weimar die soziale Einstufung als „Lakai" verärgert, ließ er sich in Arnstadt durch die Querelen mit den Behörden zum Wechsel an einen neuen Wirkungsort bewegen, so paßte ihm hier in Mühlhausen der in aller Öffentlichkeit ausgetragene Streit zwischen den orthodoxen Lutheranern und den Pietisten nicht.

Mit Mühe versucht Bach, sich aus den Feindseligkeiten, die in Mühlhausen zwischen den Anhängern beider Lager ausgebrochen sind, herauszuhalten. Sie sind ihm lästig und behindern seine Arbeit. Nervenaufreibend und zeitraubend aber wird das Ganze, als beide Gruppen den Stadtorganisten vor ihren Karren zu spannen suchen. Bach ist weder bereit noch imstande, sich von irgendeiner Instanz Grenzen in seiner Musizierpraxis setzen zu lassen. Unbehagen stellt sich ein. Ohnehin hat er sich seine Tätigkeit in Mühlhausen etwas anders vorgestellt, auch an die Möglichkeit größerer Kirchenmusiken mit einem großen Chor gedacht. All diese Pläne aber werden nun von den unangenehmen Streitereien durchkreuzt.

Bach sieht sich deshalb erneut nach einer anderen Stelle

Portal der Marienkirche zu Mühlhausen

um. Zum zweiten Male bewirbt er sich am Hofe zu Weimar, wo inzwischen die Stelle des Hoforganisten Effler frei geworden ist. Eine Doppelfunktion als Hoforganist und Mitglied der Hofkapelle verspricht ihm größere Entwicklungsmöglichkeiten.

Zwar versucht der Rat der Stadt Mühlhausen mit allerlei Versprechungen, den fähigen Organisten zu halten. Als beispielsweise ein sehr kostspieliger Orgelumbau geplant und durchgeführt werden soll, bietet man Bach die Oberaufsicht dieses Unternehmens an und versichert, ihm bei allen Entscheidungen freie Hand zu lassen. Trotzdem lehnt er ab, in Mühlhausen zu bleiben, erklärt sich aber bereit, sich um den Orgelumbau bis zur Fertigstellung des Instruments zu kümmern. In seinem Entlassungsgesuch an den Rat der Stadt spricht Bach erstmalig von dem „Endzweck", das heißt von der Absicht, von den Zielen seines Wirkens. Er schreibt, „... wenn ich auch stets den Endzweck, nehmlich eine regulirte kirchen music zu Gottes Ehren gerne aufführen mögen ...". Weiter schreibt er von der „wohlzufaßenden" Kirchenmusik, zu deren Durchführung ihm in diesem Amte nicht genügend Mittel zur Verfügung gestellt worden seien. Es hat „sichs doch ohne wiedrigkeit nicht fügen wollen". Die „wiedrigkeit" steht für alles, was Bach im Mühlhäuser Amte mißfiel: für den Mangel am „guthen" Apparat, um seine musikalischen Vorhaben realisieren zu können, für den Religionsstreit zwischen Orthodoxen und Pietisten und auch für die unangemessene, „nothdürfftige" Besoldung, die ihm nur eine „schlechte Lebensart" gestattete. Er will und wird Kinder haben, denen er jene Armseligkeit, mit der er sich einst bei seinem Organistenbruder konfrontiert sah, ersparen möchte.

„Alß hat es Gott gefüget, daß eine Enderung mir unvermuthet zu handen kommen, darinne ich mich in einer hinlänglicheren Subsistence und Erhaltung meines endzweckes wegen der wohlzufaßenden Kirchenmusic ohne verdrießligkeit anderer ersehe."

So ganz „unvermuthet" also hatte sich zum rechten Zeitpunkt die Möglichkeit zur Veränderung ergeben? Es war wohl hier weniger „Gottes Fügung", sondern Bachs Wille, seine weitreichenden Informationsquellen und die aus den Nachrichten resultierenden Bewerbungsaktivitäten.

Schließlich wird sein Gesuch von den Mühlhäuser Ratsherren, wenn auch nicht gern, so doch mit einem wohlwollenden Schreiben genehmigt. Aus dem Inhalt dieses Schriftstücks geht hier auch hervor, daß der Herr Stadtorganist um die Freistellung erst dann nachgekommen ist, als er die Berufung nach Weimar bereits in der Tasche hat. Diese etwas ungewöhnliche und auch ziemlich ungehörige Form, seine Brotherren vor vollendete Tatsachen zu stellen, wird sich wiederholen, nicht immer aber auf gleiches Verständnis und ebenso große Nachsicht stoßen wie in der Freien Reichsstadt Mühlhausen.

Entwicklungskontinuität und Standortwechsel

Häufiger Wechsel der Ämter und, darauf zwangsläufig folgend, das Sicheinlebenmüssen in andere Lebensqualitäten, vor allem aber in andere Musiziersphären bedeutet für Bach niemals schmerzliches Herausreißen aus allmählich liebgewordenen, als bequem und angenehm empfundenen Gewohnheiten. Schon gar nicht bedeuten Veränderungen des territorialen Standortes mit den gestellten neuen Aufgaben abrupte Unterbrechung der Kontinuität schöpferischer Prozesse. Im Gegenteil werden gerade durch die wechselvollen Anforderungen Kontinuität und Phantasie gefördert.

Bach bemühte sich um Veränderungen zu einem ihm jeweils passend erscheinenden günstigen Zeitpunkt mit einer Konsequenz, die den Verdacht nahelegt, daß dahinter ein System steckt; ein System der ununterbrochenen Selbstprovokation. Ein System dauernder Konfrontation. Er schien dies zu

66

brauchen, um stets umlernen und Neues aufnehmen zu können und um zu vermeiden, sich zu sehr festzulegen auf nur eine musikalische Gattung. Vielleicht wollte er sich auch damit zwingen, sich den aus dem jeweiligen Standortwechsel resultierenden, immer wieder andersgearteten Verpflichtungen und Verflechtungen in der Arbeit und im Zusammenleben mit den Menschen anzupassen. Folgerichtigkeit und vor allem Hartnäckigkeit bei der Realisierung seiner Absichten sind verblüffend.

Immer wieder versucht Bach, sich günstige Verhältnisse zu schaffen. Immer wieder aber stößt er sich an der Tatsache, daß die Verhältnisse sich ihm nur bedingt fügen, daß sie ihm Kompromisse abverlangen. Seine Kompromißbereitschaft aber ist nicht eben groß! Und immer dann, wenn er fühlt, daß die Bedingungen sich nicht in dem Maße zurechtbiegen lassen, wie es ihm vorschwebt, wenn die Verhältnisse härter sind als sein Kopf, immer dann, wenn er glaubt, Gegebenheiten einfach ignorieren zu können, gerät er in Konflikte.

Obrigkeiten und Dienstherren stellen sich Forderungen Bachs, die ihnen unverschämt, überspannt erscheinen und auch unverfroren rigoros sind, heftig entgegen. Hier kollidiert nicht nur der aus dem Willen zum selbstgestellten „Lebensprogramm" erwachsene Starrsinn eines von seinem Können überzeugten Musikers mit dem Willen anderer und der Macht. Hier kämpft auch das Emanzipationsbewußtsein des Bürgers Bach mit den realen, sozialen sowie den politischen Bedingungen.

Zeitlebens – freilich ohne viel Erfolg – bemüht er sich, die Einschränkungen durch die Machtansprüche, denen er jeweils ausgeliefert ist, abzuschütteln. Immer wieder versucht er, aus den Grenzen, denen er sich in allen seinen Ämtern immer wieder gegenübergestellt sieht, auszubrechen. Stets aber bleibt die Freisetzung seines Schaffens von den noch herrschenden Machtstrukturen nur eine scheinbare.

Doch auch – oder gerade – dieser Zwang, gegen die gesellschaftlichen Gegebenheiten „anrennen" zu müssen, fordert ihn heraus, wird zu einer der Voraussetzungen für all das, was er bereits seit seinem zweiten Weimaraufenthalt leistet und was auch in späteren Jahren kaum überboten werden wird.

Auf den ersten Blick scheint es, daß sich Bach von einer Anstellung in die andere nur deshalb begibt, weil er sich mit seinen Vorgesetzten überworfen hat, weil ihm da oder dort dies und jenes mißfällt. Es sieht nur so aus, als ob er sich von einem städtisch-kirchlichen Amte trennt, weil er unbedingt Hofmusiker werden will.

Es scheint nur, daß er einfach von einem Ort in den anderen umzieht, um die „Tapete zu wechseln". Doch zeigt beispielsweise gerade der Umzug nach Weimar nur den *äußeren* Ablauf eines Programms, dem bei genauer Prüfung ebenjenes innere gedankliche und vor allem lernbedingte System zugrunde gelegen zu haben mag: sich nämlich durch diesen Wechsel nach erworbenen instrumentalen Fertigkeiten endlich auch die Praxis des vokalen Musizierens erwerben zu wollen.

Vor allem aber gilt es, den Schritt vom fast anonymen Ensemblemitglied zu musikalischer Eigenverantwortlichkeit vollziehen zu können.

Vielleicht war er schon in Arnstadt dazu übergegangen, die von ihm im Gottesdienst auf der Orgel frei improvisierten Präludien, Toccaten, Fantasien und Fugen in einem zweiten Arbeitsgang zu Papier zu bringen?

Auch läßt der häufige Standortwechsel deutlich Vorstöße, dann wieder Rückzugsphasen erkennen. Meist wechselt Bach vom Kleineren zum Größeren, von der kleinen Stadt in die bedeutendere, von weniger aufwendigen Aufgaben in Verpflichtungen, die seine Kräfte fast zu übersteigen drohen. Ohne zu zögern aber, ist er auch bereit, sich in die Stille einer winzigen Hofhaltung zurückzuziehen, wenn sich dies als notwendig für seine Entwicklung herausstellt, wenn er die Voraussetzungen, welche er bei Vertragsabschlüssen erwartet, dort besser erfüllt zu sehen glaubt.

Und immer wieder hofft er mit jedem Amtswechsel auch, sozial aufzusteigen!

Unabhängig davon, ob in einem weltlichen oder geistlichen Aufgabenbereich, bedeutet für Bach, seinem „Gott" zu „dienen", höchster Sinn eines erfüllten Lebens.

Konzertmeister am Hofe zu Weimar

1708–1717

Diener zweier Herren

Zum zweiten Male nun also kommt Bach nach Weimar, das zu Beginn des 18. Jahrhunderts eher einem etwas zu groß geratenen Dorfe gleicht als einer Residenz. Auf das vorhandene Stadtrecht weist lediglich die Stadtmauer hin, die das Ganze noch kleiner, enger und bedrückender erscheinen läßt.

Mit der freien Reichsstadt Mühlhausen kann es Weimar Anno 1708 kaum aufnehmen. Nicht erst seit dem Bauernkrieg, in dessen Verlauf Mühlhausen sich vor nahezu zweihundert Jahren zum bedeutendsten Zentrum revolutionärer Aktivitäten entwickelt hatte, besaß diese Stadt historische Bedeutung und eine dementsprechende fast großstädtische, großzügige Atmosphäre. Im Verhältnis dazu war Sachsen-Weimar seit eh und je politisch und wirtschaftlich bedeutungslos.

Noch immer krankt es an den Folgen des Dreißigjährigen Krieges, der auch hier jede politische und ökonomische Entwicklungskontinuität unterbrochen hatte. Handel und Wandel, die der Gesamtsituation der Stadt und des Ländchens hätten ein wenig Auftrieb geben und das Lebensniveau der Bevölkerung heben können, sind gering entwickelt. Demzufolge gibt es kaum Möglichkeiten, sich das tägliche Brot zu verdienen. Manufakturen gehen immer wieder ein. Auch die um 1700 eingerichteten Strumpfwirkereien außerhalb der Stadt ändern an dem Ganzen wenig, da sie nicht den gewünschten Absatz finden.

In etwa fünfhundert Häusern und Lehmhütten wohnen einige tausend Menschen, die – abhängig von der Willkür herzoglicher Launen – nach den „Statuta der Fürstlich-Sachssischen Residentz-Stadt Weimar" verwaltet werden. Hierin unterscheidet sich Weimar in keiner Weise von seinen großen Vorbildern. Das Volk fristet mehr schlecht als recht ein kümmerliches Dasein. Steuern, die es aufzubringen hat, damit der Hof alle seine Bedürfnisse befriedigen kann, sind unverhältnismäßig hoch und vertiefen vor allem das Elend derer, die ohnehin kaum etwas zu beißen haben. Zudem ist das Land außergewöhnlich stark verschuldet. Um diese Schulden zurückzahlen zu können, werden vom „Serenissimus" ständig neue Steuern erfunden und von seinen Kanzleien sogleich auch ausgeschrieben und eingetrieben. Wie überall wird das Volk geschröpft, das Letzte aus ihm herausgepreßt. Auch Bach kommt sehr bald nach seinem Einzug in Weimar in den zweifelhaften Genuß eines jener fürstlichen Unterdrückungsmittel, als er die „Haushaltssteuer" entrichten soll.

Fast alle in Weimar leben also in irgendeiner Form von Dienstleistungen für den Hof, betreiben nebenbei etwas Ackerbau, um die eigenen Suppentöpfe ein wenig aufzufüllen und vielleicht auch auf dem Markt noch etwas hinzuzuverdienen. Da Weimar abseits von größeren Handelsstraßen liegt, bleibt fast alles in der Stadt und damit in einem engen, kraftlosen Kreislauf befangen.

Der Armseligkeit des durchschnittlichen Lebensniveaus entspricht das Stadtbild. Alles ist trist und grau. In den sechs Jahren von Bachs Abwesenheit ist die Stadt über die Talmulde, in welche sie eingebettet liegt, nicht hinausgewachsen. Straßen und Gassen sehen schlimm aus. Klaffende Schlaglöcher und heimtückische Schlammkuhlen bringen Fußgängern wie Fuhrwerken oft unangenehme Überraschungen. Auch Bach und seine „Eheliebste" schließen mit diesen Bekanntschaft, als sie mit ihrem Gespann von der Erfurter Landstraße her in Weimar eintreffen. Der frischgebackene Herr Hofmusikus wird die Nase gerümpft und sich wehmütig der properen, sauberen

Städte Norddeutschlands erinnert haben. Weimar? Eine scheußliche Stadt! Aber doch immerhin eine Residenz.

Für straßenbauliche Verbesserungen reicht das Geld in der Staatskasse eben nicht aus. Die Hofhaltung ist, gemessen an der Kleinheit des Landes, nicht gerade billig. Nahezu alle Staatseinnahmen fließen den privaten Interessen der beiden Herzöge zu, für deren Selbstdarstellung und Repräsentation Straßen oder gar Straßenbeleuchtung, das heißt die Sicherheit der Untertanen nicht von Belang sind.

Die Stadt erstickt zuweilen in Unrat und Schmutz. Nur gelegentliche Regengüsse und auch die mitten durch die Stadt fließende Lotte schwemmen manchmal Mist und Fäkalien hinweg. Nächtlich heimkehrende Kapellmitglieder müssen stets damit rechnen, daß man ihnen den Inhalt eines Nachttopfes auf den Kopf schüttet, da diese „Unfläterey" üblich und zu bestimmter Stunde sogar „von Amtes wegen" erlaubt ist. Stadt und Schloß liegen nachts in völligem Dunkel, denn hier wie dort werden sommers um neun, winters mit dem achten Glockenschlag alle Lichter gelöscht.

Für den neuen Hoforganisten ist dieser Umstand jetzt allerdings nicht von Bedeutung, denn zum Glück befindet sich das Haus, in dem ihnen zunächst Unterkunft zugewiesen wird, in der Nähe des Schlosses. Er braucht also nicht erst durch den Schlamm zu waten, um arbeiten zu können.

Im Jahre 1709 bezieht die Bachfamilie dann eine Wohnung im sogenannten Freihause des Pagenhofmeisters Adam Immanuel Weldig, das zwischen Markt und Schloß gelegen ist. Auch dieses entspricht dem Wunsche Bachs, seinen Wirkungsbereichen so nahe wie möglich zu sein. Geringe Entfernungen sind in seinem Falle ein ganz besonderer Vorzug, denn er muß täglich mehrmals hin und her, manchmal den Weg auch in größter Eile zurücklegen. Nähe zum Schloß bedeutet daher Zeitgewinn. Und Zeit ist mit das Kostbarste und Wichtigste, was er braucht, um das immense Arbeitspensum bewältigen zu können, das ihn hier in Weimar erwartet.

Nach dem Weggang vom Kirchenamte zu Mühlhausen eröffnen sich mit der Anstellung am Fürstenhofe zu Sachsen-Weimar für Bach plötzlich völlig neue Perspektiven und seinen Wünschen und Vorstellungen in höchst angenehmer Weise entsprechende Seiten musikalischer Wirksamkeit. Hatte er in Mühlhausen stets mit der Unzulänglichkeit des ihm zur Verfügung stehenden „Apparates" zu tun, die ihn an der Ausführung regulierter Kirchenmusik hinderte, so erhält er nun in Weimar die Möglichkeit, für die Durchführung seiner musikalischen Vorhaben vortrefflich ausgebildete Musiker einzusetzen. Neues, Unbekanntes kommt auf ihn zu, und er ist sicher, jetzt auf vielen Wegen zugleich die Eroberungen „musikalischer Provinzen" zum Erfolg führen zu können. Auch er hat nun sein „Abenteuer", wenn auch ein anderes als Bruder Jakob.

Bachs Doppelstellung als herzoglicher Kammermusiker und Hoforganist wird aber nicht nur seine beruflichen Absichten und Pläne fördern, sondern auch sein Ansehen heben und ihm helfen, sich über die Grenzen Weimars hinaus einen Namen zu machen. Als er 1708 in Weimar sein Bewerbungsschreiben einreicht, um Nachfolger des inzwischen pensionierten Effler zu werden, hat man sich bei Hofe ganz sicher wohlwollend des ehemals so fleißigen, begabten und zuverlässigen jungen Mannes erinnert. Dieses Wohlwollen findet im Bestallungsschreiben seinen Niederschlag: Die Arbeitsbedingungen sind günstig, die Verpflichtungen vielseitig, das Einkommen ist ausreichend. Um den Umzug vornehmen zu können, ohne dabei allzuviel des wenigen gesparten Geldes einzubüßen, erhält das junge Paar vom Herzog Wilhelm Ernst als erstes ein nobles Geldgeschenk.

Als Organist, Kammermusiker, rechtschaffener Ehemann und bald auch Vater lebt Bach neun Jahre lang in der verschlafenen Residenz des thüringischen Herzogtums. Im Verlauf dieser Jahre verdichten sich seine Aufgaben zu einem Arbeitspensum, das mehrere Personen voll beschäftigt hätte. Aber Bach arbeitet mit nur kurzen Ruhepausen vermutlich Tag und

Nacht. Der Gedanke, sich vielleicht doch übernommen zu haben, liegt ihm fern. Dabei gibt es nichts, was er nur eben „so nebenbei" erledigt. Jede Verpflichtung erfüllt er mit dem vollen Einsatz seiner Kräfte. Glücklicherweise kommen ihm dabei eine unverwüstliche Gesundheit und seine ungeheure Vitalität zugute.

Auch weiterhin überprüft er Orgeln umliegender und auch entfernterer Ortschaften. Er nimmt, wenn seine Dienstherren den dazu nötigen Urlaub bewilligen, Einladungen an, neue Instrumente mit Konzerten einzuweihen.

Bach findet in Weldig und dessen Familie gute Freunde und pflegt mit ihnen bald engeren Umgang. Gemeinsam mit Weldig bildet Bach den Pagen des Herzogs Ernst August, Friedrich Wilhelm Jagemann, aus. Weldig lehrt den jungen Mann alte und moderne Tänze und alles, was ein angehender Höfling derzeit über angemessenes Benehmen bei Hofe wissen muß. Bach indes erteilt dem jungen Mann Klavierunterricht und erhält dafür aus dem Staatssäckel mehrmals „pro Informatione Deßelben auf dem Clavier" Entgelt und mehrere Klafter Floßholz. Erinnerungen an die Lübecker Zeit und an den französischen Tanzmeister der Ritterakademie Thomas de la Selle machen diese Stunden zu einem ganz besonderen, oft ausgelassenen Vergnügen. Sind Instrumente zu reparieren, übernimmt Bach auch diese Verpflichtung selbst. Nicht nur, weil er das meiste von den Instrumenten versteht, weil er das Stimmen und Reparieren nicht unerfahreneren – er meint: auch schlechteren – Kollegen überlassen möchte, sondern auch, um mit den anfallenden Honoraren sein Gehalt etwas aufzubessern. Mit diesen Nebeneinkünften, die auf fürstlichen Befehl wiederholt erhöht werden, kann er schließlich die Haushaltskasse seiner Familie ein wenig füllen. Trotzdem bleibt größeres materielles Wachstum aus, denn obwohl in fast regelmäßigen Jahresabständen Gehaltserhöhung verfügt wird und zusätzliche „Verehrungen" erfolgen, bringt es Bach noch nicht einmal zu bescheidenem Wohlstand. Ständig lebt

er mit den Seinen immer gerade am Rande des Existenz-
minimums.

Vertraglich geforderte Hauptaufgabe aber und zugleich eigenes Hauptanliegen bildet auch in Weimar die Durchführung
der Kirchenmusik, wobei ihm endlich eine Gruppe von Musi-
kern zur Verfügung steht, mit der das Arbeiten Freude macht,
die seinen Vorstellungen folgen kann und auch spieltechnisch
die entsprechenden Voraussetzungen mitbringt. Als Bach dann
1714 vom Herzog Wilhelm Ernst den Auftrag erhält, wöchentlich Kantaten für den Hofgottesdienst zu liefern, genügt allerdings auch dieses Ensemble nicht und muß nicht selten durch
Aushilfen „aus der Stadtpfeifferei" verstärkt werden.

Neben all diesen Obliegenheiten sind da noch die häufigen
Verpflichtungen in der Hofkapelle, und auch die fortwährend
erwünschte Mitwirkung im Kammerensemble des Mitregenten
Ernst August, der mit dem Onkel Wilhelm Ernst nicht eben gerade auf allerbestem Fuße steht, fordern Zeit. Einer Familien-
tradition folgend, sind beide Herzöge für die Regierungsge-
schäfte verantwortlich. Selbstverständlich ist das Verhalten der
zwei recht unterschiedlich veranlagten Fürsten bei allen öffentlichen Anlässen zueinander korrekt und höflich. Das erfordert schon die Staatsräson! Aber alle, die aufgrund ihrer Ar-
beitsverträge gezwungen sind, beiden Herren zu dienen, dem
einen in der „Wilhelmsburg" und dem anderen im „Roten
Schlosse", können ein Lied von deren Streitigkeiten singen. Zu
den unfreiwilligen Teilnehmern dieses fortwährenden Gezänks
gehört auch Bach, der die unerfreulichen innerfamiliären Auseinandersetzungen selbst auf unliebsame Weise zu spüren bekommen wird. Dies um so mehr, da er sich zu dem Jüngeren
hingezogen fühlt, weil in der Residenz des jungen Herzogneffen
fen Ernst August das Musizieren mehr Freude macht. Dieser
gibt sich weltoffener, allem Neuen gegenüber aufgeschlossener
als Wilhelm Ernst. Auch ist er im Umgang mit seinen Leuten
freundlicher und weniger selbstgefällig. Der regierende Herzog
indes lebt zurückgezogen, ist zuweilen geradezu mürrisch und

neigt zum Puritanertum. Erst litt er unter einer unglücklichen Ehe, dann wieder an der Trennung von seiner Frau. Persönliche Mißerfolge versucht er deshalb durch die Förderung der schönen Künste zu sublimieren, was dem kulturellen Niveau der Residenz zweifellos zugute kommt.

Eine besondere Schrulle des Herzogonkels ist sein Ehrgeiz, die Hofkapelle in eine eigens dafür entworfene Uniform zu zwängen. Alle Musiker müssen dieses Amtshabit tragen, das an die Tracht ungarischer Heiducken erinnert. Bach und seine Kollegen sind verpflichtet, in dieser Verkleidung an allen Hofzeremonien teilzunehmen. Nicht selten hat Bach als herzoglicher Kammermusiker in Prozessionen einherzustolzieren, was ihm zutiefst verhaßt ist. Gleichen diese Veranstaltungen doch eher karnevalistischen Maskenumzügen als bedeutsamen Staatsaktionen.

Der Verkleidungszwang berührt Bach auch deshalb unangenehm, weil er sich dadurch immer wieder seiner subalternen Stellung am Hofe bewußt wird. Er fühlt sich in seiner Würde verletzt und gedemütigt. Zwar wird er in den Besoldungslisten nicht mehr wie 1703 als Lakai aufgeführt, rangiert aber noch immer unter den „Dienern", wenn als Hoforganist auch eines höheren Ranges.

Hier zeichnet sich die Problematik ab, mit welcher Bach sich als Vertreter des aufstrebenden Bürgertums ganz besonders in seinen Ämtern an Fürstenhöfen auseinanderzusetzen hat. Konflikte mit den Dienstherren deuten sich an. Bach gehört zu jener Musikergeneration, die zunehmend um ihre soziale Anerkennung und ihr Selbstverständnis zu ringen beginnt, die sich in ihrer Arbeit ungehindert entfalten möchte und doch immer wieder in den tradierten und unerbittlich wirksamen und funktionierenden feudalaristokratischen Machtstrukturen befangen bleibt.

Schwelende Unzufriedenheiten und Verstimmungen zwischen Bach und Wilhelm Ernst spitzen zu verschiedenen Zeitpunkten die Konflikte unterschiedlicher Ursachen zu, bis sie offen ausbrechen und im Jahre 1717 dann schließlich zum Bruch führen werden.

Zunächst aber läßt sich alles gut an. Bach ist besessen von seiner Arbeit und erfüllt von verantwortungsvoller Fürsorge um seine Familie. Obwohl er weiß, daß für das Heil der Seele und für die „Gerechtigkeit des Herrn" Reichtum oder Armut gleichermaßen belanglos sind, versucht er doch lieber, reicher zu werden. Auch, weil – wie auf Bildnissen „figura zeigt" – „gut Essen und Trinken Leib und Seele zusammenhalten". Patriarchalisch schaltet und waltet er als vernünftiger Organisator der familiären Verhältnisse, verfügt über alle guten Eigenschaften eines anständigen Hausvaters. Hatte er doch Fleiß und Sparsamkeit von Jugend auf üben können. Solidität und Rechtschaffenheit sind ihm Lebensprinzip, Müßiggang ist ihm verhaßt. Was aber nicht etwa heißt, daß er nicht manchmal gern über etwas mehr Zeit zur Muße verfügt hätte. Er liebt die Geselligkeit, „disputiert", sooft er kann, mit Freunden bei einem guten Tropfen. In gelegentlichen Zusammenkünften mit Kollegen und Freunden geht es meist hoch her. Dann wird gezecht und getafelt und natürlich stets musiziert. Ganz sicher werden dann ebenfalls die aktuellsten Ereignisse beredet und beurteilt.

> „Er pflegete auch mitten in Arbeit und Ehren so wohl sein Gemüth als seinen Leib zu erquicken und trachtet dahin, daß er seinen frohen Muth nimmer verlieren möge. Dannenhero weiset er auch, daß er vor ehrlicher Ergätzung keinen Abscheu trage."

In allem steht ihm seine „Eheliebste" Maria Barbara zur Seite. Sie umsorgt ihn, ist ihm eine gute, vor allem wirtschaftliche Hausfrau, seinen Kindern eine liebevolle Mutter. Immer darauf bedacht, häuslichen Kleinkram von ihm fernzuhalten, weiß sie, was sie der Stellung ihres Mannes schuldig ist.

Im Verlauf von nur sechseinhalb Jahren – zwischen 1708

und 1715 – muß sie die harte Anstrengung von fünf Schwangerschaften auf sich nehmen, die an ihren Kräften zehren und diese frühzeitig verbrauchen. Von den sechs Kindern bleiben vier am Leben: die erstgeborene Tochter Catharina Dorothea, die ein halbes Jahr nach dem Weimarer Amtsantritt zur Welt kommt. Dann endlich der ersehnte Stammhalter Wilhelm Friedemann, der dem Mädchen im November 1710 folgt und sich als Liebling des Vaters zukünftig dessen ganz besonders liebevoller Zuwendung und Förderung erfreut. In viel zu schneller Folge erblicken dann 1713 ein Zwillingspaar, welches bald stirbt, 1714 und 1715 die Söhne Carl Philipp Emanuel und Johann Gottfried Bernhard das Licht der Welt.

Der Organist und Orgelbegutachter

Mit Bachs Eintreffen war seit 1708 das Musikleben der Stadt Weimar um eine Attraktion reicher geworden. In der Stadtkirche St. Peter und Paul versieht Bachs leiblicher Vetter Johann Gottfried Walther seit Jahren das Organistenamt. Walther ist ein hochgeschätzter Orgelspieler und ein gebildeter, weitgereister Mann, der gerade an einem Musik-Lexikon arbeitet, in dem er seine Erfahrungen der interessierten Öffentlichkeit mitzuteilen wünscht. Als dieses Lexikon im Jahre 1732 erscheint, ist dort auch eine Information über Bach zu lesen. Die Kürze dieser Mitteilung hat wiederholt zu der Spekulation Anlaß gegeben, daß es zwischen den Vettern und Organistenkollegen in Weimar zu Differenzen gekommen sei. Von Differenzen kann indes nicht die Rede sein. Vielleicht gab es mehr oder weniger heftige Dispute, die das freundschaftliche Verhältnis der beiden jedoch kaum ernstlich anzufechten vermochten. Vorerst wird jedenfalls durch den nicht vermeidbaren musikalischen Wettstreit zwischen ihnen an der Orgel die Weimarer Musikszene aufs unterhaltsamste und angenehmste belebt.

Musicalisches
LEXICON

Oder

Musicalische Bibliothec,

Darinnen nicht allein

Die Musici, welche so wol in alten als
neuern Zeiten, ingleichen bey verschiedenen Natio-
nen, durch Theorie und Praxin sich hervor gethan, und was
von jedem bekannt worden, oder er in Schrifften hinter-
lassen, mit allem Fleisse und nach den vornehmsten
Umständen angeführet,

Sondern auch

Die in Griechischer, Lateinischer, Italiänischer und
Frantzösischer Sprache gebräuchliche Musicalische Kunst-
oder sonst dahin gehörige Wörter,

nach Alphabetischer Ordnung
vorgetragen und erkläret,

Und zugleich

die meisten vorkommende Signaturen
erläutert werden

von

Johann Gottfried Walthern,
Fürstl. Sächs. Hof-Musico und Organisten an der Haupt-Pfarr-Kirche
zu St. Petri und-Pauli in Weimar.

Leipzig,
verlegts Wolffgang Deer, 1732.

Johann Gottfried Walther, Musikalisches Lexikon

Walther überläßt seinem Cousin oft die Orgel der Stadtkirche, was dieser voll ausnutzt und genießt. Als das Instrument der „Himmelsburg", wie die Hofkirche vom Volke genannt wird, Bachs Ansprüchen nicht mehr genügt, gibt der Herzog Wilhelm Ernst seine Zustimmung zu einem Umbau und stellt alle erforderlichen Mittel für Bachs Pläne zur Verfügung. Sehr wohl weiß der Herzog Bachs Orgelspielkunst zu schätzen. Es ist selbstverständlich, daß Bach für die neue Orgel die genaue Disposition entwirft. Eigenhändig wählt er in den Wäldern Thüringens auch das Material, überprüft die Herstellung der Pfeifen und übernimmt beim Bau die Oberaufsicht.

Für die Dauer dieser Umbauarbeiten werden die Hofgottesdienste in die Stadtkirche verlegt. Auch die Orgelvespern und andere Kirchenkonzerte, die Bach in seiner Stellung als Hoforganist durchzuführen hat, finden in der Stadtkirche statt. Und hier kann ihn nicht nur der Hof hören! Das musikinteressierte Bürgertum Weimars ist hingerissen von seinem Spiel.

Parteienbildung bleibt nicht aus. Jetzt erst mokieren sich einige darüber, daß der Herr Stadtorganist Walther „kein Gedächtnis" habe, deshalb „vom Papiere lesen" müsse. Sein Spiel sei mit der Kunst Bachs gar nicht zu vergleichen! Die Orgelvespern finden reges Interesse. Die Kirche ist immer bis auf den letzten Platz besetzt. Eine der von Walther komponierten Orgelmusiken ist die „Partita sopra Jesu meine Freude" (ursprünglich für ein Tasteninstrument), die bereits 1712 in Erfurt im Druck erscheint und den damals jedem Angehörigen einer protestantischen Gemeinde vertrauten Choral in vielfachen Abwandlungen verarbeitet.

Diese Variationsform der Choralpartita, in welcher jeder Organist sein Können unter Beweis stellen konnte, wurde bereits von Georg Böhm, Dietrich Buxtehude und Jan Adams Reinken zum Höhepunkt geführt und hat bis in die Zeit gemeinsamer Kirchenmusikpflege der Vettern in Weimar nichts von ihrer Beliebtheit eingebüßt.

Jeden Mittwoch am späten Nachmittag ist die Kirche über-

Stadtkirche St. Peter und Paul zu Weimar

füllt. Auf der Orgelempore dürfen die Schüler des Gymnasiums sitzen und dem Organisten Bach ganz aus der Nähe auf die Finger schauen. Das gilt als besondere Auszeichnung für alle, die während der vergangenen Woche ihre Schularbeit mit besonderem Fleiß erledigt, vor allem aber ihr Lateinpensum gründlich und fehlerlos „präpariert" haben. Absolutes Schweigen ist Gesetz. Und kaum einer verscherzt sich das Privileg durch ungebührliches Betragen. Kommt es doch einmal vor, daß einer beim Schwatzen erwischt wird, so muß der Missetäter die Empore verlassen. Dafür sorgt der Rektor Gesner, der sich keinen Orgelabend des Freundes entgehen läßt.

Durch die Seitentüren des Kirchenschiffes aber schleichen sich jene Buben heimlich wieder ein, um doch noch in den Genuß des Orgelvortrags zu kommen.

Durch einen Spiegel, der für den Organisten an jeder Orgel befestigt ist, damit dieser besser Verbindung zum Pastor halten kann und seine Einsätze nicht verpaßt, kann Bach alles beobachten, was im Kirchenschiffe vor sich geht. Oft dauert es lange, ehe die Zuhörerschaft zur Ruhe kommt. Dann denkt Bach gar nicht daran, anzufangen. Er wartet. Sein etwas vorgeschobener Unterkiefer zeigt seine Ungeduld und auch seinen Unwillen.

Hier in der Stadtkirche St. Peter und Paul hört das Publikum zum ersten Male die neuartige Spielweise Bachs und wird von den Harmonien und Modulationen in Erstaunen und Begeisterung versetzt. Man glaubt, Vertrautem, Bekanntem folgen zu können! Plötzlich aber nimmt dieses mit einer schnellen, das Vertraute variierenden Wendung einen völlig anderen, unerwarteten Verlauf, um dann ebenso schnell und unerwartet wieder zum Ausgangspunkt zurückzukehren. Die Kunst des Herrn Hoforganisten, die Orgel „zu schlagen", ist aufsehenerregend und gereicht allen seinen Vorbildern und Lehrern zu höchster Ehre.

Während diese Spielweise einst in Arnstadt Bachs Gegner auf den Plan gerufen hatte, weil sie zu ungestüm schien, nicht verstanden wurde, vielleicht auch noch zu unkontrolliert gewesen war – hier in Weimar wird sie hoch gelobt. Allerdings ist Bach jetzt auch älter, reifer geworden und hat inzwischen viel gelernt. Bei allem Neuartigen bleibt sein Spiel übersichtlich, klar, ist gleichsam „gebändigt". Nie gerät er ins uferlose, sondern verblüfft trotz der vielen Freiheiten, die er sich gestattet, immer wieder mit der Durchsichtigkeit seines Entwurfs.

Neue Wirkungen kommen vor allem durch seine Kunst zustande, die Register zu ziehen. Zwar hält er sich an die Tradition, weitet sie aber aus, bereichert die Möglichkeiten des Instruments um wesentliche, raffinierte Klangeffekte. Unvergleichlich ist sein Spiel mit dem „vollen Werk", das die Benutzung aller Manuale und auch des Pedals – der Fußtastatur – voraussetzt. Aber auch dieses geschieht nach einem vorher aufgestellten Plan und nur in den sogenannten „freien" Orgelkompositionen: in den Präludien, Toccaten, Fugen und Fantasien. Da geht er aufs Ganze, während er in den choralgebundenen Teilen und Stücken behutsamer mit dem Instrument umgeht, um den Choral nicht zu verdecken.

Entscheidend für Bachs Weg zu einem neuen Orgelstil ist in Weimar die Beschäftigung mit dem zeitgenössischen italienischen Konzertschaffen. Zu der oft spröden, zuweilen sogar schroff und kantig anmutenden protestantischen Orgelmelodik kommt ein neues Element hinzu: die in den Werken der italienischen Komponisten vorerst nur „gesehene" Kantabilität. Ob er mit dem italienischen Konzertstil erstmalig bei dem Besuch Pisendels im Jahre 1709 konfrontiert wurde oder sich vielleicht doch schon früher die Noten derartiger Kompositionen beschaffen konnte, wissen wir nicht. Einen ersten Eindruck davon hatte ihm wahrscheinlich bereits Westhoff vermittelt, als dieser vor sechs Jahren in Weimar seine italienische Sonate vortrug. Sicher ist, daß Bach die Konzerte in ihrer klanglichen Wiedergabe erst später in Dresden hörte.

Wie allerorts damals üblich und sogar erlaubt, übernimmt Bach in Weimar verschiedene musikalische Themen seiner italienischen Kollegen Corelli, Legrenzi und Albinoni und verwendet sie in seinen eigenen Orgelkompositionen. Er beweist, daß das Instrument, welches er so meisterhaft beherrscht, auch „singen" kann. Seiner Orgelfuge in h-Moll beispielsweise liegt ein dreistimmiges Thema von Corelli zugrunde, ein Fugato von nur neunundreißig Takten. Bach schöpft die Möglichkeiten der Orgel voll aus, erweitert die Corellische Vorlage auf hundertzwei Takte und fügt den Stimmen eine vierte hinzu. Zunächst hält er sich in seiner Transkription voller Ehrfurcht an das vorgegebene harmonische Grundgerüst, um dann aber zunehmend freier zu verfahren. Häufig moduliert er von einer Tonart in eine andere, fügt Ritornelle ein und bringt in allem damit mehr Farbe und Abwechslung in das Stück.

Entscheidende Eindrücke gewinnt Bach von den Konzerten Vivaldis, von denen er mehrere für Cembalo und auch für Orgel bearbeitet. Nachweisbar überträgt er in diesen Transkriptionen die Form des ersten Vivaldischen Konzertsatzes auf andere musikalische Gattungen.

Die von Vivaldi praktizierte Technik, das Gesamtorchester in der Haupttonart musizieren zu lassen und diesem die figurativ gestalteten und von Tonart zu Tonart modulierenden Soli entgegenzustellen, gefällt Bach besonders gut, und er komponiert Violinkonzerte, in denen er diesen Musizierstil anwendet. Später wird dieser vor allem in den in Köthen komponierten „Brandenburgischen Konzerten" voll zum Tragen kommen.

Beim Vortrag des Orgelkonzertes Nr: 3 nach einem Konzert von Vivaldi für zwei Violinen wird die Zuhörerschaft Weimars in einen wahren Taumel des Entzückens versetzt. Hört man da im dritten Satz nicht Reminiszenzen an die Musik auf den Gassen, in den Wirtshäusern, an die Melodien der „Leyrer" und „Bierfiedler"? Wie sparsam gebraucht Bach hier das Tonmaterial, und welch großartige Wirkungen erzielt er, wenn er bei den gebrochenen Akkorden das volle Orgelwerk einsetzt. Schüler, Lehrer und alle Anwesenden sind begeistert. Bach,

84

der genau weiß, wie er seine Hörer packen und erfreuen kann, sitzt an diesem Abend noch eine Weile auf der Orgelbank und hängt seinen Gedanken nach.

Daß er nicht nur vom Orgelspiel, sondern auch vom Orgelbau etwas verstand, steht heute außer Zweifel. Vielerorts wurde er bei Orgelneu- oder -umbauten um sein sachkundiges Urteil gebeten. Die Instrumente der bedeutendsten Orgelbauer seiner Zeit, unter anderen auch jene von Gottfried Silbermann, wurden von Bach geprüft und in den meisten Fällen mit einem großen Konzert auch eingeweiht.

Für die Orgelbauer war Bachs Prüfung nicht immer ein ungeteiltes Vergnügen. Oft

„... wurden die Orgelbauer für Schrecken ganz blaß“, denn *„... noch nie hat jemand so scharf ... Orgelproben übernommen ... Er sagte zum Spaß, vor allen Dingen muß ich wissen, ob die Orgel eine gute Lunge hat, um diese zu erforschen, zog er alles Klingende an und spielte so vollstimmig als möglich.“*

Bei diesen Prüfungen ließ Bach nichts aus und nichts durchgehen. Er zog sämtliche Register und tobte sich auf dem Instrument aus. Nur wenn er selbst etwas damit anzufangen wußte, fand das „Werck“ seine Zustimmung, sein Lob.

Aber er galt auch als gerechter, unbestechlicher und unerbittlicher Gutachter,

„benahm sich ... so gewissenhaft und unpartheyisch, daß die Zahl seiner Freunde selten dadurch vermehrt wurde“.

Es war ihm einerlei, wenn er sich bei der Urteilsfindung über diese „perfektesten Mechanismen des vorindustriellen Zeitalters“ Feinde machte. Es ging schließlich um Qualität und Kunst!

1713 wurde am herzoglichen Hofe die Stellung des Vizekapell-
meisters frei. Bach, der fest damit gerechnet hatte, daß man
ihm dieses Amt übertrüge, erlebte eine bittere Enttäuschung:
Man zog ihm den Sohn des noch immer amtierenden Hofkapellmeisters Adam Drese, Johann Samuel Drese, vor. Dem Hof
mochte am jungen Drese in dieser Stellung wohl gelegen haben, weil von ihm nach einer durch den Herzog protegierten
Italienreise ganz sicher eine etwas „modernere" Musik zu erwarten war. Schließlich hatte Drese während seines Studien-
aufenthaltes in Italien vieles gelernt, was die Hofgesellschaft
amüsieren und ergötzen konnte.

Zwar erkannte man Bachs Können und seine Arbeitslei-
stung, auch seinen Musizierstil nach wie vor ohne Einschränkung an, wünschte aber doch, auch ein wenig mehr von jener
Musik zu hören, die jetzt überall, vor allem an den großen Höfen und in den Theatern der großen Städte, Furore machte.
Bravouröse Koloraturarien und Konzerte der Italiener standen
hoch im Kurs. Daß Neues sich auch im Werk Bachs, ja zuerst
ganz besonders in seinem Orgelspiel herausbildete, wurde von
seinen Zuhörern wohl kaum wahrgenommen.

Unbedingt wäre es nun im Jahre 1714 an der Zeit gewesen,
auch den Herrn Kammermusiker endlich zu befördern. Bach,
der seit Jahren auf eine Verbesserung seiner Stellung wartete,
fühlte sich übergangen. Daran änderte sich auch nichts, als der
Mitregent Herzog Ernst August und vor allem sein musikalisch
hochbegabter Schüler, der jugendliche Prinz Johann Ernst, ihn
gerade in diesem Augenblick wieder ihrer großen Bewunderung und freundschaftlichen Zuneigung versicherten. Über die
Besetzung offener Hofmusikämter hatten beide nichts zu befinden.

Bach ist verstimmt, ja, er ist tief beleidigt und läßt seiner
Verbitterung freien Lauf. So gern er seinem Kollegen Drese
Begabung bestätigt, so sicher weiß er, daß dieser ihm nicht das

Johann Mattheson
(1681–1764)

IOANNES MATTHESON
Celsitudinis Imperialis Magn Rusia Primar
Supremi Holsitia Ducis
Legationum Consiliarius
nat. Hamburg d. 28. Sept. A. 1681

Wasser reichen kann. Der Herr Kammermusikus und Hoforganist sieht deshalb in der Zurücksetzung nicht nur eine persönliche Kränkung, sondern in erster Linie eine Unterschätzung
seiner fachlichen Qualitäten, auch seines Verdienstes und seines Einsatzes. Gedanken, daß er selbst durch seine Ungefällig-
keit und die zuweilen unangenehmen, peinlichen Zornausbrü-
che eine Beförderung verhindert haben könnte, liegen ihm
fern. Daß er allerdings die Ernennung Dreses als Vorwand neh-

men könnte, Weimar zu verlassen, kommt nun wieder Herzog Wilhelm Ernst nicht in den Sinn. Weshalb auch? Räumt man ihm etwa nicht genügend Sonderrechte ein, drückt man nicht öfter ein Auge zu bei Ungehörigkeiten? Kommt man nicht allen seinen Forderungen großzügig entgegen? Darf Bach nicht ungehindert seinen auswärtigen Verpflichtungen nachgehen? Gibt man ihm nicht sogar die Möglichkeit, sich auch über die Grenzen Weimars hinaus einen Namen zu machen?

Oft begleitet Bach den Hof, wenn einer der Herzöge eine Gratulationsreise zu einem benachbarten Fürsten unternimmt. Musiker gehören derzeit zum diplomatischen Reisegepäck eines jeden Potentaten, der es sich leisten kann, eine eigene Kapelle zu halten. Obwohl Bach sich darüber im klaren ist, daß er von den Herzögen für deren Repräsentation benutzt wird, gefällt es ihm nicht wenig, mit seinem Orgelspiel an anderen Höfen glänzen zu können. In jeder Residenz, die von einem der beiden Regenten während Bachs Amtszeit besucht wird, beneidet man sie um diesen fähigen Mann. Das schmeichelt ihrer Eitelkeit ebenso wie auch seiner eigenen. Um so erstaunlicher ist es, daß Bachs Können im Urteil seiner Zeitgenossen relativ wenig Beachtung findet. Georg Friedrich Händel, Reinhard Keiser und Georg Philipp Telemann wird weit mehr Aufmerksamkeit geschenkt. Bach hingegen bedenkt man oft nur mit einem kargen Lob. So erwähnt ihn der sachkundige Musikschriftsteller Johann Mattheson aus Hamburg in seinem „Beschützten Orchestre" mit folgenden Worten:

„Ich habe von dem berühmten Organisten zu Weimar Hrn. Johann Sebastian Bach Sachen gesehen so wohl vor die Kirche als vor die Faust die gewiß so beschaffen sind daß man den Mann hoch aestimiren muß ..."

Mattheson nimmt auch kurz zu Bachs Kompositionstalent Stellung und nennt ihn einen „künstlichen und glücklichen Fugen-Setzer". Immerhin läßt Matthesons Urteil durchblikken, daß sowohl Bachs Orgelmusik, seine überragende Kunst, Fugen zu spielen, wie auch seine manuelle Meisterschaft als akzeptable Leistungen hoch eingeschätzt werden müssen.

Daß die Reisen des Hofes, an denen Bach beteiligt ist, ihn zuweilen auch in schwere persönliche Konflikte stürzen, interessiert die Dienstherren in keiner Weise. Wenn es jenen um die Repräsentation ihrer Macht oder um ihre kulturellen Selbstdarstellungen geht, wenn sie zeigen wollen, was man sich in Weimar leisten kann, gibt es keine Rücksichten auf das Privatleben ihrer Bediensteten!

Niemand weiß, was sich in Bach abgespielt hatte, als er im Februar des Jahres 1713 mit nach Weißenfels reisen mußte, um dort eine Huldigungskantate zu leiten, die er selbst komponiert und in Weimar einstudiert hatte. Der Weißenfelser Christian, Herzog von Sachsen-Weißenfels, der für seine Verschwendungssucht bekannt war und dessen aufwendige Hofhaltung als berüchtigt galt, hatte Geburtstag. Um ihn zu ehren, war Bach vom Weimarer Herzog beauftragt worden, eine Kantate zu schreiben – quasi als herzogliches Geburtstagsgeschenk. Selbstverständlich hatte sich Bach über diesen Auftrag gefreut, und das Stück schien wirklich gelungen. Auch er selbst war sehr von seiner Kantate angetan.

Zu Hause aber stand Maria Barbara kurz vor einer Niederkunft. In der letzten Februarwoche wäre es soweit, hatte ihnen die Wehmutter angekündigt. Sie hatte auch durchblicken lassen, daß es diesmal vielleicht Zwillinge werden könnten. Wie es aussah, müßte man mit einer schweren Entbindung rechnen!

Obwohl eine Base seiner Frau mit im Hause lebte, die gewohnt war, im Haushalt mit anzupacken, schreckte Bach der Gedanke, sein Weib allein lassen zu müssen. Aber es stand außer Zweifel, daß er mit nach Weißenfels reisen sollte. So verlangte es seine Dienstvorschrift. Den Herzog gerade jetzt um Urlaub zu ersuchen wäre ein sinnloses Unterfangen. Auf keinen Fall hätte Bach jetzt mit dessen Verständnis rechnen dürfen. Er mußte also reisen und seine Sorgen fürs erste beiseite schieben.

Als er schließlich aus Weißenfels nach Weimar zurückkehrte, hatte man den Knaben des am 23. Februar 1713 geborenen Zwillingspaares bereits begraben. Die Kinder waren genau an dem Tage zur Welt gekommen, als am Weißenfelser Hofe die erste von Bach komponierte Huldigungskantate mit Erfolg aufgeführt wurde, als man mit Pomp und verschwenderischem Glanz den herzoglichen Geburtstag feierte.

Um das Leben des Mädchens, das zunächst ein wenig kräftiger zu sein scheint, ringen Bach und seine von der Geburt sehr geschwächte Frau drei Wochen lang Tag und Nacht. Aber das Kind stirbt den Eltern unter den Händen, weil sein bißchen Kraft für ein Leben nicht ausreicht.

Zum ersten Male seit Beginn ihres gemeinsamen Lebens wird das Ehepaar von persönlichem tiefem und bohrendem Schmerz betroffen, der in lähmender Eindringlichkeit die Frage nach dem Sinn eines so frühen Hinscheidens stellen läßt. Doch beide, weder der völlig überforderte und übermüdete Vater noch die Mutter, können sich dem Schmerz überlassen oder die Frage beantworten. Das Leben, der Dienst und die Kinder fordern ihre Rechte. Außerdem fühlt sich Maria Barbara – kaum von der Anstrengung der Zwillingsgeburt genesen – nach einigen Wochen schon wieder guter Hoffnung ...

Bachs Geburtstagskantate aber hatte in Weißenfels ihren Zweck erfüllt. Der Hof und alle anwesenden Gäste hatten mit Beifall nicht gespart, und Herzog Ernst Wilhelm von Sachsen-Weimar konnte mit Recht stolz sein auf seinen Hoforganisten.

Dieser selbst war während der Aufführung nicht ganz bei der Sache, sondern nahm den Beifall eher nervös und etwas verdrossen zur Kenntnis. Zwar spürte er, daß man ihm am Hofe zu Weißenfels sehr wohlwollend gegenüberstand, doch schweiften seine Gedanken immer wieder ab und waren mehr in Weimar als bei dem Fest und seiner Musik. Er bemerkte auch kaum, daß ihm ein reizendes junges Mädchen, die Tochter des Hoftrompeters Wilcke, im Namen der Weißenfelser Hofkapelle mit einem artigen Knicks einen Strauß winziger Frühlingsblumen und ein Schreiben überreichte.

Nach der „Tafel", welche „nach gehaltenem Kampff-Jagen im Fürstl. Jäger-Hofe" das Fest krönte und zu der die Hofkapelle mit verhaltener Tafelmusik aufzuspielen hatte, zog sich Bach zurück und fachsimpelte mit dem Weimarer Hofpoeten Salomo Franck, der zu Bachs Musik das Libretto verfaßt hatte. Beide waren mit dem Ergebnis dieser Zusammenarbeit zufrieden.

Es wäre gut, öfter derartige Werke zu schaffen. Franck hat sich in seinem Text an die Regeln der Oper gehalten und in fünfzehn Sätzen Rezitative, Arien, Duette und Chöre zu einer kleinen allegorischen Handlung zusammengefügt, die Szenen aus der antiken Mythologie aufgreift. Wie bei solchen Anlässen üblich, wird die mythologische Vorlage umfunktioniert, indem fortwährend auf das aktuelle Ereignis Bezug genommen wird.

So wechseln Diana, die Göttin der Jagd, Pales, die Göttin der Felder, der Gott der Hirten und Pan einander ab, um den Herzog Christian zu besingen. Nur Endymion, der die Jagdgöttin mit seiner Liebe bedrängt, muß erst von der Umworbenen überzeugt werden, daß der Geburtstag des „teuren Christian" doch viel wichtiger sei als die Liebe. Erst die Arbeit, dann das Vergnügen! Lobpreisung der fürstlichen Tugenden, in welche der Chor, sicher stellvertretend für die Untertanen, einstimmt, sind das Generalthema der Kantate. Der Weißenfelser Fürst wird mit dem Gott Pan verglichen: „Ein Fürst ist seines Landes Pan" und die „Sonne dieser Erden". Dieser Überschwang und die Schwärmerei stehen für den Zeitgeschmack derartiger Dichtungen, die vom Geist des Pietismus gespeist sind. Bachs Musik indes nimmt diesen schwärmerischen Ergebenheitsbezeigungen ein wenig von ihrer Übertreibung. Im Gegensatz zum Text zeichnet sich seine musikalische Erfindung durch jugendliche Frische aus. Er vermeidet jede unnötige Dehnung und treibt die Handlung auf diese Weise zügig voran. Nichts ist überflüssig oder langweilig, was bei der großen Anzahl der Sätze leicht hätte eintreten können.

Man muß sich aber vorstellen, daß der Apparat, der Bach bei der Aufführung seiner Huldigungskantate zur Verfügung steht, nicht vergleichbar ist mit dem, der heutzutage eingesetzt werden kann. Wenn er zum Beispiel vom „Chorus" spricht, so bedeutet das nichts anderes, als daß die vier Solisten gemeinsam singen. Es wäre auch wohl etwas zu aufwendig und teuer geworden, aus Weimar mit einem ganzen Chor anzurücken.

Die Texte der Einzelarien werden von Bachs Instrumentation wirksam unterstrichen. Selbstverständlich wird die Jagdszene mit den traditionellen Blasinstrumenten, den Hörnern, charakterisiert. Wenn Diana singt, daß Jagen eine „Lust der Götter" sei – wobei mit den Göttern natürlich die Fürsten gemeint sind –, veranschaulichen die Jagdhörner den Inhalt des Textes. An anderer Stelle werden Oboen eingesetzt, um den Gott Pan mit dem für ihn typischen schalmeienartigen Instrument musikalisch darzustellen, oder Blockflöten, wenn die „sicher" weidenden Schafe ausgedeutet werden sollen. Mit den „Schafen", die unter der Obhut der „Götter" weiden können, ist die Bevölkerung des Herzogtums Sachsen-Weißenfels gemeint, die sich glücklich schätzen kann, einen so weisen und gütigen Landesvater über sich walten zu sehen. Daß dieser Landesvater wie andere auch die Leute bis aufs Blut aussaugt, der fast alles tut, nur um seinem Vergnügen leben zu können, geht in dem höfischen Geburtstagstaumel unter …

Zeitweilig gutes Auskommen mit dem Herzog kann indes nicht darüber hinwegtäuschen, daß die Arbeitsbedingungen sich für Bach zunehmend schwieriger gestalten. Da dieser nicht imstande ist – wohl auch nicht willens –, zu gegebener Zeit am richtigen Ort seinen Unmut zu zügeln und zu schweigen, spitzt sich das Verhältnis zwischen Dienstherrn und Diener immer mehr zu. Wiederholt kommt es 1713 zur offenen Konfrontation, wobei keiner von beiden ein Blatt vor den

Mund nimmt. Ein Teil der Hofgesellschaft ist über diese Entwicklung schockiert, andere amüsieren sich, daß der Herr Hoforganist es wagt, dem Fürsten oft so unverblümt die Meinung zu sagen, wenn es um seine Musik und um seine Stellung geht. Bach, dem alle Kompromisse zuwider sind, der sie aber doch schließen muß, weil er ohne sie nicht vorankommen kann, wird mehrmals ausfallend und auch unsachlich.

Der Aufenthalt in Weißenfels und der Erfolg, der ihm dort zuteil geworden ist, haben sein Selbstbewußtsein wieder einmal gestärkt. Er hat jetzt einen Ruf zu verteidigen! Einen Ruf, den er sich nur durch eisernen Fleiß, Disziplin, Zuverlässigkeit und vor allem durch sein Können erworben hat. Alles wurzelt auf solidem Boden. Er ist stolz auf das, was er bisher geleistet hat, denn es wurde ihm nichts geschenkt. Oft hat er Frau und Kinder und auch Freunde vernachlässigt, weil er sonst sein Pensum nicht hätte erfüllen können.

Doch nun beginnt das schlechte Arbeitsklima ihn zu belasten. Er fühlt sich beengt. Immer häufiger spielt er deshalb mit dem Gedanken, daß es an der Zeit wäre, sich wieder einmal zu verändern. „Dergestalt bringt Veränderung nicht nur Lust, sondern auch Nutzen!" Und als ihm dann bei der Besetzung der Vizekapellmeisterstelle ein anderer vorgezogen wird, als er unter der Leitung eines Mannes Musik machen soll, der viel weniger von der Musik versteht als er, ist das genau der Tropfen, welcher das Faß zum Überlaufen bringt.

Ein Vertragsbruch

Wieder „ganz zufällig" erfuhr Bach zu diesem Zeitpunkt von der Vakanz des Stadtorganistenamtes an der Liebfrauenkirche zu Halle. Der alte Zachau, welcher 1694 dem erst neun Jahre alten Georg Friedrich Händel die Grundlagen des musikalischen Handwerks mit großem Erfolg beigebracht hatte, war im

Stadtkirche St. Marien zu Halle an der Saale

August 1712 verstorben. Seitdem blieb das Instrument der Hallenser Stadtkirche verwaist. Die Kirchenbehörde der Saalestadt und der Stadtrat suchten noch immer nach einem würdigen und fähigen Nachfolger.

Im Gefühl, in Weimar nun nicht mehr so recht weiterzukommen, aus gekränkter Eigenliebe, Eitelkeit und verletztem Stolz entschließt sich Bach von heute auf morgen, sich um dieses Amt zu bewerben – ohne allerdings vorher von seinem Herzog die Erlaubnis einzuholen oder diesen doch wenigstens von seinen Plänen zu unterrichten!

Im Dezember 1712 wird Bach zum Probespiel eingeladen, das er mit Bravour besteht. Einstimmig wird er zum Nachfolger Zachaus gewählt und gibt den Hallenser Behörden seine Zustimmung. Zufrieden fährt Bach nach Weimar zurück. Ob er jetzt Herzog Wilhelm Ernst über seine Absicht, Weimar zu verlassen, informiert, ist fraglich. Als ihm die Hallenser die Papiere zur Unterschrift nach Weimar schicken, läßt er sie auf die Antwort warten und schiebt eine definitive Entscheidung ungebührlich lange vor sich her, weil er seine „dimißion" noch nicht erhalten habe!

Sein Entschluß, Weimar verlassen zu wollen, gerät inzwischen immer mehr ins Wanken. Der Zorn auf den Herzog wird schwächer, und er nimmt sich nun die Zeit, alles noch einmal zu überdenken. Die Bedingungen in Halle entsprechen doch nicht so ganz seinen Wünschen. Laut Vertrag wird er dort kaum die Möglichkeit haben, größere Werke aufzuführen. Sein zukünftiger Wirkungsbereich scheint ihm nicht reizvoll genug, Kirchenälteste und Stadtväter haben ihm relativ wenig Freiheit in Aussicht gestellt und wollen, wie es aussieht, sogar in seine musikalischen Kompetenzen eingreifen. Alle diese Schwierigkeiten sind ihm nicht unbekannt. Mit ähnlichen Bedingungen hat er sich schon in Arnstadt und Mühlhausen herumschlagen müssen. Allmählich gewinnt er die Überzeugung, daß das Amt in Halle – auch aus materiellen Gründen – doch nicht das Richtige für ihn sei. Denn abgesehen von den Arbeitsbedingungen würde sich die Lebensweise seiner Familie spürbar ändern müssen, da sein Einkommen in Halle weit unter dem in Weimar läge. Von Nebeneinkünften ist schon gar keine Rede. Sie sind vom Stadtrat für einen Stadtorganisten nicht erwünscht! Bach hat seine Zusage zu früh gegeben. Er bricht den Vertrag!

Um die abschlägige Entscheidung gegen das Organistenamt an der Hallenser Liebfrauenkirche ranken sich in der Folge nicht wenige Spekulationen. Bachs Aufrichtigkeit und Redlichkeit werden in Zweifel gezogen. Kaum jemand kann sein Verhalten verstehen, das seinem Ruf schadet und ihm zunächst das Mißtrauen der Hallenser Behörden einbringt. Man versucht, ihn öffentlich bloßzustellen. Von Kollegen und Vorgesetzten wird sein Berufsethos ernsthaft angezweifelt. Seitens der Hallenser Behörden wird ihm anfangs sogar Betrug unterstellt und behauptet, daß er mit der übereilten Zusage nur Druck auf den Weimarer Herzog hätte ausüben wollen, um so seine Stellung und seine materielle Situation zu verbessern. Mit der nötigen Schärfe, berechtigter Empörung und logischen Gegenargumenten fährt Bach in einem Brief allen, die ihn derartiger Verfehlungen bezichtigen, in die Parade:

> *„… es ist aus allen diesen noch lange nicht zu schließen, als ob ich solche Tour dem hochlöblichen Collegio gespielet hätte, um dadurch meinen Gnädigsten Herrn zu einer Zulage meiner Besoldung zu vermögen, da Derselbe ohne dem schon so viel Gnade vor meine Dienste und Kunst hat, daß meine Besoldung zu vergrößern ich nicht erstlich nach Halle reisen darff."*

Obwohl sich die Verbeugung vor dem Weimarer Herzog jetzt zu diesem Zeitpunkt ein wenig seltsam ausnimmt, schreibt Bach doch die Wahrheit. Ganz sicher hat er nicht auf eine solche Weise manipuliert. Um nämlich den Herzog zu einer Gehaltsaufbesserung zu veranlassen, hätte er die Hallenser Stadträte nicht so viele Wochen hinhalten brauchen. Sein

Einkommen ist ja auch bisher jährlich aufgebessert worden und mit dem weitaus schlechteren Gehaltsangebot in Halle gar nicht zu vergleichen.

Was wäre aber geworden, wenn der Herzog Wilhelm Ernst einem Entlassungsgesuch seines Hoforganisten sofort zugestimmt hätte?

Bewerbung und Zusage in Halle sind demnach als temperamentsbedingte, spontane wie auch situationsabhängige Handlungen eines Cholerikers zu werten. Die nach Wochen folgende Absage hingegen darf als Ergebnis tieferer und gründlicher Erwägungen gesehen werden.

In Halle scheint man jedoch nach einer kurzen Zeit berechtigter Verstimmung Bach die Absage nicht weiter nachgetragen zu haben, denn vier Jahre später – im April 1716 – erhält Bach eine Einladung vom Hallenser Stadtrat, die neue Orgel der Liebfrauenkirche nach einer genauen Prüfung nicht nur zu begutachten, sondern das Instrument mit einem Orgelkonzert auch einzuweihen.

Der Weimarer Herzog Wilhelm Ernst allerdings versteht Bachs Bewerbung in Halle als ernst zu nehmendes Alarmsignal. Mit dessen Ausscheiden aus dem Hofdienst hat er bisher nicht gerechnet. Nachdem sich Bach schließlich doch für Weimar entschieden hat, wird dies vom Regenten auch sogleich honoriert. Zunächst mit einer erneuten, in dieser Jahreszeit ohnehin anstehenden Gehaltserhöhung und zudem mit der Beförderung zum Konzertmeister der Hofkapelle. Für kurze Zeit ist Bach versöhnt.

Bachs Weimarer Kantaten

Mit der Ernennung zum Hofkonzertmeister verbunden ist ein neuer herzoglicher Auftrag. Den beiden Regierenden war endlich nach dem Erfolg von Bachs Huldigungskantate in Weißenfels bewußt geworden, daß ihr Hoforganist nicht nur Orgel spielen kann, sondern auch imstande ist, meisterhaft zu komponieren.

, So wird er in einer Anordnung vom März 1714 verpflichtet, für den Gottesdienst „… monatlich neue Stücke uffzuführen", die den Sonntagen des Kirchenjahres zugeordnet werden sollen. Das aber bedeutet, daß der Herr Hoforganist und Konzertmeister nun noch mehr eingespannt sein wird. Die Verpflichtung, für die sonn- und feiertäglichen Gottesdienste in der Schloßkirche im Abstand von vier Wochen immer wieder neue Kantaten zu schreiben, ist keine Kleinigkeit. Es bedeutet Belastung, mehr Arbeit, weniger Schlaf. Andererseits hat Bach jetzt endlich freie Bahn, seine „regulierte" Kirchenmusik zu machen.

Die Aufführung von Kantaten im protestantischen Gottesdienst ist nicht neu. Im Sinne Luthers, Gott allzeit „mit Lobgesang" zu preisen, wird seit der Reformation dieser Aufforderung vor allem in Sachsen, noch mehr aber im sangesfreudigen Thüringen mit Begeisterung Folge geleistet. Im liturgischen Verlauf eines protestantischen Gottesdienstes nimmt im 17. und 18. Jahrhundert die Kantate ihren festen Platz ein. Regelmäßig erklingt sie zwischen der Lesung des Evangeliums und dem Gemeindechoral.

Vor der Predigt, die von der Kanzel herab die Worte des Evangeliums in subjektiver, mehr oder weniger belehrender, bedrohender oder auch trostspendender, aufmunternder Auslegung des Pastors auf die entweder ehrfürchtig lauschende oder auch gelangweilte „Versammlung im Herrn" hinabrieselte, soll die Kantate zur Nutzanwendung der im Evangelium berichteten Ereignisse anregen, die Sitten verbessern, die Moral fördern und den Erfolg der Predigt sichern. Sie gestattet auf diese Weise eine seelische Atempause, ohne vom Bibelwort abzulenken.

Die Textinhalte der seit 1714 entstandenen Kantaten Bachs waren den Gemeindemitgliedern vertraut und geläufig. Diese

Texte aber nur in den Kantaten zu hören genügte der Gemeinde dann nicht mehr. Viele Gemeindemitglieder wollten sich auch zu Hause an ihnen erbauen, hätten sich gern mit den Texten eingehender befaßt. Als dieser Wunsch laut wurde, kam die zuständige Behörde auf den Gedanken, die Texte drucken zu lassen und nach den Gottesdiensten an der Kirchentür zu verkaufen,

„damit diejenigen, so unter währender Musik die Worte nicht nachzulesen belieben, sich dennoch mit Durchsehung dieser kleinen Beizierde beschäftigen können".

Poesiebesessene Theologen und auch Lehrer der Lateinschulen verfaßten gleich ganze Jahrgänge von Kantatendichtungen. Und da jede Stadt und sogar fast jedes größere Dorf über eine „eigene Kirchenmusik" verfügte, konnten die Organisten und Kantoren diese Dichtungen sogleich in Töne setzen. Die Gemeinde erwartete immer etwas Neues.

Bach entnimmt in Weimar seine Kantatentexte den Sammlungen verschiedener Autoren. Dichtungen von Salomo Franck, Erdmann Neumeister und Georg Christoph Lehms sagen ihm in dieser frühen Schaffensperiode besonders zu, da sie seinen Vorstellungen von einer bildhaft-eindringlichen, musikalisch nachgestaltbaren Sprache nahekommen. Prädestiniert für seine Absichten scheinen ihm vor allem die Texte Francks zu sein, weil ihr Wortschatz, ihr Bilderreichtum und auch ihre Empfindungswelt seiner eigenen Frömmigkeit nahestehen.

Mit Bachs Kantaten werden in der kirchenmusikalischen Praxis neue Wege beschritten. Er übernimmt sowohl die cantus-firmus-Tradition der Motette wie auch die opernhaften Elemente der italienischen Kirchenkantate. Elemente, die er bereits in seiner Jagdkantate verwendet hatte: Rezitativ und Arie.

Erdmann Neumeister gibt eine kurze, treffende Definition der neuen Kantatenform:

*„Also werden Cantaten auf diese Art gemachet, daß man sty-
lum recitativum und Arien miteinander abwechselt. Mit einem
Wort: Eine Cantate sieht aus wie ein Stück aus einer Oper."*

Wie in der Oper ist auch in den neuen Kantaten Bachs das Rezitativ vermittelndes, fortschreitendes Element, zuweilen auch
Träger einer Handlung. Im Interesse eines zügigen Ablaufs
und einer möglichst objektiven Situationsschilderung, entweder der Darstellung einer Handlung oder eines „Seelenzustan-
des", wird in ihm auf Textwiederholungen verzichtet. In den
oft gleichnishaften Bildern der Arien hingegen konzentriert
sich nicht nur die lyrische Ausdrucksfähigkeit der Poeten, sondern entfaltet sich auch die Phantasie des Komponisten. Bedingt durch knappe Wortwahl, haben die Arientexte häufig
epigrammatischen Charakter,

*„darinnen man oftmals mehr nachzudenken gibt und mehr ver-
standen haben will, als man in den Worten gesetzt und begriffen hat".*

Das ist es, was Bach braucht und erwartet. Er bedarf nicht erst
vieler Worte, um seine Absichten kundzutun, weil er diesen
knappen Text kommentiert. Durch seine musikalischen Kommentare, die in anschaulicher Weise ebendies verdeutlichen,
was eigentlich „zwischen den Zeilen" herausgelesen werden
soll, wird dem Wort mehr Gewicht verliehen. Die Kommentare
sind so sinnfällig, daß er sogar auf Textwiederholungen, wie sie
sich in den Arien häufen, hätte verzichten können.
    In der Regel sind Bachs Arien sogenannte Da-capo-Arien,
das heißt in den Teilen a-b-a komponiert. Im Gegensatz zu
den Forderungen der Opernkomponisten und deren Publikum
aber verlangt Bach von den Sängern, die er in Weimar und anderswo zur Verfügung hat, nicht, daß sie die Wiederholungen
des a-Teiles mit neuen, spontan improvisierten Koloraturen
ausstatten. Eine Kunst, die derzeit bei den Berufssängern, den

„Stars" der italienischen Oper, vorausgesetzt wird. Doch Bach muß sich in den Kantaten nach den jeweils vorhandenen Möglichkeiten richten.

Eingeleitet werden seine Weimarer Kantaten oft mit einer „Ouvertüre", einer „Sinfonia" oder auch einer „Sonata", die als geschlossene Konzertformen vom verfügbaren Gesamtinstrumentarium gespielt werden. Oder er beschränkt sich zu Beginn auf ein instrumentales, kurzes Vorspiel der ersten Textzeilen. Vielleicht ist er zuweilen auch gezwungen, innerhalb eines Werkes Soli und Chor auszutauschen, kann deshalb keine feste Regelung ihrer Verwendung treffen und muß sich den Musizierverhältnissen anpassen. Am Schluß fast jeder Kantate erklingt der Choral, welcher der Gemeinde wohl vertraut ist und auf den gemeinsamen Gemeindechoral einstimmen soll.

Bach selbst bezeichnet seine Kantaten durchaus nicht immer als solche, sondern nennt sie zuweilen auch „Motetto", wie zum Beispiel die Mühlhäuser Ratswechselkantate, oder „Concerto", wie die großangelegte Kantate „Ich hatte viel Bekümmernis" aus dem Jahre 1714, die er möglicherweise nach dem Tod seiner Zwillinge komponiert hat. Im Rahmen seines Weimarer Kantatenschaffens nimmt dies letztgenannte Werk eine Sonderstellung ein: Die Seele des Menschen ist verzagt und verzweifelt. Sie glaubt sich von Gott verlassen, wird aber in einem Zwiegesang vom Gegenteil überzeugt und bringt nun ihren Jubel zum Ausdruck. Bach setzt hier alle ihm zur Verfügung stehenden Möglichkeiten ein, um die Überwindung der Zweifel glaubwürdig darzustellen. Die Melodik hat offensichtlich italienische Vorbilder. Es gibt kaum Anzeichen von Traurigkeit oder Kummer, auch nicht in der harmonischen Durchgestaltung der einzelnen Sätze. In ihrer Gesamthaltung wirkt das Ganze tatsächlich eher wie „ein Stück aus einer Oper".

Die intensive Beschäftigung mit den Italienern wird in allen während der Weimarer Zeit entstandenen Kantaten deutlich spürbar. Bach geht sogar so weit, in der 1714 entstandenen Kantate „Weinen, Klagen, Sorgen, Zagen" eine Zeile aus einer weltlichen Liebeskantate von Vivaldi zu zitieren, und zwar dessen Text wie auch Melodie zu „parodieren". Wobei das Wort „parodieren" keineswegs bedeutet, etwas oder jemanden zu verunglimpfen oder gar lächerlich zu machen. Es heißt vielmehr, daß etwas übernommen und überarbeitet wird.

Melodien, Themen oder Motive aus Werken anderer Komponisten zu entnehmen und zu bearbeiten war eine zur Bachzeit weitverbreitete Gewohnheit. Schließlich war keiner der Tonsetzer urheberrechtlich geschützt. Allerdings wurden derartige „Anleihen" von den Betroffenen auch nicht übelgenommen oder als Diebstahl bezeichnet. In einem regelrechten „Parodieverfahren" entnahm jeder vom anderen das, was ihm gefiel, was ihn besonders anregte und er für geeignet hielt, um es im eigenen Werk einzubringen. Man „parodierte" munter drauflos – nicht nur seine Kollegen, sondern auch sich selbst.

Eine Kantate, deren stilistische Eigenart auf eine sehr frühe Entstehungszeit hindeutet, ist die vermutlich 1707/08 komponierte „Christ lag in Todesbanden". Die Frage, ob dieses Werk noch in Mühlhausen aufgeführt worden ist oder vielleicht Bachs musikalischer Einstand im Weimarer Amte war, ist nicht mehr zu beantworten. Es handelt sich um eine reine „Choralkantate", zu welcher Bach sich einen Lutherchoral mit ebenso eindringlichem Text wie einer ziemlich spröden, gar nicht leicht nachzusingenden Melodie gewählt hat.

Der Choral wird in seine Strophen gegliedert, wobei jede eine eigene musikalische Gestaltung erfährt. In ihrer variativen Ausgestaltung gleicht die Kantate einer Orgelpartita, in der nach einleitendem Vorspiel des Chorals dieser auf sehr unterschiedliche Weise vom Organisten verändert werden kann. Die gewünschten Klänge und Wirkungen werden bei einer Orgelpartita durch den Gebrauch aller Manuale und Pedale und vor allem durch die Kunst des Organisten, die Register zu ziehen, erreicht. Das hängt jeweils vom Können, von den Einfällen, von der Phantasie des Organisten ab, der aus dem Instrument viel herausholen kann. Sogar selbst dann, wenn dieses nicht sehr gut ist! In Bachs Choralkantate werden ähnliche Effekte erzielt wie beim Orgelspiel durch den Wechsel von Chor, Solostimmen und Instrumenten, die von ihm wie die Register einer Orgel gehandhabt werden.

Dem Texte folgend, ist dieses Werk eine Osterkantate. Es geht um die Auseinandersetzung mit Leben und Tod, dem in der biblischen Ostergeschichte zentralen Thema.

Der ersten Strophe vorangestellt ist eine kurze „Sinfonia", in welcher Bach Motive einführt, die im Choral „den Tod" symbolisieren. Nichts deutet auf eine „Auferstehung" hin. Düstere Todesempfindungen beherrschen alles und drücken jeden Gedanken an Leben zu Boden. Auch in allen folgenden Strophen kann sich das Leben kaum durchsetzen oder gar behaupten. Obwohl in der biblischen Darstellung des Ostergeschehens das Leben den Tod besiegt und dieser Sieg von Luther auch verbalisiert wurde, kann sich Bach zu einer lebensvollen, bejahenden musikalischen Gestaltung dieses Sieges nicht entschließen. Doch auch im Lutherschen Choral weichen Text und Melodie voneinander ab, was hier allerdings durch die Festlegung der Choralmelodie bedingt ist, die als Kirchengesang schließlich nicht abgewandelt werden kann. In Bachs vertonten Strophenvariationen hingegen wird diese Abweichung zwischen Text und Musik noch deutlicher! Selbst da, wo das Wort des Textes den Sieg des Lebens über den Tod verkündet, wird dies von Bach nur mit wenig Überzeugung dargeboten. Dabei hätte er durch seine Musik, in welcher er ohnehin fortwährend variiert, durchaus den Triumph des Lebens gestalten können. Alle Ausdrucksmittel, die ihm schon jetzt in dieser frühen Schaffensperiode zu Gebote stehen, setzt er ein, um Luthers Choral auszuschöpfen. Grund aber, uneingeschränkte musikalische Freude zu verkünden, gibt es für ihn nicht. Die Erlebnisse seiner Kindheit und Jugend, die fortwährende Armut und Erniedrigung sind ihm stets gegenwärtig. Außerdem sieht er Elend und Not um sich her, die ihn schwer bedrücken. Demzufolge fühlt er kaum Hoffnung. Sogar das im Lutherchoral angestimmte „Halleluja", dieses Wort, welches Jubel geradezu herauszufordern scheint, bleibt ohne den gewohnten strahlenden Glanz. Es wirkt eher wie eine nachdrücklich gestellte Forderung.

Bezeichnend für jene Weimarer Kantaten Bachs, die zwischen 1714 und 1716 entstanden sind, ist die bemerkenswerte Vielfalt melodischer Erfindung, eine unerschöpfliche Phantasie in den Modulationen und nicht zuletzt die Übereinstimmung von wortgebundener musikalischer Ausdeutung und individuellem Empfinden. Zum großen Teil scheint die Musik gerade dieser Zeit und dieser Musiziersphäre ganz persönliches Erleben widerzuspiegeln, das verallgemeinert in alles einfließt.

Zum ersten Male offenbart Bach seine Erlebnistiefe, seine Anteilnahme und Fähigkeit, sich mit den Sorgen seiner Mitmenschen zu identifizieren. Und schließlich ist auch seine Amtszeit in Weimar begleitet von persönlichem Schmerz und Verlust, von inneren und äußeren Widerständen, von Enttäuschungen und Zorn. Anlässe zur Freude gab es ebensooft wie Grund zur Trauer. Beide Empfindungsbereiche werden in Bachs kompositorischem Schaffen gleichwertig behandelt, lösen einander ab, gehören dialektisch zusammen. Obwohl sich Bach seine eigene Bedeutung als Komponist nie klargemacht hat, erstaunt doch die Ignoranz der kompetenten zeitgenössischen Musikkritik, die seine Kantatenkompositionen nicht einmal zur Kenntnis nimmt. Und das, obwohl er seinen ganz besonderen Stil schon früh herausgebildet hat. Scheinen seine ersten Weimarer Kirchenkantaten noch denen anderer Komponisten zu ähneln, sind auch hier bei genauerem Hinhören schon bemerkenswerte Stilelemente einer spezifischen Musiksprache herauszufinden, wie zum Beispiel die Dichte der Sätze, die ganz besondere, bisher noch nie praktizierte Verarbeitung von Chorälen und auch die Eindringlichkeit musikalischer Ausdeutung textlich vorgegebener Bilder und Gleichnisse. Ohne in „Tonmalerei" zu verfallen, verwendet Bach

Mittel, die das Wort unterstreichen und seine gewünschte Wirkung vertiefen.

Als besonders einprägsames Beispiel muß hierfür die Kantate „Komm, du süße Todesstunde" aus dem Jahre 1715 genannt werden. Während in der Tenorarie der Text gesungen wird, der „Seele reiner Schein" werde „gleich den Engeln prangen", erklingen Koloraturen, um das Prangen besser vor Augen, das heißt vor Ohren zu führen. Das Altrezitativ „Der Schluß ist schon gemacht" wird musikalisch mit einem eindeutig fanfarenähnlichen gebrochenen Dreiklang untermauert.

Der Schluß ist schon ge- macht!

Wenn Jesus seine Schafe auf die „süße Himmelsweide" führt, wird diese von Bach durch wiegenden tänzerischen Pastoralrhythmus veranschaulicht.

Süs - se Him - mels - wei - de

Im Rezitativ „so schlage doch, du letzter Stundenschlag" ertönen in den Instrumenten die Schläge der Lebensuhr, die unaufhörlich dem Ende zueilt. Dieses Ende wird dann durch die Kadenz unwiderruflich gesetzt. Der Schlußsatz des Chores „Was schadt mir dann der Tod?" bleibt auch musikalisch als offene Frage. Ähnlich wie im oben erwähnten Rezitativ verfährt Bach in seiner Kantate „Nun komm, der Heiden Hei-

105

land", wenn Jesus singt: „Siehe …, ich stehe vor der Tür und klopfe an." Durch die ganze Passage ziehen sich als „Symbol" des „Klopfens" die Piccicati der Streicher.

Nachdrückliches Ersuchen um Entlassung

Die Arbeitssituation Bachs hat sich nach dem im Jahre 1714 geschlossenen „Burgfrieden" mit seinem Herzog inzwischen erneut verschlechtert, obwohl von beiden Seiten die Verpflichtungen korrekt erfüllt werden. Bach liefert die gewünschten Kompositionen und repräsentiert die Weimarer Hofmusik im Lande und auch außerhalb der Bannmeile. Er schreibt zu verschiedenen Anlässen Fest- oder Trauermusiken. Eigentlich ist er diensthabender Vizekapellmeister. Aus welchem Grunde Drese nicht allen seinen Verpflichtungen nachkommt oder nachkommen will, ist unbekannt.

Bach tut also, was er kann. Wilhelm Ernst erhöht weiterhin regelmäßig sein Gehalt und auch die Nebeneinkünfte. So gesehen geht es der Familie Bach nicht schlecht. Der Familienvater ist ein angesehener Mann, hat einflußreiche Freunde im städtischen Bürgertum, genießt die angenehme, auch schmeichelhafte Freundlichkeit und Freundschaft des Herzogneffen Ernst August und dessen zukünftiger Frau. Beide werden sogar bald zu Vermittlern zwischen Bach und dem Fürsten von Anhalt-Köthen, als Bach endlich ernsthaft an eine Veränderung denkt. Derartige Gedanken stellen sich immer häufiger ein!

Zu vieles ist ihm inzwischen in Weimar unerträglich geworden. Dazu gehören auch die sich immer mehr zuspitzenden Auseinandersetzungen zwischen beiden Regenten, in die sich Bach hineingezogen sieht. Der Familienzwist nimmt Formen an, die für Außenstehende ans Lächerliche grenzen. Wie in Mühlhausen steht Bach wieder zwischen den Fronten, was seine Arbeitslust nicht gerade fördert.

Auch sagt ihm die Frömmigkeit des Herzogs nicht zu, da sie ihm eigentlich mehr Frömmelei zu sein scheint als ehrlich praktiziertes Christentum. Schon als Knabe soll Wilhelm Ernst bei seinen Eltern und deren Hofstaat mit auswendig gelernten Predigten „höchste Bewunderung" hervorgerufen haben. Wer aber auch hätte an dem „frommen Geist" und am Genie eines herzoglichen Thronerben zu zweifeln und diese Zweifel auch noch zu äußern gewagt! So hatten dann wohl diese Knabenpredigten und die jetzt noch stets etwas zu sehr zur Schau getragene Gottgläubigkeit und „Moralität" des Herzogs mehr dessen eigenem Ruhm als dem „des Herrn" gegolten. All dies ist Bach jetzt ein Dorn im Auge.

Zugunsten des Herzogs indes muß gesagt werden, daß sein Verhalten zu Bach nicht etwa von einer grundsätzlichen, veränderten Beziehung zur Kunst im allgemeinen oder gar zur Musik im besonderen abgeleitet werden darf. Selbst die Fähigkeiten seines Konzertmeisters und Hoforganisten schätzt der Herzog nach wie vor hoch und will diesen um keinen Preis verlieren. Die Stellung aber, die Bach nach so langen Dienstjahren und seinem Können entsprechend zugekommen wäre, wird er ihm nicht geben.

Im Verlauf der Jahre, in denen Bach immer wieder Ungerechtigkeiten seitens des Herzogs hatte einstecken müssen, war die gegenseitige Verbitterung in einem Maße gewachsen, daß sich die Spannungen für beide unerträglich zuspitzten. Immer mehr erkannte Bach, daß er in dieser Stadt, in diesem Amte nichts mehr zu suchen hatte.

Als ihn im Sommer 1717 die Berufung an den Hof nach Köthen als Kapellmeister erreichte, kam sie ihm mehr als gelegen.

1716 war der Weimarer Mitregent Ernst August mit einer Köthener Prinzessin getraut worden. Die junge Fürstin hatte es bald verstanden, Bach an ihren Hof zu fesseln. Sie wird es auch gewesen sein, die nach Bachs erneuter Zurücksetzung bei der Berufung des neuen Hofkapellmeisters im Jahre 1716 Bach

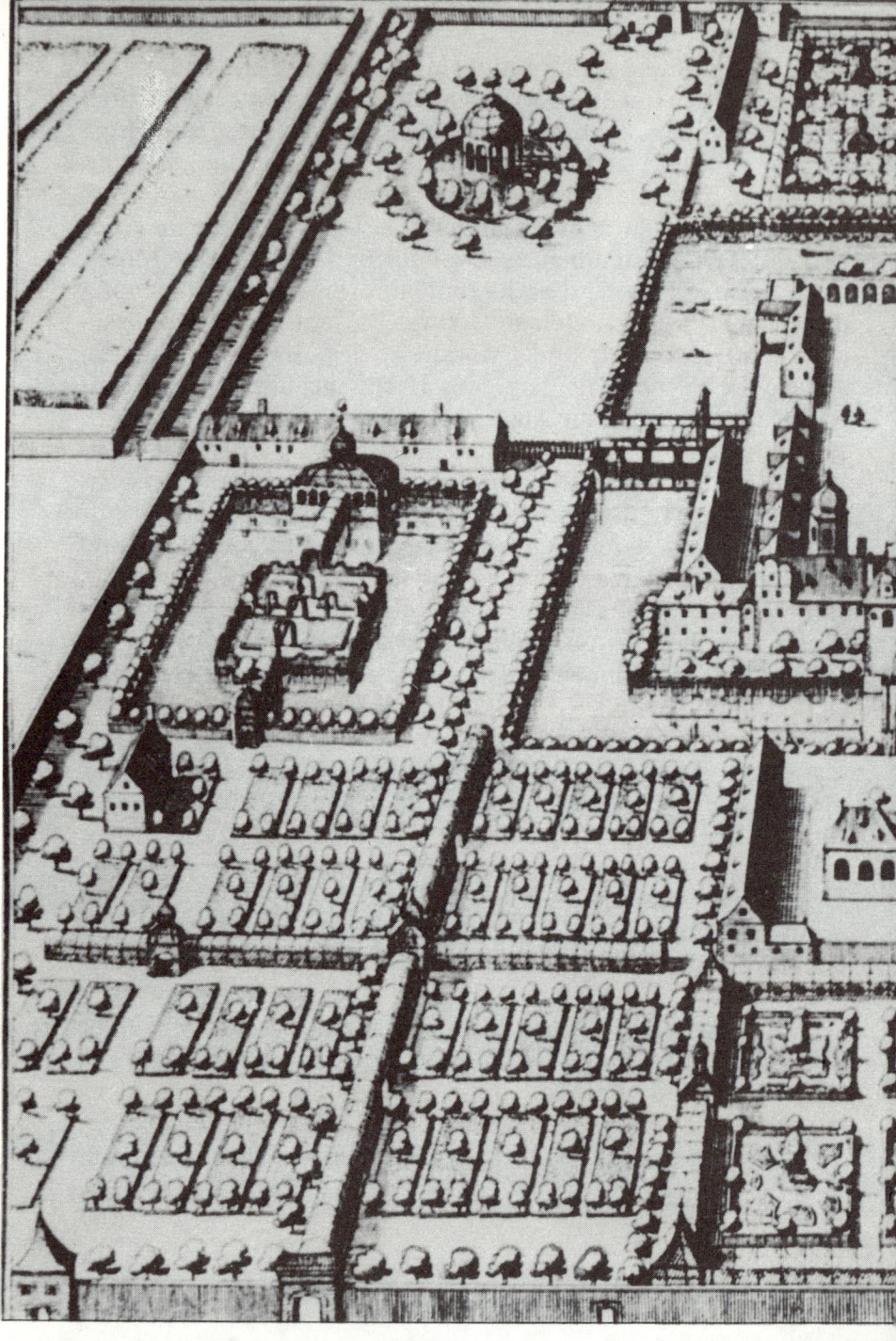

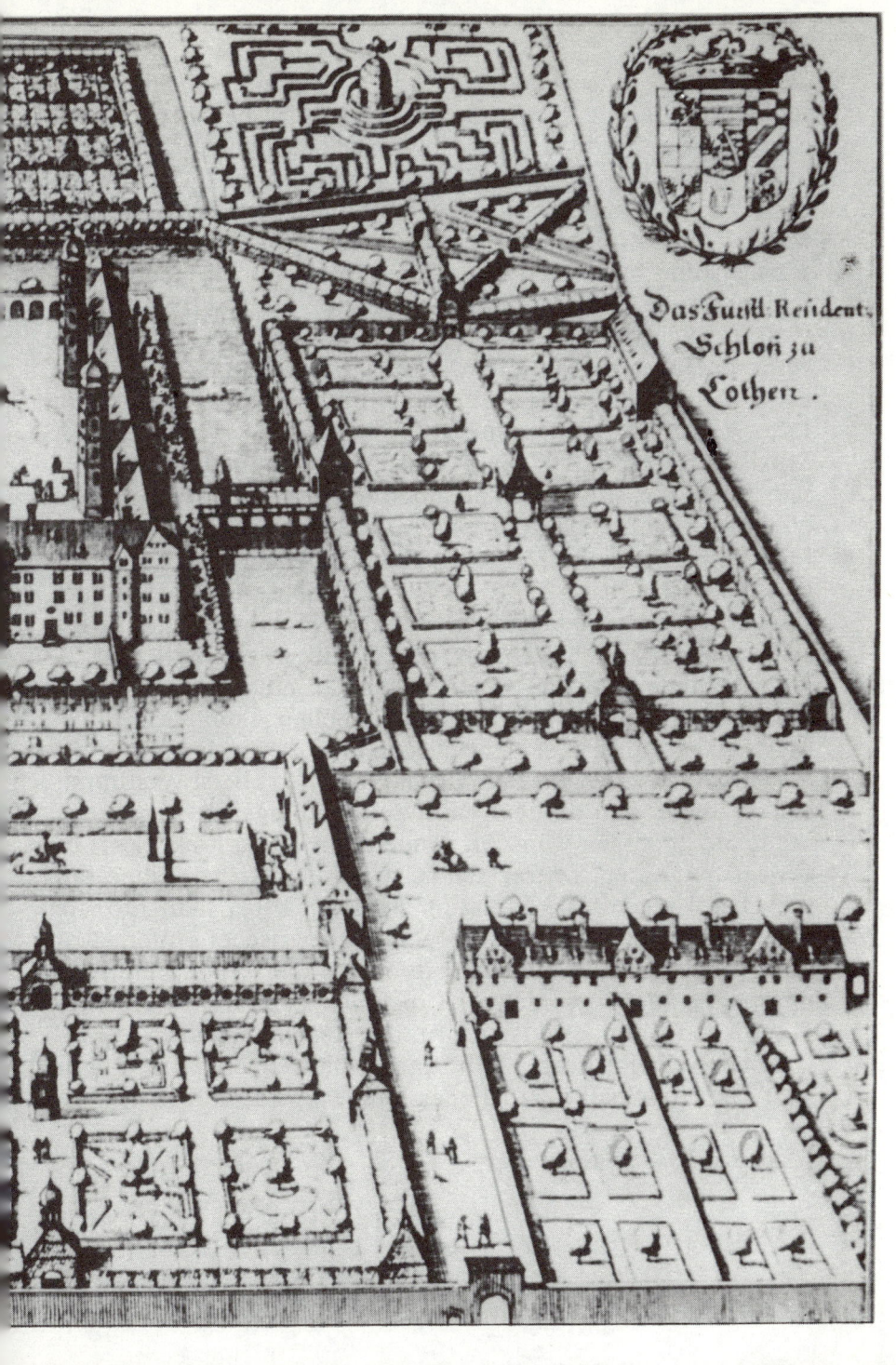

Das Fürstl Residentz
Schloß zu
Cöthen.

geholfen hat, eine andere Stellung zu finden. Bei ihrer Eheschließung im Nienburger Schlosse hatte sie beobachten können, daß ihr Bruder Leopold begeistert war von Bachs Begabung. Und als im Jahre 1717 in Köthen dann plötzlich die Stelle des Hofkapellmeisters frei wurde, hatte sie Bach sogleich wärmstens dorthin empfohlen. Der Bruder war mit ihrem Vorschlag sofort einverstanden. Eine Probe schien überflüssig, Leopold hatte in Nienburg genug gehört!

Aber Bach hatte von Köthen ebenfalls wahre Wunderdinge vernommen. Er durfte hoffen, dort mehr Verständnis zu finden als in Weimar. Es war bekannt, daß Fürst Leopold – um neun Jahre jünger als sein zukünftiger Kapellmeister – viel Sinn für Musik hatte, ja, daß er diese Kunst sogar in einer Vollendung selbst ausübte, die Dilettantismus weit überträfe. Und daß er obendrein auch noch über eine recht ansehnliche Kapelle verfügte, die ihm seine Mutter „geschenkt" haben sollte. Ebenjene hätte der Fürst dann im Verlauf mehrerer Jahre immer stärker erweitert. Es hieß auch, daß der Köthener nicht nur gut sänge, sondern auch mehrere Instrumente meisterhaft zu spielen verstünde und die theoretischen Grundlagen der Musik, der Harmonie und des Kontrapunkts beherrschte.

Als Bach nun von seinem Dienstherrn die Entlassung erbittet, wird sie ihm verweigert. Der Herzog ist zutiefst verstimmt, jedoch nicht nur darüber, daß sein Hoforganist eine neue Stelle anzunehmen wünscht, sondern vor allem, weil dieser es gewagt hat, einen Vertrag schon zu unterschreiben, ohne ihn vorher zu fragen! Die Situation wird unhaltbar. Auf Monate bleibt Bach noch immer herzoglich-weimarischer Hoforganist und Konzertmeister, andererseits ist er aber schon berufener und sogar auch besoldeter „Kapellmeister und Direktor der Fürstlichen Kammermusiken" in der Residenz Köthen!

Doch Wilhelm Ernst bleibt unerbittlich. Bach fühlt, daß er jetzt zum Spielball herzoglicher Launen wird, und lehnt sich

Schloßanlage von Köthen

110

Aus Nikolaus Forkels Ne-
krolog, Bericht über Bachs
Wettstreit mit Louis Mar-
chand 1717 in Dresden

Das 1717. Jahr gab unserm schon so berühmten
Bach eine neue Gelegenheit noch mehr Ehre einzulegen. Der in Frankreich berühmte Clavierspieler und
Organist Marchand war nach Dreßden gekommen,
hatte sich vor dem Könige mit besonderm Beyfalle
hören lassen, und war so glücklich, daß ihm Königliche Dienste mit einer starken Besoldung angeboten
wurden. Der damahlige Concertmeister in Dreßden,
Volumier, schrieb an Bachen, dessen Verdienste ihm
nicht unbekannt waren, nach Weymar, und lud ihn
ein, ohne Verzug nach Dreßden zu kommen, um mit
dem hochmuthigen Marchand einen musikalischen
Wettstreit, um den Vorzug, zu wagen. Bach
nahm diese Einladung willig an, und reisete nach
Dreßden. Volumier empfing ihn mit Freuden, und
verschaffete ihm Gelegenheit seinen Gegner erst ver-
borgen zu hören. Bach lud hierauf den Marchand
durch ein höfliches Handschreiben, in welchem er sich
erbot, alles was ihm Marchand musikalisches aufge-
ben würde, aus dem Stegreife auszuführen, und sich
von ihm wieder gleiche Bereitwilligkeit versprach, zum
Wettstreite ein. Gewiß, eine grosse Verwegenheit!
Marchand bezeigte sich dazu sehr willig. Tag und
Ort, wurde, nicht ohne Vorwissen des Königes,
angesetzet. Bach fand sich zu bestimmter Zeit auf
dem Kampfplatze in dem Hause eines vornehmen Ministers ein, wo eine grosse Gesellschaft von Personen
vom hohen Range, beyderley Geschlechts, versammelt war. Marchand ließ lange auf sich warten.
Endlich schickte der Herr des Hauses in Marchands
Quartier, um ihn, im Fall er es etwan vergessen
haben möchte, erinnern zu lassen, daß es nun Zeit sey,
sich als einen Mann zu erweisen. Man erfuhr aber,
zur größten Verwunderung, daß Monsieur Marchand
an eben demselben Tage, in aller Frühe, mit Extra-
post aus Dreßden abgereiset sey. Bach der also nunmehr allein Meister des Kampfplatzes war, hatte folglich Gelegenheit genug, die Stärcke, mit welcher er
wider seinen Gegner bewafnet war, zu zeigen. Er
that es auch, zur Verwunderung aller Anwesenden.
Der König hatte ihm dafür ein Geschenk von 500
Thalern bestimmet: allein durch die Untreue eines
gewissen Bedienten, der dieses Geschenk besser brauchen zu können glaubte, wurde er drum gebracht,
und mußte die erworbene Ehre, als die einzige Be-
lohnung seiner Bemühungen mit sich nach Hause nehmen. Sonderbahres Schiksal! Ein Franzose läßt
eine ihm angebothene dauerhafte Besoldung, von mehr
als einem Tausend Thaler freywillig im Stiche, und
der Deutsche, dem jener doch durch seine Flucht,
augenscheinlich den Vorzug einräumet, kann nicht
einmal eines ihm von der Gnade des Königs ein für
allemahl zugedachten Geschenks theilhaftig werden.
                                              Uebri-

gegen dessen Entscheidung auf. Der Herzog versucht einzulenken und Bach von seinem Vorhaben abzubringen. Im Herbst 1717 genehmigt er ihm deshalb einen Sonderurlaub, damit Bach eine Reise nach Dresden antreten kann.

Für die weitere künstlerische Entwicklung und für den wachsenden Ruhm Bachs bleibt diese Reise in die Stadt Augusts von Sachsen nicht ohne Folgen. Gerade zu jener Zeit nämlich führt Bachs Kollege Georg Pisendel in der Elbestadt Konzerte des Italieners Vivaldi auf. Zum ersten Male kann Bach diese Musik, die ihm bisher lediglich im Notenbild bekannt gewesen ist, hören! Bach ist tief beeindruckt und hofft, in Köthen bald Ähnliches schreiben zu können.

Doch er lauscht in Dresden nicht nur fremder Musik, sondern spielt auch selbst. Eines Tages wird ihm eine Einladung überbracht mit der Bitte, sich am kurfürstlichen Hofe als Cembalist hören zu lassen. Selbstverständlich nimmt Bach an. Sein Spiel erregt große Bewunderung aller Zuhörer. Zufällig musiziert dort am selben Abend auch ein Gast des Kurfürsten, der Hoforganist des französischen Königs, Louis Marchand, der dem hervorragenden Cembalisten Bach neidlos applaudiert.

Nach Bachs Abreise muß jemand am Dresdner Hofe die Idee eines Wettstreits zwischen Bach und Marchand geäußert haben. Die Aufforderung dazu erhält Bach gerade, als er wieder in Weimar ankommt. Sofort bricht er erneut nach Dresden auf, um gegen den französischen Kollegen anzutreten. Doch Marchand ist nicht mehr da. Er befindet sich bereits auf der Heimreise nach Paris! Was ihn zu der plötzlichen Rückkehr veranlaßt hat, weiß niemand. Es werden wohl Einsicht der Überlegenheit seines Spielpartners und auch Erfahrung gewesen sein. Zudem werden Anstand, Takt und eigene Würde bei der Entscheidung des französischen Organisten eine Rolle gespielt haben. Marchands Verhalten als Feigheit zu interpretieren ist sicher ungerecht.

Unverrichteterdinge und ohne den versprochenen Siegespreis in Golddukaten kehrt Bach also nach Weimar zurück, wo

Aktennotiz des Stadtschreibers zur Entlassung Bachs aus dem Weimarer Arrest

er seine Entlassung nun mit immer heftigeren und ganz sicher auch zunehmend respektlosen Worten forderte. Sein Erfolg in Dresden hatte ihm den Rücken gestärkt. Am Weimarer Hofe kam es daraufhin zu scharfen Wortgefechten, die die Geduld beider Parteien überdehnten. Da den Herzog aber seine Macht und seine Gesetze stärkten, ließ er das ungebührliche Benehmen seines renitenten Konzertmeisters bestrafen: Bach wurde arretiert! Dem Befehl, den unbotmäßigen Herrn Hoforganisten hinter Schloß und Riegel zu setzen, kamen die zuständigen Ämter sofort nach. Postiert von zwei Wachen, ging Bach, gekleidet in seinen schwarzen Organistenrock und mit frischgepuderter Perücke, erhobenen Hauptes und voller Trotz zur „Bastille", dem Weimarer Stadtgefängnis. Die Absicht des Herzogs lag klar auf der Hand. Jetzt wollte er sich rächen, Bachs Ansehen herabsetzen, ihn demütigen und ihm Steine für den Neubeginn in Köthen in den Weg legen. In Köthen indes wurde der gesamte Vorgang taktvoll übergangen. Im Gegenteil, man ließ Bach wissen, daß man sich auf seine baldige Ankunft freue!

Vier Wochen lang muß Bach seine Strafe absitzen. Am 6. November 1717 war er inhaftiert worden, und erst am 2. Dezember darf er die Bastille wieder verlassen. Der Hofsekretär Bormann trägt folgenden Vermerk in die Akten ein:

> *„eod. d. 6ten nov., ist der bisherige Concertmeister und Hof-Organist, Bach wegen seiner Halßstarrigen Bezeugung u. zu erzwingenden dimission, auf der Land-Richter-Stube arretieret, u. endlich d. 2ten dez. darauf, mit angezeigter Ungnade, ihm die dimission durch den HofSekr. angedeutet u. zugleich des arrests befreyet worden.“*

Fürstlicher Kapellmeister zu Köthen
1717–1723

*Sozialer Aufstieg: Bach als Direktor der Fürstlichen
Kammermusiken*

Umzüge von einer Stadt in eine andere sind 1717 nicht etwa
eine Kleinigkeit. Wenn die Reise von Weimar nach Köthen auch nicht allzuweit ist, so kann sie doch nicht an einem
Tage geschafft werden, eine Übernachtung auf halbem Wege
läßt sich nicht vermeiden. Um aber unterwegs einigermaßen
trocken und unbehelligt nächtigen zu können, muß eine Her-
berge ausfindig gemacht werden, die den Geldbeutel nicht zu
arg belastet und dennoch akzeptable Bedingungen bietet. Eine
entsprechende Unterkunft hat sich Bach deshalb von Freunden
in Weimar noch empfehlen lassen. Vor allem legt er Wert auf
Sauberkeit und darauf, daß es im Gasthofe nicht so sehr nach
„Kraut und Rüben" stinkt, was in den meisten Logierhäusern
der deutschen Kleinstaaten der Fall ist.

Kosten für teures und zudem meist schlechtes Wirtshausessen werden gespart. Maria Barbara Bach hat Körbe mit genügend Reiseproviant gepackt und dabei ganz besonders die Wünsche der Kinder berücksichtigt. Da stockige Strohsäcke selbst für eine Nacht unangenehm sind, hat man beim Aufladen des Hausrates darauf geachtet, daß die eigenen Federbetten schnell bei der Hand sind. Das gesamte Mobiliar, im Verhältnis zu dem beim Umzuge aus Mühlhausen um ein beträchtliches gewachsen, muß schonend und geschickt verladen werden. Straßen und Wege sind noch immer schlecht. Stets müssen sie gewärtig sein, daß ein Rad bricht, daß der Wagen in einem der „greulichten Morastlöcher" steckenbleibt.

Innenhof des Köthener Schlosses

Keineswegs hätte man dafür dann den Fuhrmann verantwortlich machen dürfen. Alles muß deshalb so verstaut sein, daß es einen Unfall heil übersteht.

Auf der Reise hat die Familie Bach zahlreiche Schlagbäume zu passieren. Und an jedem fordern Zöllner ihren Tribut. Oft müssen die Reisenden tief in ihren Geldsack greifen, um ihren Obolus zu entrichten, der in den verschiedenen „Staaten" unterschiedlich hoch angesetzt ist. Nicht überall werden sie gleichermaßen freundlich abgefertigt. Mancher Zöllner stellt im kleinen das Abbild seines jeweiligen Fürsten dar, er sieht im Zöllnerhaus seinen Palast und im Schlagbaum seinen Minister.

Von einer bequemen und angenehmen Reise kann deshalb nicht gesprochen werden. Trotzdem sind alle diese Schwierigkeiten für Bach unerheblich. Entscheidend für ihn ist nur, endlich von Weimar wegzukommen.

Der Amtswechsel vom größeren Weimar nach dem kleineren Köthen fordert zunächst einmal die Frage heraus, ob sich Bach nicht wieder zu schnell für diese Veränderung entschieden haben könnte. Ob Köthen nicht doch eher einem Rückzug gleiche als einer Verbesserung. Hatte er sich da, ohne die Arbeitsbedingungen genau zu kennen, nicht auf etwas eingelassen, was sich später als folgenschwere falsche Entscheidung erweisen könnte?

Immerhin waren Bach die Verhältnisse am Köthener Hofe nur vom Hörensagen bekannt. Außerdem kam er nun in einen Staat mit einer nicht lutherischen Glaubensrichtung. Der größte Teil des Hofes war kalvinistisch-reformierten Glaubens. Im Gegensatz zum lutherischen Glaubensbekenntnis gab es: ein anderes Verständnis des Abendmahls, die vorrangige Bedeutung des Bibelwortes ohne jede Ausschmückung und das Fehlen jeglicher bildlichen Darstellung eines Gottes im Gotteshaus. Musik war verpönt. Inmitten des Gemeindezentrums stand die Kanzel, nirgendwo sah man ein Kruzifix, überall nur schlichte Kreuze. Hatte sich Bach vor seinem Wechsel Klarheit darüber verschafft, daß die Differenzen zwischen beiden Kirchen ihn als Lutheraner, vor allem aber als Kirchenmusiker in Schwierigkeiten bringen könnten? Immerhin gehörten der Landesherr und auch der größte Teil der Bevölkerung der kalvinistischen Gemeinde an.

Zum Glück war jedoch des Fürsten Mutter lutherischen Glaubens. Sie hatte in der Residenzstadt sogar eine Kirche für ihre lutherischen Landeskinder bauen lassen. Ihr war es zu danken, daß man für deren Nachwuchs eine Schule einrichtete, in die auch Bachs Kinder eingeschult wurden, sobald sie das Schulalter erreichten.

Den jungen Fürsten hinderte die Zugehörigkeit zum Kalvinismus nicht, musikalischen Neigungen nachzugehen. Von seiner Mutter wurde er darin verständnisvoll unterstützt. Gern hätte sich Fürst Leopold in Köthen auch eine kleine Hofoper eingerichtet. Doch das war undenkbar, denn gerade die Oper galt bei den Kalvinisten als überflüssiger, nicht „gottgefälliger" Luxus, der den Geist, vor allem aber die Seele verdürbe! Gestattet blieb lediglich das „Geleyer" von Psalmen in kalvinistischer Manier.

Für Bach ist das alles kein Problem, von „Rückzug" kann nicht die Rede sein. Er wird sich hier in Köthen eben wieder „neue Provinzen" der Musik erobern. Schließlich und endlich ist er jetzt Kapellmeister. *Er* setzt die musikalischen Maßstäbe, stellt die Bedingungen und entscheidet, was von wem aufgeführt werden soll! Er will sich ausprobieren. Der Fürst ist jung, musikbesessen und leicht lenkbar. Vorläufig geht er auf alles ein, was sein neuer Hofkapellmeister von ihm fordert.

Wieder setzt sich Bach also ein Ziel. Er komponiert während seiner Köthener Amtszeit jeweils sechs Stücke einer bestimmten kammermusikalischen Gattung. Immer wenn er dann meint, eine Aufgabe zur eigenen Zufriedenheit gelöst zu haben, stellt er sich den nächsten „Selbstauftrag".

Obwohl ihm weit weniger Musiker zur Verfügung stehen als Vizekapellmeister Drese in Weimar, obwohl ständig „Gastmusiker" engagiert werden müssen, damit er seine musikalischen Pläne realisieren kann, entstehen in Köthen Bachs wichtigste Instrumentalkompositionen.

Reisebekanntschaft und Reputation

Auch der Landesherr des kleinen Fürstentums Köthen geht gern auf Reisen. Und auch er läßt sich von einem ganzen Troß von Bediensteten und vor allem von „seinen" Künstlern begleiten. Zuweilen führt er sogar sein eigenes kleines Cembalo mit, wie auch im Jahre 1718. Reiseziel ist diesmal das böhmische Karlsbad, welches gerade groß in Mode ist. Hier trifft sich die elegante aristokratische Welt, um die heilenden Glaubersalzquellen in Anspruch nehmen zu können. Vor allem aber, um sich sehen zu lassen und zu zeigen, was man sich leisten kann, wer man ist, oder auch nur, wer man zu scheinen wünscht! „Bürgerlichen" Badegästen wird man in den Hallen und Gärten kaum begegnen. Nur hin und wieder kommen auch diese „Neureichen" dorthin, die jedoch die hohen Herren hochnäsig übersehen! Es sei denn, daß sie gerade deren Vermögen brauchen und ihnen deshalb Zutritt zu den „Zirkeln" des Adels gewähren.

Morgens promenieren Prinzen und Prinzessinnen, Herzöge und deren angetraute oder auch nicht angetraute Damen, Mätressen, Fürsten vieler Herren Länder zu den „Wässern des Heils". Töchter werden verkuppelt, Länder verschachert, hitzige Duelle ausgefochten. Diese Duelle aber sind äußerst lästig und auch unerwünscht. Sie stören den Badefrieden und das „Amüsement" und gefährden zudem die erwünschten Therapieerfolge.

Deshalb werden strenge Vorschriften eingeführt! Bevor die Kavaliere die Wandelgänge passieren dürfen, müssen sie laut einer Badeordnung ihre Galanteriedegen ablegen. Jeder hat sich daran zu halten. Überwacht und gelenkt werden die Regeln allgemeiner Sitte und des Anstands vom „arbiter elegantiarum", einem Manne, der eigens für diesen Posten eine Ausbildung erhält und mit „gutem Benehmen" aufzufallen weiß. Er kennt alle, und alle kennen ihn. Von ihm erfährt man das Neueste über Pariser Modelle, Wiener Hofklatsch und vor allem über die zur Zeit anwesenden Damen. Zuzeiten ist er der am meisten gefragte und umschmeichelte Mann dieser Informationen wegen.

Zum späten Nachmittag wird man eingeladen zu Konzerten, „Deklamationen" oder auch amüsanterer Kurzweil.

Fürst Leopold möchte an Prachtentfaltung seinen reicheren und mächtigeren Nachbarn nicht nachstehen. Zwar ist er noch ein wenig ungebärdig, benimmt sich manchmal wie ein von der Mutter verzogenes Kind – was er ja auch ist! Doch man sieht ihm seine Ungezogenheiten maliziös lächelnd gern nach. Um so mehr, da es bei ihm immer etwas ganz Exquisites zu erleben gibt! Schließlich hat er einen Teil seiner eigenen Hofkapelle mitgebracht, die – das muß man ihm lassen – sich sehen und hören lassen kann. Mit eigenen Hofmusikern sind zwar auch andere hier angereist, aber man zieht die Musiker des jungen Anhaltiners jenen anderen Fremden vor. Die Gesellschaft reißt sich darum, von Leopold geladen zu werden. Und vor allem deshalb, um dem berühmten Bach dort lauschen zu können. Diesem stattlichen, zwar leicht „vulgär" aussehenden, doch passablen Mittdreißiger, vor dem sogar der berühmt-berüchtigte Marchand tatsächlich „geflohen" sein soll!

Bach genießt den Aufenthalt in Karlsbad in vollen Zügen. Endlich kann auch er sich einmal ein wenig erholen und amüsieren und – was ihm besonderes Vergnügen bereitet – die Leute um sich herum beobachten. Die neugierige Verehrung der Damen macht ihm viel Spaß. Zweifellos ist er jetzt der interessanteste Besucher, dessen Cembalodarbietungen in Karlsbad für einige Wochen zur beliebtesten und begehrtesten Abendunterhaltung avancieren.

Markgraf Christian
Ludwig
von Brandenburg

Gemeinsam mit seinem Brotherrn, der sich zuweilen auch
auf dem Cembalo versucht, vertreibt Bach der in Karlsbad wei-
lenden aristokratischen „internationalen" Gesellschaft die
Zeit.

Eines Abends ist im Anhalt-Köthenschen Kuretablissement
ein Preuße zu Gast: der Markgraf Christian Ludwig von Brandenburg, Sohn des „Großen Kurfürsten" und Onkel von Friedrich Wilhelm I., dem späteren Soldatenkönig. Leopold von
Köthen und der Markgraf aus Berlin haben sich während eines
Traditionstreffens der preußischen Ritterakademie kennenge-
lernt. Als sie einander nun zufällig in Böhmen wiedersehen, erinnern sie sich der gemeinsamen Stunden, in denen der Markgraf dem Köthener seine Kapelle vorgeführt gehabt hat. Jetzt
kann sich Fürst Leopold revanchieren und auch einen Teil seiner Hofmusik – sicher den besten – präsentieren.

Die besondere Aufmerksamkeit des Preußen gilt jenen Darbietungen, die der „Direktor der Köthener Kammermusiken" zeigt. Christian Ludwig von Brandenburg versteht genug von Musik, um die Kunst des Virtuosen wie auch des Komponisten Bach richtig einzuschätzen. So spart er nicht mit Beifall: „Ich werde mich freuen, Ihn mal bei mir in Berlin zu hören, wenn sich die Gelegenheit dazu bietet!" Ohne Zweifel antwortet Bach mit einer vollendeten Verbeugung.

Der Köthener Hofkapellmeister ist von dem Markgrafen ebenso begeistert wie dieser von ihm. Kurz darauf geht Bach ein Gedanke durch den Kopf, daß nämlich eine Stelle am Hofe von Preußen gar nicht so schlecht wäre! Selbstverständlich müßte er dort mehr und auch Bedeutenderes zeigen können als hier in Karlsbad. Vor allem müßte er beweisen, daß auch er große Orchesterkonzerte im höfischen Stile zu komponieren verstünde, die an Glanz denen seiner Zeitgenossen Händel und Telemann gleichkämen!

Der Gedanke an Berlin läßt Bach nicht mehr los, wird fast zur „fixen Idee".

Vorerst aber geht's aus den böhmischen Wäldern wieder zurück nach Köthen, wo ihn Frau und Kinder schon sehnsüchtig erwarten.

Lange kann Bach sich seines Familienlebens nicht erfreuen, denn schon in der zweiten Hälfte des Jahres 1718 wird er beauftragt, in Berlin ein Cembalo zu bestellen, wozu er dem Klavierbauer detaillierte Angaben unterbreiten soll. Wie kein anderer kennt er die spieltechnischen Möglichkeiten des Instruments.

Bach reist also in die preußische Residenz. Während der Fahrt hängt er seinem Lieblingsgedanken nach: einer Stelle in Berlin …!

Auf alle Fälle wird er dem Markgrafen seine Aufwartung machen. Da sich die Unterredungen mit dem Klavierbauer über einen längeren Zeitraum hinziehen, bleibt Bach genug Zeit, sich in der preußischen „Metropole" umzusehen. Städtebaulichen Reiz kann er hier nicht entdecken. Die Stadt ist langgestreckt und uneinheitlich gegliedert. Trotzdem sieht alles so gerade und eckig aus. Wie beim Militär! Und Militär scheint hier in Preußen tatsächlich eine besondere Rolle zu spielen. Geradezu furchterregend sind die „langen Kerls" des Königs, der für Wissenschaften, Kunst und Literatur nichts übrig haben soll. Ganz im Gegensatz zu seinem Vorgänger Friedrich I. von Preußen übrigens, der gemeinsam mit seiner Frau Sophie Charlotte nicht nur eine Akademie der Wissenschaften, sondern auch eine Akademie der Künste ins Leben gerufen hat. Diese Zeiten sind nun leider in Preußen fürs erste vorbei! Jetzt herrscht hier ein anderer, zackig-grober Ton, die Musen haben zu schweigen. Es hat den Anschein, als blähe das noch junge Königtum sich auf, um nach außen wachsende Macht zu demonstrieren und alle einzuschüchtern.

Trotzdem gefällt es Bach hier besser als im mitteldeutschen Köthen, das auf Dauer langweilig ist und wenig Anregungen bietet. Hier in Berlin scheint das Leben schneller, bewegter zu verlaufen.

Als Bach sich eines Morgens beim Markgrafen melden läßt, erinnert sich dieser sofort des vortrefflichen Cembalisten und lädt ihn ein, in seinem Schloßflügel zu musizieren.

Seit der Soldatenkönig regiert, ist für Preußens Wissenschaftler und Künstler das Palais des Markgrafen zu einem Refugium geworden. Den umfangreichen Sparmaßnahmen zugunsten der Heeresvergrößerungen haben alle kulturellen Institutionen weichen müssen. Auch die Hofkapelle ist aufgelöst worden. Ihre Mitglieder haben in anderen, vorwiegend privaten Ensembles Anstellung gefunden. Der einzige am Hofe, der sich auch künftig den schönen Künsten widmen darf, ist der Markgraf von Brandenburg, dem für seine eigene kleine Hofhaltung eine Riesensumme zur Verfügung steht. An dieses Geld wagt sich der militante König nicht heran. Der Markgraf kann es sich demzufolge leisten, eine Kapelle zu unterhalten, die zwar nicht so groß ist wie die ehemalige Hofmusik, aber immerhin genügend Musiker beschäftigt, um Orchesterwerke der bedeutendsten zeitgenössischen Komponisten aufführen zu können.

Dieser Kapelle wird Bach sogleich vorgestellt. Obwohl in ihr sehr gute Instrumentalisten spielen, läßt sie doch viele Wünsche und Forderungen, die Bach an eine Kapelle stellt, unerfüllt. Seine eigenen Musiker in Köthen hat er sich besser erzogen! Hier müßte man viel arbeiten, um jenen feinen, sauberen Klang herauszuholen, den er fordert, doch wäre das schon eine lohnende Aufgabe ...

Beim Abschied bittet der Markgraf seinen Gast, ihm etwas zu komponieren. Er ist ein leidenschaftlicher Sammler von Kompositionen bedeutender Musiker und hätte zu gern auch etwas von dem Köthener Direktor der dortigen Kammermusiken in seiner Bibliothek.

Selbstverständlich macht Bach eine Zusage, und schon im Postwagen beginnt er zu komponieren. Vielleicht kann er einiges von bereits Geschriebenem umstellen und für diesen Zweck verwenden.

Und er spinnt seine Berlinpläne weiter! Sollte da nicht etwas zu machen sein? Zwar hat der gegenwärtige Preußenkönig nur Freude an seinem Militär und schikaniert alle, die künstlerische Ambitionen zeigen. Doch auch dieser König ist sterblich. Wer will behaupten, daß es nicht bald einmal wieder einen König in Berlin geben wird, der Musik nicht nur liebt, sondern auch etwas davon versteht?

Huldigung des Fürstenhauses

Im November 1718 wird im Hause Bach wieder ein Kind geboren, ein Knabe, der den Taufnamen Leopold Augustus erhält. Eingetragene Paten sind der „Durchlauchtigste Fürst" Leopold von Köthen, der ebenso „Durchlauchtigste Fürst" Augustus

Ludwig von Anhalt-Zerbst, die „Durchlauchtigste Hertzogin, Frau Eleonora Wilhelmine, vermählte Herzogin von Sachsen Weymar", der „Hochwohlgebohrene ..." und die – nur – „wohlgebohrene ..."

Diese Patenschaften heben Bachs Selbstbewußtsein und auch sein Ansehen in der Stadt beträchtlich. Dem Kind allerdings helfen sie wenig, es wird nur zehn Monate alt. Der Tod des kleinen Leopold trifft vor allem die Mutter und die älteren Geschwister sehr. Der Vater selbst ist momentan viel zu beschäftigt, um traurigen Gedanken lange nachhängen zu können.

Täglich hält er Proben ab. Da im Schlosse ein geeigneter Raum fehlt, auch die Widerstände der „reformierten" Höflinge zu groß sind, müssen die Proben in Bachs Wohnhause durchgeführt werden. Damit werden der alltägliche Lebensrhythmus der Familie und auch das Haushaltungsgeld Maria Barbaras ziemlich belastet. Zuweilen ebenso der Familienfrieden. Zum Glück zahlt der Fürst für die Hausproben jährlich wenigstens eine feste Summe „Geldentschädigung".

Besonders hoch her geht es im Bachhause immer im Dezember, vor dem fürstlichen Geburtstag, wenn man die „musikalische Huldigung" vorbereitet. Von früh bis spät wird musiziert, gesungen, deklamiert, gleichzeitig komponiert und – das läßt sich nicht vermeiden – auch viel getrunken. An ein geregeltes, ruhiges Familienleben ist nicht zu denken. Bach ist kaum ansprechbar, seine Frau reagiert jetzt oft überreizt und ist schnell erschöpft. Manchmal muß eine Magd gemietet werden, um die Hausfrau zu entlasten. Nur die Kinder erleben die Hausproben als Sensation: Immer kommen viele Leute, stets ist etwas los. Leider werden sie manchmal aber auch Zeuge von den Ausbrüchen des Vaters gegen die Musiker, erleben seine Ungeduld und seine Grobheiten, wenn jemand schlecht geübt hat und falsch spielt.

Die Gedichte, die anläßlich dieser Feiern geschmiedet werden, überschlagen sich fast an lobhudelnden „Wortblüthen".

Diesen Hymnen zufolge könnte jeder meinen, das Ländchen Anhalt-Köthen sei das Land, in dem „Milch und Honig" fließen. Verfasser dieser maßlosen Übertreibungen ist Christian Friedrich Hunold, der seine Dichtungen unter dem Pseudonym Menantes geschrieben hat.

Hunold-Menantes, vier Jahre älter als Bach und schon ziemlich bekannt, ist bereits 1700 mit einem Roman „Die verliebte und galante Welt" an die Öffentlichkeit getreten und schlagartig berühmt geworden. In Leipzig hat er Erdmann Neumeisters Vorlesungen zur Poesie, besonders zur Operndichtung gehört. Und wie auch sein Lehrer sieht er in der Oper „das galanteste Stück der Poesie, so man heutzutage zu ästimieren pflegt". Die Musik bezeichnet Hunold als die „Seele der Poesie", da sie imstande sei, dem Wort noch mehr Gewicht zu verleihen. Für Bachs Wort-Ton-Verständnis ist diese Meinung Hunolds recht wichtig.

Nicht nur aus seinen theoretischen Schriften sprechen Neumeisters Ideen, sondern auch die Kantatentexte Hunolds lehnen sich in Stil und Wortschatz an dessen Kantatendichtungen an. Menantes ist ein hochproduktiver Mann, dessen Gedichte um 1718 als die meistgelesene Poesie „hochgerühmt" und „... nebst Auserlesenen und theils noch nie gedruckten Gedichten unterschiedener Berühmten und geschickten Männer ... an das Licht gestellet" werden. In einer dieser seitenlangen Reimereien preist Hunold das „frohlockende Anhalt", den „blühenden Wohlstand" aller, die das Glück haben, im „gantzen Fürstenthume" leben zu dürfen. Ein Beispiel mag genügen, wie kritiklos das Verhalten der absolutistischen Herrscher von Dichtern wie Menantes hingenommen worden ist; wie es aus Existenzsorgen aber auch hingenommen werden mußte!

„Wir jauchzen unter Dir in unserm Canaan;
Da, wie zu Babylon, manch fremder Untertan
Die Geigen höchst-betrübt an seine Weiden hanget.
Hier klingt ein Jubelthon vom Hofe durch das Land:

Denn, wenn der Fürst vergnügt, wenn seiner Musen Hand
Die frohen Saiten rührt, wenn der in Freuden pranget,
Der aller Musen Wonn' und Seines Landes Lust,
So rührt Sein Saitenspiel der Unterthanen Brust.
Ein Herr, der reich an Huld und hoher Gütigkeit,
Ist zur Musik geneigt, und liebet allezeit
Der Fürsten beste Lust, der Edelsten Ergetzen.
Der aller Menschen Feind verträgt kein Saitenspiel.
Hingegen liebt es Gott. Was diesem wohlgefiel,
Mag Götter dieser Welt auch wohl in Freude setzen.
Und zwar, wie Dein Gemüth, Herr schön und ungemein,
Muß Dein Music-Geschmack auch nur der Schönste seyn!"

In Anhalt-Köthen scheint also alles eitel Freude und Wonne! Armut und Elend gibt es nicht. Wie könnten diese auch auftreten in einem Ländchen, dessen Landesvater so kundig und „anmutig" die Saiten zu schlagen versteht. Ganz sicher aber war gerade dies jenen, welche trotz der Bezeichnung „Canaan" – das Land, in dem „Milch und Honig" reichlich flössen – hungern mußten, gleichgültig, da fürstliche Musikbegeisterung schließlich keinen satt macht! Auch dieser Landesherr war schließlich nur ein Leuteschinder, wenn es darum ging, die Mittel aus seinen Untertanen herauszupressen, die er zur Befriedigung aller seiner leiblichen und geistigen Bedürfnisse benötigte.

Bach ist nicht so kritiklos wie sein Librettist Menantes. Aber er hat es auch leichter als dieser. Mit seiner Musik kann er über das Wort hinausgehen. Wenn er in Köthen keine Möglichkeit sieht, seine Kritik am aktuellen Zeitgeschehen und an der allgemeinen Misere zu artikulieren, bringt er sie anderswo – später in Leipzig – deutlich zum Ausdruck. Wie schon in Weimar und Weißenfels fällt ihm aber auch in Köthen auf, daß die Herrschenden einander überall gleichen, daß sie stets nur auf ihr eigenes Wohl bedacht sind und sich den Teufel um ihr Volk scheren. Er selbst wird davon zwar in Köthen nicht sehr betroffen, da der Fürst sich bemüht, seinem Kammermusikdirektor aus Gründen eigener Repräsentation möglichst viele Wünsche zu erfüllen. Doch Bach hat Augen und Ohren und wird für Mißstände, für das Leid der hungernden, sich schwer mühenden und trotzdem verachteten Menschen immer hellhöriger. Seine in späteren Kantaten mehrmals wiederholten Bitten um gnädige, menschliche, gute Fürsten und darum, daß Gott die Hungrigen satt machen, den Elenden ihr Brot geben möchte, belegen seine Haltung deutlich.

Obwohl er kaum mit dem Fürsten Leopold in Konflikt zu geraten scheint, wächst sein Mißbehagen, in Köthen zu bleiben. Auch die „laulichte Atmosphäre" am Hofe gefällt ihm nicht. Er fühlt sich in dieser Atmosphäre nicht mehr zu Hause, obzwar er immer wieder ihrem Reiz erliegt und sich durch den Beifall jener Kreise besonders bestätigt und geschmeichelt fühlt. Und das nicht von ungefähr, sind sie doch derzeit wirklich diejenigen, die seine Musik verstehen, die Geschmack haben und etwas für die Kunst tun. Aber sind sie denn nun auf Dauer sein Publikum?

Wie anders ist es doch in den großen Städten, wo das wohlhabende Bürgertum immer mehr an Einfluß und Macht gewinnt und sich sogar neue geistige Voraussetzungen zu schaffen beginnt, um dem gestärkten Selbstbewußtsein Nachdruck zu verleihen!

Die Brandenburgischen Konzerte

Wie ein Besessener arbeitet Bach, entwirft, schreibt, probiert, führt auf. Über drei Jahre beschäftigt er sich mit dem Auftrag des Markgrafen. Die Konzerte, die er dann schließlich als Präsent zusammenstellt, sind nur teilweise neu komponiert, zum anderen Teil aus bereits Vorhandenem zusammengestellt. Ob-

Georg Friedrich Händel (1685–1759)

Concerto 6.to   à due Vèole da Braccio, d[...]

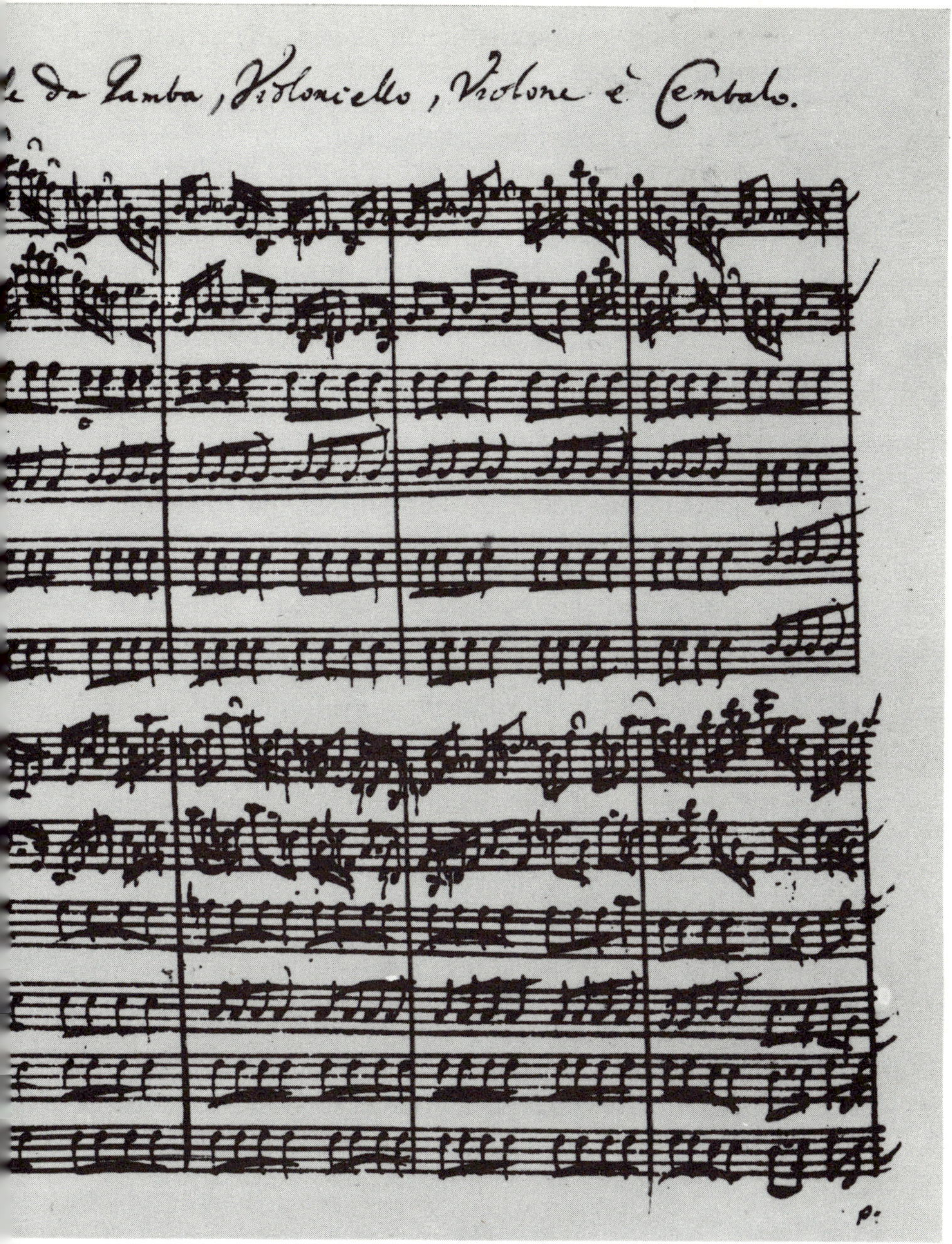
le da Gamba, Violoncello, Violone è Cembalo.
p:

wohl sie stilistisch unterschiedlichen Entstehungszeiten zuzuordnen sind, vereinen sich diese sechs Konzerte doch zu einem geschlossenen musikalischen Bild. In jedem einzelnen kommt ein anderes Instrument zu Gehör.

Bach will die Konzerte unbedingt in Köthen aufführen, ihm stehen aber nicht genügend Musiker zur Verfügung. Deshalb werden die Stadtpfeifer herangezogen. Doch auch dann fehlen noch immer Leute. Der Orchesterklang entspricht nicht Bachs genauen Vorstellungen. Er arbeitet um, weil alles nicht großartig genug ist. Für einige Konzerte müssen mehr Bläser herbei. Mit einer Bewilligung neuer Gelder für so viele Aushilfen aber ist nicht zu rechnen. Was also tun?

Da kommt Bach die rettende Idee: Wozu unterhält der Fürst eigentlich eine Militärmusik? Die könnte er als Kapellmeister jetzt gut gebrauchen. Sofort wird er bei Leopold vorstellig, unterbreitet sein Anliegen und erhält die Erlaubnis, die Militärmusiker einzusetzen. Diese sind nicht gerade erbaut von dieser Aufgabe, weil sie wissen, welcher musikalische Drill ihnen bevorsteht, wenn sie sich bei Bach auch nur eine Kleinigkeit zuschulden kommen lassen, wenn sie gar falsche Töne blasen! Doch jeder Einwand ist vergeblich. Auf fürstlichen Befehl müssen die Herren Militärmusiker in Bachs Konzerten mitwirken.

Allen Zuhörern und auch Bach selbst gefallen die Konzerte nun gut. Mit einem ist der Komponist allerdings noch nicht zufrieden. Daraus möchte er etwas ganz Besonderes machen; er wird also wieder umschreiben.

Vorerst aber hat er wieder andere Dinge zu erledigen. Zum zweiten Male wird er nach Berlin geschickt, um das inzwischen fertiggestellte Cembalo abzuholen. Diesmal findet er keine Zeit, beim Markgrafen vorzusprechen.

Bald nach seiner Rückkehr ins Anhaltinische wird Bach die Nachricht überbracht, daß sich Händel in Halle aufhalte. So-

Anfang des 6. Brandenburgischen Konzertes

fort schickt er einen Brief in die Saalestadt mit der Bitte, Händel möchte doch seinen Aufenthalt in Halle um einige Tage verlängern, bis er von seinem Fürsten Urlaub erhalte. Unbedingt müßten sie sich treffen, um sich über musikalische Fragen auszutauschen. Bach ist an einer Zusammenkunft mit seinem gleichaltrigen berühmten Kollegen viel gelegen. Neugierig brennt er darauf, diesem Mann, aus dessen Werken er so vieles hat lernen können, persönlich kennenzulernen. Von einem Zusammentreffen verspricht er sich viel, er hofft auf interessante Informationen – freilich nicht nur über Musik.

Doch Händel scheint ein gleicher Wunsch nicht ebenso zu bewegen. Er reist ab, bevor Bach von seinem Brotherrn beurlaubt wird.

Die Enttäuschung in Köthen ist groß, Bach aber findet kaum Zeit, dieser Enttäuschung lange nachzuhängen. Er ist außer seiner Pflicht als Kammermusikdirektor belastet mit den Vatersorgen um die heranwachsenden Söhne. Vor allem muß er sich um seinen Ältesten kümmern, den er für besonders begabt hält und der deshalb unbedingt gefördert werden soll. Bach bringt zu diesem Zwecke ein „Klavierbüchlein" zu Papier, zu dem ihm die ersten Ideen bereits während seiner Haftzeit in Weimar gekommen waren, „dem höchsten Gott allein zu Ehren, dem Nächsten, draus sie zu belehren". Aus diesem Notenbuch soll der Junge lernen, was ein tüchtiger Musiker braucht!

Der Ausbildung Friedemanns widmet Bach fast seine ganze freie Zeit, dann und wann läßt er auch den jüngeren Carl Philipp Emanuel teilnehmen. Täglich fordert er ein bestimmtes Übungspensum und ist ein strenger, oft allzu intoleranter und unerbittlicher Lehrer. Eine Bitte des Musikschriftstellers Johann Mattheson um einige Zeilen zu seinem Lebenslauf bleibt von Bach unbeantwortet. Er hat keine Zeit! Auch dann, als sich Mattheson in der gleichen Angelegenheit ein zweites Mal an ihn wendet, läßt Bach nichts von sich hören. Er reagiert überhaupt nicht, entschuldigt sich noch nicht einmal mit Zeitmangel. Dies wird ihm von Mattheson sehr übelgenommen. In dessen berühmter „Musikalischer Ehrenpfordte" wird er deshalb übergangen.

Im Mai des Jahres 1720 muß der Hofkapellmeister wieder mit dem Fürsten nach Karlsbad reisen. Auch diesmal wird der Landesherr von einem großen Teil seiner Hofinstrumentalisten begleitet. Unter den Mitreisenden befindet sich ein junges Mädchen, die Sängerin Anna Magdalena Wilcke, auf die der Fürst große Stücke hält.

Tod Maria Barbaras – Eheschließung mit Anna Magdalena

Als Bach nach sechs Wochen nach Köthen zurückkehrt, findet er sein Haus leer. Die Kinder muß er aus benachbarten Häusern zusammenholen, wohin man sie gebracht hat, als die Mutter gestorben ist. Fassungslos steht Bach dieser neuen Situation gegenüber. Die Nachricht vom Tode seiner Frau trifft ihn völlig unvorbereitet.

Was war hier zu Hause während seiner langen Abwesenheit vorgegangen? Sein Weib war zwar letztens ein wenig schwach, doch hatte er sie bei relativ guter Gesundheit verlassen. Nun war sie am Vortage seiner Rückkehr zu Grabe getragen worden. Hatte sich Maria Barbara etwa das Geschwätz zu sehr zu Herzen genommen, das ihn in Zusammenhang mit der außerordentlich hübschen, adretten „Fürstlichen Sängerin" gebracht hatte? Man schwatzte viel in diesem kleinen Nest. Oder hatten ihr „liebe Nachbarn" auf die übliche hinterhältige Weise verleumderisch zugetragen, daß die junge Dame mit zur Begleitung des badereisenden Fürsten gehörte? Maria Barbara hatte doch gewußt, wie gern er mit dieser jungen Person musizierte. Nie hatte er daraus einen Hehl gemacht.

Wenn er jetzt durch die Stadt geht, sehen ihn viele seiner Mitbürger scheel an. Niemand kann – oder will? – ihm genauere Auskunft darüber geben, woran seine Frau gestorben ist. Auch in Zukunft bleibt diese Frage offen, kein Totenschein taucht auf, der Licht in diese Angelegenheit hätte bringen können. Nur eine kurze Notiz im Totenregister weist darauf hin, daß Frau Maria Barbara Bach am 7. Juli 1720 begraben wurde.

Um die Versorgung und Betreuung der Kinder gesichert zu wissen, nimmt Bach jenes Dienstmädchen in seinem Hause auf, das schon seiner Frau immer mal zur Hand gegangen war, wenn's nötig schien. Dieses junge Mädchen als „Magd bey dem herrn Capellmeister allhier" kümmert sich nun um den Haushalt und betreut die Kinder, wenn der Vater unterwegs ist. Und dies ist immer wieder der Fall. Im August 1721 reist Bach, um im Schlosse eines Grafen im thüringisch-sächsischen Schleiz ein Gastspiel zu geben.

Sein Ruf ist inzwischen gewachsen. Nach wie vor aber gilt dieser seinem praktischen Musizieren, nicht seinen Kompositionen. Daß Bach ein bedeutender Orchestererzieher ist, hat sich ebenfalls herumgesprochen. Es ist bekannt, daß er in Köthen eine ausgezeichnete Gruppe von Instrumentalisten herangezogen hat. 1722 wird darüber berichtet,

„... dass auch die berühmtesten Virtuosen ihre Sachen vorher zusammen probieren und exercieren, ... an hiesiger Fürstlicher Capelle, so alle Wochen ihr Exercitium musicum hält".

Um den gehässigen Klatsch und das feindselige Gerede vor allem der Landeskinder kalvinistischen Glaubens nicht mehr hören zu müssen und auch, um der Langeweile dieser Kleinstadt zu entkommen, bewirbt sich Bach im November 1720 um die freie Organistenstelle an der Jacobikirche zu Hamburg. Noch immer ist Bach diese weltoffene Großstadt, die ihn schon als Sechzehnjährigen in ihren Bann gezogen hat, in guter Erinnerung. Dort inmitten eines freien, unabhängigen Handelsbürgertums zu leben und auch die Kinder aufwachsen zu lassen scheint ihm erstrebenswert und käme ihm gerade jetzt sehr gelegen. Nach dem Tode seiner Frau hält ihn in Köthen nichts mehr.

Doch die Bewerbung schlägt fehl! Der Fürst bewilligt für das entscheidende Probespiel keinen Urlaub. Außer Bach stehen in Hamburg noch sieben weitere Anwärter zur Wahl. Bach fährt nur kurz in die Hansestadt, hat aber leider „den 23. November nach seinem Fürsten reisen müssen". Das macht die Jury in Hamburg hellhörig. Man ist zwar bereit, das Probespiel zu verlegen, Bach aber nur dann zuzulassen, wenn er ein Schreiben mit der Bewilligung seines Brotherrn vorlegen kann, daß er für eine Stelle in Hamburg von seinen bisherigen Verpflichtungen in Köthen auch tatsächlich entbunden wird! Ein Schreiben, „... welches der Herr Pastor und Kirchspiel Herren sich gefallen lassen ...". Vermutlich hatte sich Bachs beliebte Art, ohne Erlaubnis seiner Dienstherren und sogar ohne deren Wissen sich um neue Ämter zu bewerben oder gar Urlaub zu nehmen, herumgesprochen!

Glücklicherweise aber erfährt auch Bach etwas, was ihm das Interesse an einer Stelle in Hamburg gründlich verdorben haben wird. Mit der schnellen Post schickt er nämlich ein Schreiben nach Hamburg, das mit Sicherheit seine definitive Absage enthalten hat. In der Hansestadt wird das Amt dann auch unverzüglich an den Mitbewerber Heitmann vergeben, der dem Kirchensäckel mehrere tausend Taler für „gute, wohltätige Zwecke" beisteuert. Die „Korruption" war in Hamburg nämlich seit dem 17. Jahrhundert offiziell eingeführt worden; der Verkauf städtischer Dienststellen an den Meistbietenden: eine „Erkäntlichkeit aus freyem Willen". Unter jenen Umständen hätte Bach ohnehin auf die Stelle verzichten müssen. Der erste Ausbruchsversuch aus Köthen ist damit gescheitert.

In dieser Situation erinnert er sich wieder des Auftrags aus Berlin! Er schreibt das 5. Konzert für den Markgrafen um, wie er es sich vorgenommen hat, stattet es mit langen, schwierigen Cembalopassagen aus, die selbstverständlich von ihm am besten zu spielen wären! Er beweist, daß man dem Cembalo auch schwierige solistische Aufgaben anvertrauen und es nicht nur als Begleitinstrument behandeln kann. Endlich ist diese Komposition so, wie er sie präsentieren möchte. Schnell fertigt er eine Reinschrift an und verfaßt sogar eine Widmung in französischer Sprache, die er von einem Sprachlehrer des Hofes korrigieren läßt. Dann schickt er die sechs „Konzerte für mehrere Instrumente" – später als „Brandenburgische Konzerte" bezeichnet – an ihren Auftraggeber. Ohne Zweifel möchte er das 5. Konzert als Bewerbungsschreiben verstanden wissen!

Aus Berlin indes bleibt jede Reaktion aus. Bach hat sich wohl zu lange Zeit gelassen. Man muß, um bei den hohen Herren nicht in Vergessenheit zu geraten, immer am Ball bleiben! Offensichtlich hat es dem Markgrafen zu lange gedauert, bis die gewünschten Kompositionen eingetroffen sind. Gunst und auch musikalisches Interesse gelten nun bereits anderen. Das verschnürte und versiegelte Paket wird in Berlin lediglich entgegengenommen und geöffnet. Kommentarlos werden die Noten in die bedeutende Sammlung zeitgenössischer Werke eingereiht, ad acta gelegt. Damit ist auch der zweite Versuch, Köthen endlich verlassen zu können, mißlungen.

Nach dem Tode des Markgrafen finden sich später Bachs Konzerte wieder an und wechseln mit anderen Gegenständen aus dem Nachlaß ihren Besitzer.

Bevor der Herr Kapellmeister einen dritten Anlauf riskiert, heiratet er – sechsunddreißigjährig – im Dezember 1721 die erst zwanzig Jahre alte Sängerin Anna Magdalena Wilcke und zieht damit endlich einen Schlußstrich unter jeden Stadtklatsch, der seit Maria Barbaras Tode über ihn und die junge Frau in Umlauf ist.

Um jede Möglichkeit peinlicher Zwischenfälle während einer öffentlichen Trauung in der Kirche von vornherein auszuschließen – weil die ganze Angelegenheit auch ein wenig „pikant" ist –, ordnet der Fürst an, daß das Paar „in Hause copuliret" werde! Mit dieser Entscheidung stellt sich der Landesherr schützend vor seinen Kapellmeister und dessen neue Ehe-

Eintragung zur Haustrauung Bachs mit Anna Magdalena Wilcke (1701–1760)

frau. Außerdem darf Anna Magdalena, die am Hofe beliebt und geschätzt wird, auch weiterhin als Sängerin im fürstlichen Dienst bleiben. Auf diese Weise kann sie zum Haushalt eine kleine, nicht unwichtige Summe beisteuern.

Doch wenn der Fürst auch schalten und walten kann, wie er will, hat sogar seine Entscheidungsfreiheit Grenzen. Er ist nicht nur ein Mensch, der seinen Willen durchsetzt, sondern auch eine höchst offizielle Persönlichkeit, die sich an die eigene Staatsräson zu halten hat. Mit dem „Befehl" zur Haustrauung hat er, wie vor allem seine Gegner meinen, diese Staatspflichten verletzt. Er bringt nicht nur einen Teil des Hofes, sondern auch beide Kirchenbehörden gegen sich auf. Immerhin bedeutet eine Eheschließung außerhalb des Gotteshauses für die Kirchenkasse einen finanziellen Verlust. Und darin nehmen es Lutheraner wie auch Kalvinisten sehr genau. Bach hätte – quasi als Strafe – für die Haustrauung beiden Gemeinden je zehn Taler entrichten müssen. Doch denkt er gar nicht daran, dieser Forderung nachzukommen, sondern setzt sich über diese Anordnung einfach hinweg. Schließlich hat der oberste Landesherr die Haustrauung befohlen und sie demzufolge auch zu verantworten, wenn nötig also selbst zu bezahlen! Bach fühlt sich jeder Verpflichtung enthoben.

Diese Trauungsform macht Schule. Weitere Paare folgen dem Beispiel. So läßt auch ein angesehener Köthener Apotheker seine Tochter, die „lutherischer Religion ist", zu Hause mit dem Bräutigam vereinen. Und wieder gehen beide Kirchen leer aus, sehen sich geprellt. Es bricht ein städtischer Kleinkrieg aus. Die Angriffe beider Kirchenbehörden richten sich gegen den Fürsten, gegen die Ehepaare und schließlich mit großer Erbitterung gegeneinander. Die Situation ist ebenso komisch wie auch bezeichnend für die Problematik religiöser Kompetenzstreitigkeiten. Das aufgrund unterschiedlicher Glaubensbekenntnisse ohnehin gestörte Einvernehmen der fürstlichen Familie wird mit diesem Streit zusätzlich belastet und führt schließlich zum offenen Bruch zwischen der lutherischen Mutter und dem fürstlichen Sohn.

Nach anderthalbjähriger Pause nimmt nun im Hause Bach das Familienleben einen normalen Verlauf. Bach ist zufrieden und glücklich und sehr verliebt in seine junge, hübsche und obendrein noch hochmusikalische Ehefrau.

Schon bald nach der Hochzeit widmet er ihr ein erstes „Klavierbüchlein" mit Stücken und Liedern, die Anna Magdalena „recht artig" vom Blatt spielen und singen kann. Zum vierten Hochzeitstage wird ihr dann eine weitere Sammlung zugeeignet, auf deren Widmungsblatt sich Bach sogar als Dichter produziert!

„Ihr Diener, werthe Jungfer Braut
Viel Glücks zur heutgen Freude.
Wer so in ihrem Cräntzchen schaut
Und schönen Hochzeitskleide,
Dem lacht das Herz vor lauter Lust
Bei ihrem Wohlergehen,
Was Wunder, wenn mir Mund und Brust
Vor Freuden übergehen."

Die Kompositionen, die das Klavierbuch enthält, sind gewiß besser als diese Reime. Aber beides ist ja auch nicht für die Öffentlichkeit gedacht. Weshalb hätte er sich also nicht auch einmal als „Poet" hervortun sollen?

Die drei größeren Kinder Maria Barbara Bachs sind zurückhaltend der neuen Mutter gegenüber, auch ein wenig skeptisch und mißtrauisch. Wärme oder gar Herzlichkeit scheint zwischen ihnen nicht aufzukommen. In allen späteren Berichten der Söhne aus erster Ehe wird der Stiefmutter mit keiner Silbe gedacht.

Weshalb das so war, ist nicht mehr auszumachen. Denkbar ist, daß Bach die älteren Kinder, in erster Linie die Jungen, zu hart herangenommen hatte, daß er zuviel von ihnen verlangte, während er sich um die später in Leipzig geborenen kaum kümmerte. Vermutlich hatte Bach aus Verliebtheit zu seiner zweiten Frau den später geborenen Kindern zuviel, den Älteren zuwenig durchgehen lassen. Daß es aber vielleicht gerade umgekehrt gewesen sein konnte, nämlich daß ihm die Söhne aus der zweiten Ehe nicht so am Herzen lagen wie die erstgeborenen, scheint näherliegend. Doch um das zu verstehen, waren die Knaben 1721 noch zu jung. Sie fühlten sich halt ungerecht behandelt und legten des Vaters Verhalten der jungen Mutter zur Last. Am wenigsten schwer fällt es dem erst sechsjährigen Johann Gottfried Bernhard, sich mit Anna Magdalena anzufreunden. Willig und ohne innere Abwehr überläßt er sich ihrer Fürsorge und ihrer Freundlichkeit. Die drei Ältesten hingegen wenden sich mit allem, was sie bewegt, an den Vater, den sie allerdings mehr zu respektieren als zu lieben scheinen.

Mit aufmerksamer Strenge werden Friedemann und Philipp von Bach auf dem Cembalo unterrichtet. Friedemann erhält sogar schon Unterweisung in Harmonielehre und Kontrapunkt.

Als Vortragsstücke und zu Unterrichtszwecken für Söhne und Schüler entsteht in Köthen der erste Teil des „Wohltemperierten Claviers".

Für Komponisten und Interpreten war eine „reine Stim-

140

Titelblatt zu „Das Wohltemperierte Klavier"

mung von einigen Instrumenten" bis vor einigen Jahrzehnten ein unlösbares Problem. Klangvolles gemeinsames Musizieren von Streichern und Cembalisten oder Clavicinisten war daher so gut wie ausgeschlossen, bis kurz vor 1700 Andreas Werckmeister eine „temperierte", das heißt ausgeglichene Stimmung mathematisch errechnete und mit Erfolg auch ausprobierte. Um diese „gleichschwebende" Temperatur zu erreichen, hatte Werckmeister die Oktave in zwölf gleiche Intervalle unterteilt. Dadurch konnte man neuerdings auf allen Instrumenten mit Klaviaturen in sämtlichen Dur- und Molltonarten musizieren. Begeistert wurde diese Möglichkeit von verschiedenen Komponisten aufgegriffen.

In Bachs beiden Bänden des „Wohltemperierten Claviers" – 1722 und 1740 verfaßt – durchlaufen je vierundzwanzig Präludien und Fugen chromatisch alle Tonarten.

> *„Zum Nutzen und Gebrauch der Lehr-begierigen Musicalischen Jugend als auch derer in diesem studio schon bald habil seyenden besonderem ZeitVertreib auffgesetzt und verfertiget … Anno 1722".*

Für jene, von denen Bach die zum Teil äußerst schwierigen Kompositionen in seinen Stunden abfordert, bedeuten sie wirklich harte Brocken. Viel mehr als in den wesentlich leichteren „Inventionen" für zwei oder drei Stimmen wird hier beim Studium neben Fingerfertigkeit auch die Fähigkeit entwickelt, musikalische Prozesse denkend mitzuvollziehen.

Niemals nimmt Bach auf seine Schüler Rücksicht. Alles, was er selbst ohne Mühe sofort spielen kann, legt er auch gleich den Lernenden vor. In seinem „Versuch über die wahre Art das Clavier zu spielen" schreibt Carl Philipp Emanuel Bach im Jahre 1753:

> *„Bey ihm musten seine Scholaren gleich an seine nicht gar leichten Stücke gehen."*

142

Zweistimmige Invention für Cembalo

Kantoratsprobe in Leipzig

Während der ganzen letzten Zeit in Köthen beschäftigt Bach nur dieser eine Gedanke: sich nach einer neuen Stelle umzusehen! Wenn möglich in einer großen Stadt, in der die Söhne dann später ein gutes Gymnasium und vielleicht auch eine Universität besuchen können. Einen Jugendtraum – den er selbst hatte so früh begraben müssen, weil die Mittel zu seiner Realisierung fehlten – möchte er für seine Kinder erfüllt sehen. Nicht zuletzt denkt Bach im Zusammenhang mit einem Amts- und Ortswechsel auch an sich selbst. Auch er sehnt sich danach, wieder über mehr und vielfältigere Möglichkeiten zu verfügen und öffentlich wirksam zu werden.

Da wird ihm Ende 1722 – möglicherweise von dem durchreisenden Telemann – zugetragen, daß die Stelle eines Kan-

143

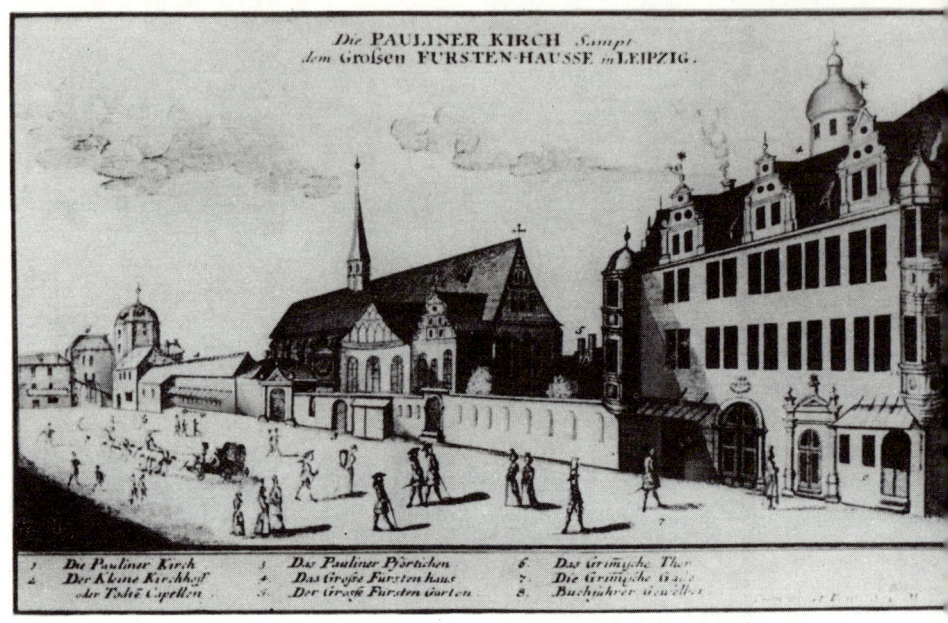

Pauliner Kirche zu Leipzig

tors an der Leipziger Stadtkirche St. Thomas seit Kuhnaus Tode im August des Jahres noch immer unbesetzt sei.

Nachdem nun weder die so sehr gewünschte Anstellung an der markgräflichen Kapelle zu Berlin noch eine Arbeitsmöglichkeit an der Hamburger Jacobikirche zustande gekommen sind, erscheint Bach diese Nachricht jetzt sehr gelegen. Noch vor dem Weihnachtsfest bewirbt er sich beim Stadtrat von Leipzig als einer von vielen. Unter den Mitbewerbern befinden sich ernst zu nehmende Konkurrenten wie Johann Friedrich Fasch aus Zerbst, Christian Friedrich Rolle aus Magdeburg und dann auch Christoph Graupner aus Darmstadt.

Die Leipziger Stadtväter sehen sich derzeit in einem Dilemma. Gleich im August 1722 haben sie Georg Philipp Telemann nach Leipzig berufen, der damals seit einem Jahr in Hamburg das Amt des städtischen Musikdirektors bekleidet,

144

außerdem die dortige Oper geleitet hat und obendrein noch Kantor an dem St. Johannis angeschlossenen Gymnasium gewesen ist. Als der Ruf aus Leipzig bei Telemann eintrifft, ersucht dieser um Urlaub und fährt mit der Post in die Messestadt. Nach einer Rücksprache bei den Leipziger Stadtvätern nimmt Telemann den lukrativen Posten des Thomaskantors sofort an. Die Honoratioren der Stadt sind überglücklich, weil sie den schon berühmten Komponisten für sich gewonnen zu haben meinen. Jede Bedingung, die Telemann stellt, wird vom Rat der Stadt ohne Widerstand erfüllt. Auch als der Neugewählte verlangt, ihn doch von den Verpflichtungen eines Elementarlehrers für Latein zu entbinden, wird dem Wunsch stattgegeben. Ja, man legt dies sogar vertraglich fest.

Anfang September reicht Telemann dann in Hamburg ordnungsgemäß seine Bitte um Entlassung aus allen seinen Ämtern ein. Doch in Hamburg läßt man sich Zeit. Deshalb reist Telemann am Ende des Monats zurück in die Elbestadt, um alles für den Umzug Nötige in die Wege leiten zu können und persönlich seine Amtsbefreiung zu bewirken. Es ist ihm also zu diesem Zeitpunkt mit der Übersiedlung noch durchaus Ernst. Damit hatte allerdings der Hamburger Rat nicht gerechnet. Deshalb sucht man nun Wege, Telemann zu halten. Die Hamburger fragen ihn, wie ihm denn nun die Stelle wieder „favorable" erscheine!

Da erkennt Telemann seine Chance. Er hält die Behörden beider Städte erst einmal hin, treibt eine Art „Schaukelpolitik" und seinen Preis in die Höhe. In Hamburg gibt er an, sein gegenwärtiges Gehalt sei ihm zu niedrig, er sei überfordert und die Leipziger Stelle sei für sein Fortkommen wesentlich angenehmer und günstiger. Und er hat Erfolg! Als er wieder in Leipzig ist, erreicht ihn aus Hamburg die Nachricht, daß der dortige Stadtrat bereit sei, sein Gehalt um eine beträchtliche Summe zu erhöhen, falls er sich entschlösse zu bleiben. Da tritt Telemann von seinem Vertrag als Thomaskantor zurück und wendet Leipzig endgültig den Rücken.

Erklärung der Nummern.

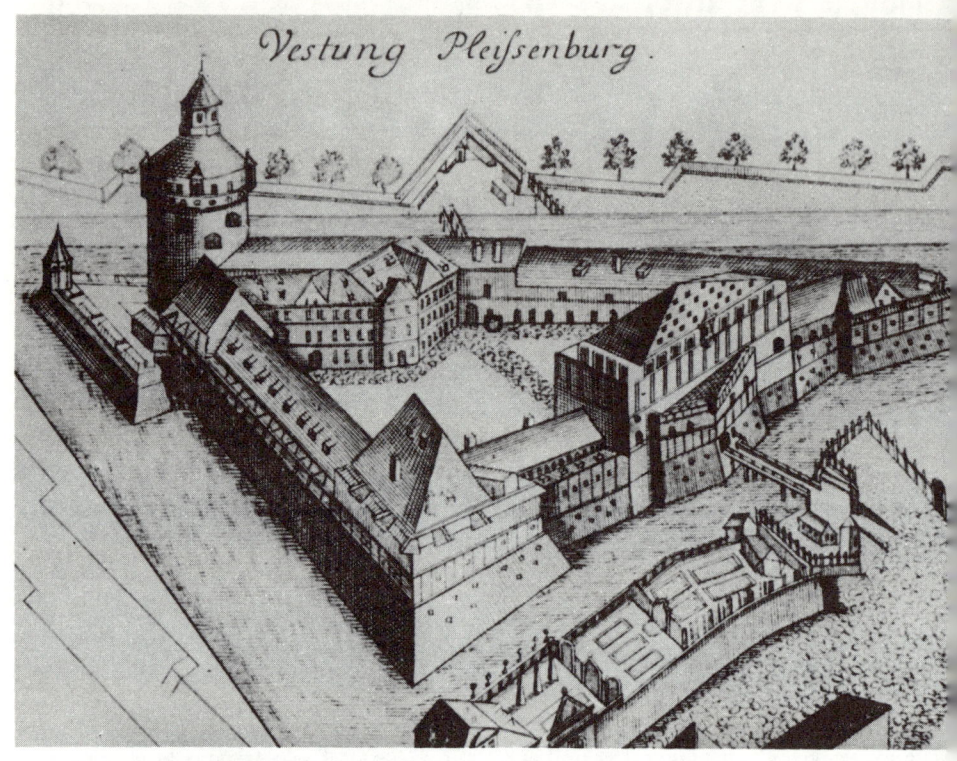

Leipziger Pleißenburg

Der Leipziger Rat fühlt sich gefoppt und ist äußerst verstimmt. Zu allem Ärger kommen dann noch die Spötteleien aus der Bevölkerung, denn der „Fall Telemann" hat sich schnell herumgesprochen. Man sitzt erneut auf dem trockenen, und das Thomaskantorat bleibt verwaist. Zunehmend gerät die verantwortliche Behörde in Bedrängnis. Weihnachten steht vor der Tür, und auch die Frühjahrsmesse ist nicht allzu fern. Nun ist man gezwungen, noch einmal von vorn anzufangen und all jene Bewerber, die man Telemanns wegen abge-

Markt und Innenstadt von Leipzig

lehnt hat, zum zweiten Male einzuladen und zu prüfen. Wie peinlich!

Inzwischen hat sich der Stadtrat in zwei Teile gespalten. Die einen wollen einen „Kantor" haben, die anderen einen „Kapellmeister". Einen Organisten aber um keinen Preis. Dauernd kommt es nun zwischen beiden Parteien zu heftigen Disputen, die, wenn sie an die Öffentlichkeit gelangen, kaum geeignet sind, die Situation der verwaisten Thomaner zu verbessern. Was also ist zu tun? Die Kapellmeisterpartei hat bald verloren, denn ihr wichtigster Trumpf – Telemann – hat sie „schnöde" verlassen. Die Kantorenpartei triumphiert. Was soll eine Kirche auch mit einem Kapellmeister? Ist die Thomaskirche etwa ein Theater? Also muß schleunigst ein Kantor her!

Und nun wird kund, es habe sich ja unter den weiteren Bewerbern auch dieser Bach aus Köthen gemeldet. Seit dessen Gutachten über die Paulinerorgel ist Bach den Leipziger Behörden nicht unbekannt. Er gilt auch in der Messestadt als ausgezeichneter Musiker. Aber er ist Organist und … Kapellmeister! Deshalb hätten nun alle doch lieber den Graupner aus Darmstadt. Der gehöre zwar auch dieser Zunft an, habe aber einst selbst als Thomaner gesungen und sei demnach mit den Verhältnissen in Schule und Stadt bestens vertraut.

Bach wurde erst einmal zum Probespiel geladen, stellte sich am 7. Februar 1723 in Leipzig vor und wurde dann wieder nach Köthen geschickt. Man wartete auf Graupners Antwort. Doch der ließ nichts von sich hören. Und Bach saß inzwischen in Köthen fast zwei Monate auf gepackten Kisten. Erst Ende April sandte der hessische Hofkapellmeister aus Darmstadt die Absage. Sein Fürst hatte ihn nicht ziehen lassen.

Die Situation in Leipzig wird untragbar und schadet dem Ansehen der Stadtväter nicht wenig. Nun endlich entscheiden sie sich für Johann Sebastian Bach, über den sie sich in den vergangenen acht Wochen gründlich informiert haben. Dann schon lieber *den* als gar keinen!

Außer Zeitmangel gab es nämlich noch andere Unannehm-

Im Februario 1723.

Den 7 Febr. Dom. Esto Mihi, legte Herr Johann Sebastian Bach, als damahliger Capellmeister zu Cöthen, seine Probe ab, zu dem von Herrn Kuhnaus seel. Tode vacirenden Stadt-Cantorat.

Vor ihm hatten auch andere ihre Proben gethan, als der Capellmeister von Altenburg / ferner Herr Graupner / Capellmeister von Darmstadt, und den 2 Febr. Festo Purif. Mariæ Herr George Balthas. Schott, Director Musices in der Neuen Kirche alhier.

Aktennotiz zu Bachs Kantoratsprobe

lichkeiten. Ein Teil der Studenten, an wöchentlich mehrmalige Proben gewöhnt, fing an, in seiner Freizeit Unfug zu treiben. Den jungen Herren fehlte die musische Beschäftigung, die Ordnung eines geregelten Dienstes. Schon deshalb mußte so bald als möglich wieder jemand herbei, der sich auch bei den Studenten durchsetzen konnte. Es „wäre nötig, auf einen berühmten Mann bedacht zu seyn, damit die Herren Studiosi animiret werden möchten".

Schriftlich verpflichtet sich Bach, sich „der Schulordnung, so bereits vorhanden oder noch aufgerichtet werden möchte, ... gemäß zu verhalten". Er versteigt sich sogar zu dem Versprechen, die Knaben nicht nur nach Dienstvorschrift zu unterrichten, sondern ihnen zusätzlich „privatißime" Singestunden zu erteilen. „Ohne Entgelt!" Es wird sich zeigen, daß Bach mit all diesen Zusicherungen viel zu voreilig gewesen ist. Die Behörden steigen selbstverständlich auf ein derartig kulantes Anerbieten sofort und bereitwillig ein.

Unentgeltliche „Informationen" im Singen. Ist das etwa nichts? „So könnte man Telemann ... vergessen" und auch seine eigene Reputation wieder herstellen, die empfindlich gelitten hat. Alle Angehörigen des Ausschusses plädieren plötzlich für Bach. Aber er habe bitte daran zu denken, ausschließlich solche Kompositionen zu liefern, die „nicht theatralisch" seien!

Der Köthener Kapellmeister scheint nun plötzlich dem Leipziger Rat ein recht umgänglicher Mann zu sein. Er ist freundlich, gibt sich dienstbeflissen, fast devot, „danckte gehorsamst ... und verspräche alle Treu und Fleiß!".

Bach hat wirklich ein ganzes Register voreiliger Versprechen gegeben: den Vorgesetzten mit Respekt und Willigkeit zu begegnen, kollegial zu sein mit seinen Schulkollegen. Er wolle sich stets so verhalten, „daß man seine devoteste Bezeigung iederzeit spüren solle". Diese Voreiligkeit, aus dem intensiven Wunsche nach der längst fälligen Veränderung resultierend, wird ihm künftig noch viel zu schaffen machen.

Nach Abwicklung aller Formalitäten bezieht Bach dann endlich an einem Maiwochenende des Jahres 1723 die notdürftig renovierte Kantorenwohnung in der Thomasschule. Ihn begleiten ein recht ansehnlicher Hausrat, mit dem „4 Wagen" beladen sind. Er selbst fährt „um 2 Uhr ... nebst seiner Familie auf 2 Kutschen" durch das Hallesche Tor in die vielgerühmte Stadt an der Pleiße ein.

Thomaskantor und director musices in Leipzig

1723–1750

Die Messestadt

Zu Beginn des 18. Jahrhunderts war das im kursächsischen Machtbereich liegende Leipzig eine ebenso blühende wie weltoffene Großstadt, schon damals ein „Klein-Paris", welches „seine Leute" – und nicht nur seine einheimische Bevölkerung – zu bilden vermochte.

Das zum Teil sehr vermögende Handelsbürgertum mit regem Geschäftssinn und oft auch vielfältigem Kunstinteresse lebte in tief nach hinten gezogenen schmalen, „nach vorne raus" nicht selten nur zweifenstrigen Häusern ungleicher Höhe oder in den nach 1715 erbauten vierstöckigen Prachtbauten, die bürgerlichen Stolz und Wohlhabenheit demonstrierten. Spitze Dächer und viele Vorbauten, insbesondere die sogenannten Nürnberger Erker, die auf Wohlhabenheit der Hausbesitzer schließen ließen, gaben der Stadt ein anheimelndes, gediegenes, großstädtisches Gepräge. In den Hauptstraßen und vor allem um den großen rechteckigen Marktplatz herum war viel hölzernes Schnitzwerk über den Türen, als Tor- und Fensterumrahmung oder auch als Abschluß der Dachtraufen zu bewundern.

Wohlstand, Besitzerstolz, Selbstbewußtsein und städtische Eitelkeiten demonstrierte auch das Renaissance-Rathaus, das fast eine ganze Längsseite des Marktes einnahm, mit dem städtischen Chronometer. Diesem Rathaus gegenüber stand derzeit ein besonders prächtig aufgeführtes Bürgerhaus, das „Apelsche Anwesen". Es diente der sächsisch-kurfürstlichen Familie als

Beschreibung Leipzigs im Jahre 1725

Unterkunft, wenn diese Leipzig einen Besuch abstattete, um Huldigungen unterschiedlichen Anlasses entgegenzunehmen.

Um den Markt herum spielte sich das gesamte öffentliche Leben der Stadt ab. Mehrmals wöchentlich schlugen hier die Bauern aus den umliegenden Dörfern und Gehöften ihre Stände auf, um der Stadtbevölkerung Lebensmittel, Geflechte, Töpferwaren und selbstgesponnene Wolle feilzubieten. Auf schnell und notdürftig hergerichteten hölzernen Gerüsten zeigten wandernde Theatergruppen Stücke, in denen der Hanswurst eine Hauptrolle spielte, oder es zeigten Gaukler ihre

153

Tricks. Gegen diese „Haupt- und Staatsaktionen" zog damals der Gelehrte Johann Christoph Gottsched zu Felde, der das Publikum nicht mit „unnatürlichen Romanstreichen und Liebesverwicklungen, lauter pöbelhaften Fratzen und Zoten" zu unterhalten, sondern mit „Erbauungsstücken" zu belehren wünschte.

Auf dem Markt und in den von ihm wegführenden Straßenzügen, in den Höfen und Winkeln wurden dreimal jährlich die Geschäfte der schon damals berühmten Leipziger Messe abgewickelt. Gäste aus ganz Europa trafen anläßlich dieser Messen in der Metropole ein. Sie wohnten in den zahlreichen Gast- und Logierhäusern, bei Freunden und Bekannten und führten der Bevölkerung wie auch dem Stadtsäckel nicht unbeträchtliche zusätzliche Summen zu.

Auch diese Leipziger Weltoffenheit war es wohl gewesen, die Bach bewogen hatte, sich in dieser Stadt zu bewerben, nachdem sein Plan, nach Hamburg zu übersiedeln, das über Stadtcharakteristika verfügte, die denen der mitteldeutschen Messestadt ähnelten, fehlgeschlagen war.

Die reizvolle Stadtarchitektur, eine wohlhabende Bürgerschaft und die sich von Jahr zu Jahr wiederholenden Handelsmessen konnten indes nicht darüber hinwegtäuschen, daß der Anteil eines armen, in elenden Verhältnissen lebenden Bevölkerungsteils im Gegensatz zum Patriziat und zu einem handwerklichen Mittelstand unverhältnismäßig groß war. Die Ärmsten der Armen, von denen in Leipzig fast zwei Drittel die Bevölkerung ausmachten, lebten in ständiger Existenzbedrohung. Ihr Verdienst reichte nie aus, um alle Angehörigen der meist großen Familien ausreichend zu ernähren. Die Väter arbeiteten als Diener, Holzhacker und Tagelöhner oft vierzehn bis siebzehn Stunden am Tage, Mütter und junge Mädchen, fast selbst noch Kinder, wuschen oder plätteten für die Reichen. Wurden sie infolge von Krankheiten oder Altersschwäche arbeitsunfähig, kamen die meisten an den Bettelstab und vegetierten für den Rest des Lebens in Waisen- oder Armen-

Johann Christoph
Gottsched (1700–1766)

Johañ Christoph Gottsched
Log: et Metaphyf: in Acad:
Lipsiensi Profeſſor

häusern. Von den Segnungen der Handelsabschlüsse wie auch
von der Kunstbeflissenheit reicherer Mitbürger und Fremder
blieben sie nahezu unberührt. Denn selbstverständlich trafen
jene mit den Armen der Stadt kaum zusammen.

Anders war es bei Bach, der schon bald nach Amtsantritt die
Erfahrung machen mußte, daß der größte Teil seiner Chorsänger aus armseligen Verhältnissen stammte. Denn die oft gerade
halbwüchsigen Knaben wurden von den Eltern kaum der strengen, ja teilweise sogar antihumanen Zucht der Thomasschule

XII. Nachdem auch von Alters her gebräuch-
lich, daß Montags, Dienstags, Mittwochs und
Freytags nur die Quintaner denen Betstunden zu S.
Nicolai und S. Thomæ, denen Wochen=Predigten
am Dienstag aber nur die Primaner, hingegen Donnerstags und Freytags=Predigten alle und iede Clas-
sen beywohnen; so soll es auch ferner dabey verblei-
ben, und darüber mit allem Ernst gehalten werden.

Auch dergleichen in denen Wochen-Prediaten und Bet-Stunden beobachten.

CAPUT X.
Wie die Schüler sonderlich in ihren
auf der Schule befindlichen Cammern sich zu verhalten haben.

I.

Die Alumni sollen frühe zu rechter Zeit auffstehen,

sich gebührend antleiden,

dem gemeinen Gebet andächtig beywohnen.

Alle diejenigen Alumni, welche auf dieser Schule wohnen, sollen frühe Morgens, nehmlich
des Sommers um 5 des Winters aber um 6
Uhr, so bald das Zeichen gegeben wird, auffstehen,
sich anziehen, waschen und die Haare auskämmen,
sodann gleich, wann das erste viertel schlägt, und
zwar ieder an seinen Ort und Stelle, zum gemeinen
Gebet herunter gehen, dasselbe mit hertzlicher Andacht und Stille verrichten, auch ieder seine Bibel
mitbringen, damit er das allemahl vorkommende
Stück derselben fleißig nachlesen könne. Auf eben
die

die Weiſe ſoll es auch das gantze Jahr hindurch, mit dem Abend-Gebet um 8 Uhr gehalten, und die welche es ohne Noth verabſäumen, mit behöriger Straſe angeſehen werden.

II. Ihre Kleider, Schuhe, Strümpffe und weiſſes Zeug reinlich halten, wann etwas daran zerriſſen und mangelhafft, es ſo gleich ausbeſſern, nicht weniger daß ihre Betten rein bleiben, ſorgen, und die Cammern fleißig auskehren, auch ſolches Auskehrigt, und andere Unreinigkeit, an behörigen Ort bringen laſſen.

Ihre Sachen reinlich halten, und das ſchadhaffte ausbeſſern laſſen.

III. In ſolchen ihren Cammern, wie auch an denen angewieſenen Studier-Tiſchgen ſtille und einträchtig beyſammen wohnen, alles Zanckens, Scherzens, Schlagens und Rauffens, ſonderlich aber auch alles ärgerlichen Lebens in Worten und Wercken, ſich enthalten, keine Degen noch andere Gewehr führen, und da ein oder andere dergleichen mitgebracht, ſelbige bey dem Rectori verwahrlich nieder legen.

In ihren Cammern friedlich beyſammen wohnen.

Kein Gewehr bey ſich führen.

IV. Des Nachts keine Lichter brennen laſſen, noch iemahls in die Cammern mit nehmen, die Nacht-Geſchürre nicht in denen Cammern umſchütten noch zerbrechen, viel weniger den Urin aus denen Fenſtern herunter gieſſen, noch ſonſten etwas durch dieſelben herab werffen.

Des Nachts keine Lichter brennen laſſen, die Geſchirre rein halten und nichts ausgieſſen.

V. Ehe ſie Abends zu Bette gehen, dasjenige, was

Des Abends ihre Lection repetiren,

anvertraut, damit sie dort musizieren konnten, sondern wohl eher deshalb, um in der Familie einen, möglicherweise sogar zwei Esser weniger um den eigenen ärmlich gedeckten Tisch sitzen zu haben.

Davon aber ahnten die Messegäste Leipzigs kaum etwas. Und selbst dann, wenn sie mit dem Elend der Stadtarmen konfrontiert worden wären, hätte das die meisten von ihnen wenig angefochten. Schließlich war dies allein Sache der Leipziger und des sächsischen Kurfürsten. Die Fremden kamen nur hierher, um Geschäfte zu machen, hohe Gewinne zu erzielen, Aufträge zu erhalten und zu verteilen. Sie unternahmen die oft weite und beschwerliche Reise, um sich und ihren Produkten Geltung zu verschaffen und sich zu bereichern. Alle wollten sie außerdem unterhalten sein, sich amüsieren, großstädtische Atmosphäre genießen oder auch in einer der Kirchen am Gottesdienst eines bekannten Predigers teilnehmen und zugleich einer ausgezeichneten Kirchenmusik lauschen. „Fremde Leute und vornehme Herren" kamen, um „in den Hauptkirchen etwas Gutes zu hören".

Von den Stadtvätern und einem großen Teil der Bevölkerung wurde alles getan, um sich selbst ins rechte Licht zu setzen und auch den Gästen das Leben in der Stadt so angenehm wie möglich zu gestalten. Dem verwöhnten, neugierigen und vergnügungssüchtigen internationalen Publikum wurde vieles geboten. Eine schnurgerade Promenade, vielerorts auch „Lästerallee" genannt, weil dort über Gott und die Welt getratscht werden konnte, ohne daß man Gefahr lief, von Neugierigen belauscht zu werden, lud zu Spaziergängen ein. Hier bahnten sich während endloser Hin- und Herwandelei die meisten galanten Abenteuer der Stadtbürger, der Studentenschaft und vor allem natürlich der fremden unternehmungslustigen Kaufleute an. Gelangweilte Ehefrauen einheimischer Honoratioren gingen gerne und geschmeichelt auf die Galanterien der Herren

Auszug aus der Thomasschulordnung

ein. In manch zeitgenössischer Satire wird diese Erscheinung aufs Korn genommen. Auch öffentliche Häuser mit hübschen, vor allem aber verführungskundigen Sächsinnen standen einem bedürftigen Publikum zur Verfügung. Diese „Göttinnen" Leipzigs waren hochgerühmt und galten als „so gesellig". Sie waren bekannt, „so frisch und gesund", mit „schönen Augen", „adrett und sauber gekleidet".

Aus dem Munde hübsch gewachsener Leipzigerinnen lobten die Gäste das Deutsche in meist hochgradiger Verliebtheit als „beinahe so gut wie das Italienische". Von Spießern waren aber auch andere, weniger wohlwollende Meinungen zu hören. So waren bei diesen die „Göttinnen" nicht etwa Menschen, sondern „Menscher". Und „wenn man von einem Weibe erst sagt ‚das Mensch', so ist sie eine Dirne". Glücklicherweise aber scherten sich die Freunde der Stadt und der Geschäfte nimmer um die spitzen Zungen, sondern blieben immer auch Freunde der Schönheit, der Liebe und ihrer „Priesterinnen".

Zu den Kaffeehäusern hatten bezeichnenderweise „weibliche Subjekte" keinen Zutritt. Die Männer wollten hier unter sich sein, tranken ihren „Coffee", ihr Bier und schmauchten ihre Pfeifen. Als Spezialität wurde die Leipziger „Gose", eine Art Weißbier, mit oder ohne „Schuß" aus hohen, kelchförmigen Gläsern genossen. In den Kaffeehäusern erwies es sich, daß die honorigen Angehörigen des männlichen Geschlechts zuzeiten viel schwatzhafter sein konnten, als dies im allgemeinen ihren Frauen nachgesagt wurde. Und daß ihr Geschwätz, welches sie allerdings mit Vokabeln wie „Disputation", „Geschäft" und „höchstwichtig" zu tarnen pflegten, viel boshafter war und weit mehr Unheil zu stiften vermochte, als jeder Weiberklatsch je hätte anrichten können.

Dieses Vergnügen, ganz unter sich zu sein, hatten die Herren allerdings nur im Winter, denn im Sommer zog's alle hinaus in die liebliche Umgebung, die etwa ein halbes Jahrhundert später von dem Studenten Johann Wolfgang Goethe als „elysisch" bezeichnet wurde. Man pilgerte dorthin, wo die gro-

Gosenschänke in Eutritzsch bei Leipzig

ßen, außerhalb der Stadtmauern liegenden „Kuchengärten"
auch von den Damen besucht werden durften. Erholsame Spaziergänge lockten in der warmen Jahreszeit alt und jung in
diese „Lustgärten", wo man für relativ wenig Geld die lecker-
sten sächsischen Kuchen angeboten bekam. Die ungezwun-
gene und angenehme Atmosphäre dieser Kuchengärten war
bei nahezu allen Leipziger Klassen und Schichten und auch
bei den Fremden beliebt, sie wurden viel gerühmt und viel genutzt.

Gegen all dies hat auch Bach nichts einzuwenden. Auch er
zeigt in seiner ersten Leipziger Zeit durchaus Sinn für derartige Unternehmungen, soweit es seine Arbeit zuläßt, die ja gerade die Sonntage ohne Pause ausfüllt. Den Degen an der
Seite, bei Hitze den Dreispitz unter dem Arm geklemmt – die
Perücke ist schon warm genug –, zieht auch er mit der Familie
ins Freie hinaus. Am Arm hängt sein liebevolles Eheweib, das

160

sich fortwährend umsehen muß, ob die Kinder auch noch vollzählig hinterhertrollen.

Ab und zu hierhin ein freundlicher Gruß, dorthin ein joviales Nicken, manchmal ein brummiges obersächsisches „habe die Ähre" oder „ergäbenster Diener". Da Bach als gebürtiger Thüringer selbst nie etwas anderes sprach als das Obersächsische, ficht ihn die Sprachmelodie der Leipziger nicht an. Wie gut, daß man bei diesem Wetter nicht dauernd den Hut ziehen muß, der unter dem Arm nur der Etikette wegen mitgeschleppt wird.

Mit besonderer Vorliebe wurden die „Kuchen-Divertissements" von den Studenten der Stadt aufgesucht, die hier mit ihren Mädchen tändelten und ihre oft zahlreichen Semester abbummelten. Nicht selten gab's an den Toren nächtliche Raufereien, wenn sich Spaziergänger länger als erlaubt außerhalb der Stadtmauern aufhielten und sich weigerten, für den verspäteten Einlaß in die Stadt den Torgroschen zu bezahlen. Die meisten Händel hatten die Wachen mit den Studenten, deren Stammkneipen und Fechtböden ebenfalls außerhalb der Mauern gelegen waren und die zu allen Jahreszeiten betrunken an den Stadttoren herumkrakeelten.

Seit 1701 konnte man in Leipzig auch nachts flanieren, denn hölzerne Straßenlaternen sorgten für das nötige Licht. Als ganz besondere Attraktion aber galt seit 1703 das erste öffentliche Verkehrsmittel, das für wenig Geld jeden, der sich ihm anvertraute, von einem Ende der Stadt zum anderen beförderte: die städtische Sänfte.

Wenn Leipzig auch als freie Handelsstadt über einige Stadtprivilegien verfügte, die eine gewisse Großzügigkeit garantierten, wies doch eine dunkle, nüchtern und einförmig gebaute Militärkaserne darauf hin, daß es mit der gepriesenen Freiheit nicht allzuweit her war. Hier in der „Pleißenburg" repräsentierte der Stadtkommandant kursächsische Macht, von deren Gnade und Verfügungen auch die „freie" Stadt Leipzig abhängig gewesen war. Auch Leipzigs Bürger wurden von dem säch-

Thomaskirche zu Leipzig

sischen Fürstenhause geschröpft, um die prächtige und teure
Hofhaltung in Dresden zu bezahlen.

Trotz dieser ziemlich bedrohlich anmutenden Wasserburg
aber ließ es sich in Leipzig nicht schlecht leben.

Suchte jemand ernsthafte Erbauung, so konnte er sich allsonntäglich sowie zu den Fest- und Feiertagen zu „reicher Kirchenmusik" einladen lassen. Immer fanden sich aber auch außerhalb der Kirchen genügend Gelegenheiten, prächtige
Musikaufführungen zu veranstalten. Besonders beliebt waren
die Huldigungsmusiken zu den Geburts- oder Namenstagen
des sächsischen Herrscherhauses, die jährlich mit großem Aufwand begangen wurden.

Für solche Zwecke standen der Stadt viele Möglichkeiten zu
Gebote. Es gab nicht nur die Ratsmusik, die eingesetzt werden
konnte, sondern auch zwei studentische Musiziervereinigun-

gen, die „collegia musica", die mehrmals wöchentlich die instrumentalspiel- und sangesfreudigen Mitglieder der Studentenschaft vereinigten und sonntags die Thomaskantorei verstärkten und dann gemeinsam mit den Chorknaben der Thomasschule auftreten mußten.

Von der „neurenovierten" Dienstwohnung im Kantorenflügel des Schulhauses ist die Familie Bach nicht gerade begeistert. Zwar sind die Wände der Stuben alle frisch getüncht und die nötigsten Reparaturen von Handwerkern ausgeführt worden. Aber die Räume sind klein und stickig. Und, was alle als besonders unangenehm empfinden, sie sind viel zu dunkel.

Diese Wohnung wurde seit Jahrhunderten von den Thomaskantoren bewohnt, und daran würde sich wohl auch in nächster Zukunft nichts ändern.

Anna Magdalena ist nicht ganz so zuversichtlich wie ihr Mann, der mit seinen Gedanken schon bald nach Ankunft wieder inmitten der Arbeit steckt und viele Pläne hat. Über die Muffigkeit der Stuben kann auch die überaus schöne Aussicht auf Leipzigs Umgebung nicht hinwegtrösten. Was nützt ihnen der Ausblick auf umliegende Wälder, Felder und Wiesen, wenn die Heranwachsenden sich nur zwischen den dicken Mauern der kasernenähnlichen Thomasschule, in der Küche und den dazugehörigen Räumen bescheiden tummeln können?

Anna Magdalenas erste eigene Tochter, die im Februar 1723 geborene Christiana Sophia Henrietta, ist bei der Übersiedlung nach Leipzig wenige Wochen alt und ein winziges, zartes Kind. Wird es seine Lebenskraft in diesen Verhältnissen stabilisieren können und die schwierigen ersten drei Jahre überleben? Oder hat die Mutter zu befürchten, wie Bachs erste Frau Maria Barbara immer wieder Kinder wegsterben zu sehen? Und mit Sicherheit wird sie mit einer Anzahl von Kindern, die einander folgen wie die Orgelpfeifen, zu rechnen haben. Ihr Mann ist bestimmt ein ebenso temperamentvoller wie auch rücksichtsloser Ehemann und Liebhaber gewesen, der das Bi-

Wohnraum einer bürgerlichen Familie um 1700

belwort „seid fruchtbar und mehret euch" allzu wörtlich genommen hat. Der außerdem – diese Erfahrung hat die junge
Frau in ihrer erst kurzen gemeinsamen Zeit schon machen
können – alle seine Probleme, fast jeden Unmut und Zorn im
ehelichen Schlafzimmer abzureagieren pflegt! Bach ist vernarrt
in seine mehr als sechzehn Jahre jüngere, attraktive Frau, die
ihm treu ergeben ist, demzufolge aber auch ausgeliefert.

Die Arbeitssituation für Bach ist in der Wohnung denkbar
schlecht. Nirgendwo gibt es einen Platz, wo er in Ruhe schreiben kann. In den Zimmern rumoren die Kinder, auf den Stie-
gen poltern die Zöglinge von Übung zu Übung treppauf, trepp-
ab. Kurzum, der Lärm ist unerträglich.

Unbedingt muß Abhilfe geschafft werden. Ein Umbau

Kücheneinrichtung um 1700

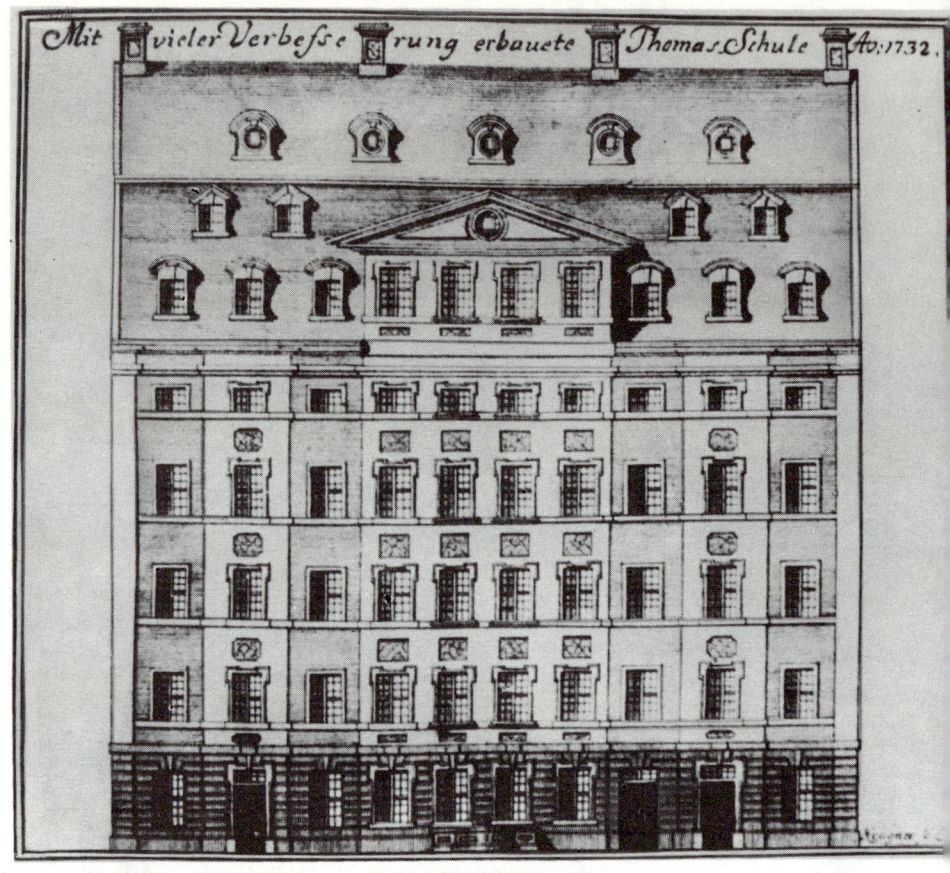

Erweiterte Thomasschule nach dem Umbau 1732

könnte eine Verbesserung herbeiführen. Aber woher soll die Schule das Geld für einen Umbau nehmen? Sie ist relativ arm, und ob die Stadt einen solchen Plan zu finanzieren bereit ist, muß erst erfragt werden. Leicht wird es nicht sein, die Mittel für eine Aufstockung zu erhalten, obwohl dies die einfachste Form einer baulichen Veränderung wäre.

Eingaben über Eingaben werden gemacht, vom Rektor der

166

Schule, vom Kantor und von den Lehrern befürwortet. Trotzdem bedarf es noch mehrerer Jahre Geduld. Erst dem späteren Rektor Gesner gelingt es, die Stadtväter für einen wohldurchdachten Plan, der eine billige Variante jeder Vergrößerung darstellt, zu gewinnen.

Endlich wird dann 1732 mit der Erweiterung des alten Schulbaus begonnen. Der Kantor muß mit der Familie seinen Wohntrakt verlassen und findet vorübergehend Unterkunft bei einem Freund in der Hainstraße. Nach Abschluß der Arbeiten hat sich die Wohnsituation der Familie Bach dann wesentlich verbessert.

Jetzt stehen endlich genügend Wohnstuben zur Verfügung. Verteilt über mehrere Stockwerke, gibt es nun Schlaf- und Wohnzimmer für Eltern und Kinder, sogar einen Speiseraum, eine kleine Bibliothek und die sogenannte „Componierstube" des Familienoberhauptes. In diese kann sich Bach in den wenigen dienstfreien Stunden zurückziehen. Hier findet er Ruhe, um seine Kompositionen in aller Eile zu Papier zu bringen, die wichtigsten Briefe zu schreiben, nachzudenken oder auch Bücher zu lesen. Obwohl diese Kammer separat gelegen ist und angenehm still, verliert Bach doch keinen Augenblick das Familientreiben aus den Augen. Von hier aus hört er das Klavierspiel der Söhne, kann dazwischenfahren und ihnen auf die Finger klopfen, wenn ihnen Fehler unterlaufen. Hier schnurren ihm die Ältesten ihre auswendig gelernten lateinischen Vokabeln herunter und alle Regeln der Grammatik.

Muß Bach ins Musikzimmer der Schule, um mit seinen jungen Chorsängern Stimmübungen zu machen oder seine Kantaten einzustudieren, so braucht er nun nicht mehr bei Wind und Wetter über den kalten Hof, sondern gelangt direkt durch eine Seitentür seiner Wohnung dorthin.

Als Bach 1723 sein Amt antritt, herrscht an der Thomasschule ein heilloses Durcheinander. Ernesti senior – bereits seit 1684 als Rektor der Schule tätig – ist außerstande, seines Amtes noch zum Besten der Schule und vor allem der Schülerschaft zu walten. Er hat den Überblick verloren. Der Ruf des Instituts in der Leipziger Öffentlichkeit ist gefährdet.

Disziplin und Ordnung gibt es nicht mehr. Die Schüler kommen und gehen, wann sie wollen. Im Umgang mit den Studenten, die an den Kirchenmusiken beteiligt sind, schnappen sie allerlei auf, was sie aufwiegelt und alle vorgeschriebenen Schulregeln außer Kraft setzt. Auch die Studenten haben in den zurückliegenden Monaten begonnen, in ihrer Freizeit Unfug zu treiben. Sie sind es gewohnt, mehrmals wöchentlich an den Proben der Thomasschüler teilzunehmen. Aber seit Kuhnaus Tode fehlt ihnen der Zwang eines geregelten Probendienstes. Auch aus diesem Grunde sind Stadtrat und Leitung der Universität nun froh, endlich wieder einen Kantor zu haben.

Die Lehrer werden der rapide um sich greifenden Verwahrlosung nicht mehr Herr. Sie können sich nicht darüber einigen, wie man die Jugendlichen zur Räson bringt. Jeder der beteiligten Pädagogen hält immer seine eigene Methode für die richtige. Seit Monaten sind deshalb alle Erzieher hoffnungslos zerstritten, und die Knaben können augenblicklich mit keiner der vorgeschlagenen Methoden wirklich zur Disziplin angehalten werden.

Selbstverständlich reagieren die Schüler auf jede nur spürbare Uneinigkeit ihrer Lehrer mit noch größerer Respektlosigkeit. Einige „unterstehen" sich sogar, „auf ihre praeceptores Pasquille zu machen", auf ihre Vorgesetzten Spottverse zu dichten. Das ist so ungefähr das Schlimmste, was einem ehrsamen Bürger passieren kann. Treffen derartige Spötteleien eine hochgestellte Persönlichkeit und werden sie an die Öffentlich-

Johann Heinrich
Ernesti (1652–1729)

keit getragen, so muß der Verfasser – falls er mündig ist – mit
langen Kerkerstrafen rechnen. Die minderjährigen Schüler
aber werden von niemandem belangt und schlagen deshalb zü-
gellos über die Stränge. Von Ehrerbietung, Achtung oder gar
Zuneigung zu den Lehrern kann nicht mehr die Rede sein.

Schulleitung und Stadtbehörde sind ratlos. Allerdings auch
ohne jedes Einfühlungsvermögen und jede Einsicht in die al-
tersbedingten Probleme halbwüchsiger Jungen.

So zufrieden man seitens der Schulleitung auch mit der Kir-
chenmusikausübung des verstorbenen Kuhnau gewesen war, so
wenig hatte man in seinen letzten Jahren seiner Toleranz bei
der Handhabung der Schulgesetze beipflichten können. Vieles
hatte er durchgehen lassen. Dummheiten, Übertritte und in re-

gelrechtes Schulschwänzen ausartende Versäumnisse wurden von ihm übersehen. Vielleicht hatte er sie, wie später Ernesti, schon gar nicht mehr bemerkt!

Auch auf diesem Gebiet erhoffte man durch die Verpflichtung Johann Sebastian Bachs eine durchgreifende Verbesserung der Situation. Vielleicht konnte er mit strafferen Erziehungsmethoden, mit Strenge etwas ausrichten. Seinen Söhnen jedenfalls schien er ein guter und unnachsichtiger Vater zu sein. Und beides bedeutete derzeit dasselbe. Nicht nur im nördlicheren Preußen galten im 18. Jahrhundert Zucht, Ordnung und Rohrstock als wichtigste Mittel bei der Erziehung heranwachsender Knaben.

Mädchen blieben von diesen harten Regeln ohnehin verschont. Sie waren ja nur dazu da, später Kinder zu gebären, dann ihre Männer, die Brüder und die Alten zu betreuen. Demzufolge wurden sie schon von frühester Kindheit an ihren Müttern überlassen. Sobald sie helfen konnten und mit ihren Händen über die Tischkante reichten, wurden sie in Küche und Kinderstube gesteckt. In ihrer freien Zeit durften die Mädchen, wenn sie nicht gerade etwas zu flicken oder zu sticken hatten, öfter spielen als die Knaben, welche schon früh darauf ausgerichtet wurden, als künftige Erwachsene – als Männer – später die Rolle des Familienoberhauptes oder anderer Vorstände zu übernehmen. Für die Jungen waren deshalb Zuchtrute und harte Strafen schon für kleinste Ordnungsvergehen an der Tagesordnung.

Dies galt natürlicherweise ganz besonders an einer Internatsschule, wo Jugendliche in großen Gruppen zusammen leben mußten, fast möchte man sagen: zusammengepfercht dahinvegetierten. Die Knaben waren häufig abgestumpft und machten sich nichts aus den Strafen, die zudem oft nur verbal angedroht, aber aufgrund der herrschenden Feindschaften im Kollegium nicht vollzogen wurden. Kaum einer mußte fürchten, bei Nichtbefolgen der Schulordnung der Schule verwiesen zu werden.

Mit der ihm eigenen Willensstärke, seiner Hartnäckigkeit und der anfänglichen Unnachgiebigkeit in seinen Amtspflichten gelingt es dem neuen Kantor in kurzer Zeit, tatsächlich nicht nur die Qualität des Chores, sondern auch die Disziplin zu verbessern. Sehr bald gewöhnen sich die Schüler an die ungewohnte Strenge Bachs, die ihm in seinen ersten Leipziger Jahren Autorität verschafft. Die Schüler merken schnell, daß die Forderungen Bachs zu ihrem Besten sind. Ihre Renitenz läßt allmählich nach, zumal sie bald spüren, daß der Kantor nicht nur ein strenger Lehrer, sondern auch ein großartiger Musiker ist.

Der Dienst der Thomas-Alumnen nimmt jetzt, da Bach täglich harte Proben ansetzt, nahezu ihre ganze Zeit in Anspruch. Zusätzlich müssen die plötzlich vor diese neue Lernsituation gestellten Jungen in den wenigen freien Abendstunden das wissenschaftliche Schulpensum büffeln. Täglich muß Latein gepaukt werden, das neben Musik wie an allen derzeitigen Lateinschulen als wichtigstes Unterrichtsfach gelehrt wird. Tagsüber haben sie zu üben und nochmals zu üben, ihre Stimmen zu lernen, Noten zu schreiben, gegebenenfalls Instrumentalspiel zu treiben. Auch die Musikstunden sind anstrengender als zuvor. Bei aller Vertrautheit mit den verschiedenen Musikstilen klingen ihnen die Kantaten ihres Kantors neuartig und zum Teil harmonisch befremdend. Trotzdem kann sich kaum einer dem Eindruck dieser Kompositionen entziehen.

Während seiner ganzen Amtszeit bleibt Bach unerbittlich bei der Durchsetzung seiner musikalischen Intentionen. Schon vor 1724 ist der Gesamtchor der Thomasschule aufgeteilt in vier Kleinchöre, welche die sonntäglichen Gottesdienste auch anderer Kirchen musikalisch zu betreuen haben. Bach nimmt bald eine Neuaufteilung vor. Er verfährt hier rigoros, fast selbstherrlich. Für seine eigene Musik in den beiden Stadtkirchen St. Thomas und St. Nikolai behält selbstverständlich er die besten Schüler. Schließlich will er für seine Kantatenaufführungen nur jene musikalisch zuverlässigen Sänger einsetzen, die alle Voraussetzungen für die gewünschte Qualität der Interpretation mitbringen. Er bestimmt auch später:

„In die Peterskirche kömmt der Ausschuß, nemlich die, so keine Musik verstehen, sondern nur notdürftig einen Choral singen können."

Schüler, die sich kaum oder überhaupt nicht für die Aufführung seiner Musik eignen, interessieren ihn nicht. Was soll er mit unbegabten Knaben anfangen, die eigentlich nur gnadenhalber in die Schule aufgenommen werden?

Seine abwertende Formulierung „Ausschuß" bezieht sich allerdings nur auf fehlende Musikalität der Schüler, keineswegs bedeutet sie eine soziale Einstufung. Denn Strenge und Unerbittlichkeit in allen seine Musik betreffenden Angelegenheiten sind nur zwei seiner Eigenschaften. Andere sind ausgeprägter Gerechtigkeitssinn und Verantwortungsgefühl für die Gesundheit der ihm und der Schulleitung anvertrauten jungen Menschen, die ihn während seiner gesamten Amtszeit erfüllen. Nicht nur einmal wird er vorstellig bei den Schul- und Stadtbehörden mit dem Anliegen, für die Schüler bessere Lebensbedingungen zu schaffen.

Die hygienischen Zustände in der Schule sind mangelhaft. Nicht selten – vor allem zu Zeiten der Neuaufnahmen – müssen mehrere Knaben in einem Bett schlafen. Nur ihre totale Erschöpfung sorgt dafür, daß sie überhaupt Schlaf finden. Jeden Morgen stehen sie blaß und übernächtigt auf. Das Schulessen ist schlecht und nicht ausreichend, außerdem gehaltlos und ohne Geschmack. Im Sommer schmeckt es manchmal nicht ganz so fade, weil die selbstgezogenen Küchenkräuter aus dem kleinen, an den Schulhof grenzenden Gärtchen für etwas Abwechslung sorgen. Aber von Kräutern werden die Jungen natürlich nicht satt.

Bach weiß aus eigener Erfahrung, daß der Hunger Halbwüchsiger uferlos und kaum zu stillen ist. Noch dazu, wenn es

172

täglich einen so anstrengenden Dienst zu absolvieren gilt wie an dieser Internatsschule. Zum Glück gibt es mehrmals wöchentlich eine „Brautsuppe" nach einem Hochzeitssingen oder die Reste eines üppigen Leichenschmauses, die dann gierig verschlungen werden. Naturalien, welche sich die Knaben in der kalten Jahreszeit mit den Currenden ersingen, kommen ausnahmslos in die Schulküche, damit sie alle etwas davon haben. Immer wieder aber müssen dann die Jungen zusehen, wie ihnen von Lehrern und dem Schuldiener die besten Bissen weggeschnappt werden.

Von dem Ungeziefer, von dem die Schlafräume, die Küche und leider auch die Suppentöpfe wimmeln, ganz zu schweigen. Das wird von den schmutzigen, hungrigen und verlausten Jungen schon gar nicht mehr wahrgenommen. Der Hunger ist größer und qualvoller als der Ekel vor Schaben.

Einflußreiche Eltern hätten hier möglicherweise Abhilfe schaffen können. Aber deren gibt es nicht viele, denn die Thomasschule ist eine „schola pauperum", eine Schule der Armen. Außerdem nimmt man derzeit solche Mißstände nicht ernst. Kaum ein Vater ist bereit oder einsichtig genug, den vorgebrachten Klagen seines Sprößlings nachzugehen. Die meisten sind sowieso froh, daß sie ihren Nachwuchs auf dieser renommierten Schule untergebracht haben. Dieses Privileg will niemand aufs Spiel setzen. Die Jungen haben gefälligst gehorsam zu sein und die Vorschriften genau einzuhalten.

Für Lehrer und Schüler werden diese Zustände auf die Dauer unerträglich. Auch für Bach verschlechtert sich die anfänglich gute Situation. Im Laufe der Jahre wird die Schularbeit für ihn zu einer fast unzumutbaren Belastung und wiederum Ursache manchen Streites mit seinen Vorgesetzten.

Gleich nach Amtsantritt bricht für Bach eine Zeit angestrengter Tätigkeit an. In Weimar hat er als Hoforganist monatlich eine Kantate liefern müssen, hier in Leipzig wird ihm jeden Sonntag eine abverlangt. Im Jahre 1723 kommt es von Mitte Mai bis zum „3. Weihnachtstag" zu dreiunddreißig Erstaufführungen: einunddreißigmal erklingt im Gottesdienst eine neue Kantate, zweimal ein lateinisches „Sanctus". Mit vier Kantaten ist die Anzahl der Wiederaufführungen verschwindend gering.

Zu den neukomponierten Kantaten des Antrittsjahres gehört „Ein feste Burg ist unser Gott" für die Reformationsfeier am 31. Oktober. Ihrer stilistischen Stellung nach datiert diese Kantate bereits in die mittlere Weimarer Zeit. Doch scheint sie dort nicht aufgeführt worden zu sein. Wie bei der Kantate „Christ lag in Todesbanden" liegt auch ihr ein Lutherchoral zugrunde, der um 1527 während des Religionskampfes zwischen dem aufkommenden Protestantismus und fortschrittsfeindlichen Katholizismus für die Anhänger der neuen Konfession fast zu einer Bekennungshymne geworden ist. Während Bach aber in Weimar lediglich die zweite Choralstrophe aufgegriffen hat, bedient er sich bei der Leipziger Überarbeitung für den Reformationsgottesdienst nun aller vier Strophen.

Bachs Anliegen und gestalterisches Vermögen, den Text auszudeuten, tritt in dieser Kantate sehr sinnfällig in Erscheinung. Das Werk hat seine stärksten Momente dann, wenn es gilt, allen Anfechtungen der Gewalt und der Unmenschlichkeit zu trotzen – „und wenn die Welt voll Teufel wär" –, und das Gegenspiel reich figurierter Instrumentalstimmen sich der eindrucksvollen Choralmelodie unterordnet und schließlich sogar in diese einstimmt.

Das erste volle Leipziger Arbeitsjahr 1724 bringt vierundvierzig Erstaufführungen und zwölf Wiederaufnahmen früher geschaffener Kantaten. Besonders bemerkenswert in diesem

Jahrgang sind „Wer nur den lieben Gott läßt walten" und „Jesus schläft, was soll ich hoffen". In diesen Kantaten beweist sich Bachs Gestaltungsvermögen in ganz besonderem Maße.

Ohne in die Gefahr bloßer „Tonmalerei" zu verfallen, deutet er die Textworte so aus, daß auch die Musik als Träger größter Bidlhaftigkeit angesehen werden darf. Über mehrere Takte verwendet er in „Jesus schläft, was soll ich hoffen" lang ausgehaltene Töne zum Beispiel bei den Wörtern „schläft" oder „hoffen". Darunter wird moduliert, um den Gegensatz zum Schlaf, die Bewegung, die Aktion, darzustellen. Zwar schläft Jesus, aber um ihn her geht etwas vor! Verblüffende, immer völig unerwartete Harmonien deuten an, daß sich alles anders entwickelt, als auch vom Texte her gehofft oder erwartet wird. Hier zeigt sich wieder die für Bach typische Haltung musikalischer Verweigerung und Fragestellung. Die Bitte „leite mich" bringt eine absteigende Folge von Tönen. Bei dem Wort „Gefahr" fällt plötzlich gleichsam wie eine Drohung oder eine Warnung ein fremder Ton ein. Ein Baß-Arioso „Ihr Kleingläubigen, warum seid ihr so furchtsam?" bleibt auch musikalisch als offene Frage unbeantwortet.

1725 und 1726 werden in Leipzig insgesamt einundneunzig neue Kantaten zur Aufführung gebracht. Davon stammen drei aus der Feder Telemanns und 1726 achtzehn von einem Verwandten, dem Vetter Johann Ludwig Bach. Die Zahl der Wiederaufnahmen beschränkt sich in diesen zwei Jahren auf nur sechs. Unter ihnen ist am Karfreitag 1726 die Markus-Passion von Reinhard Keiser.

Warum bedient sich Bach gerade in jenen zwei Jahren während der Gottesdienste so vieler fremder Werke? Fehlt ihm vielleicht die innere Ruhe, eigene Kompositionen zustande zu bringen?

Aus den wenigen überlieferten Lebensdaten der Familie darf geschlossen werden, daß es ganz private Nöte und Sorgen waren, die Bach derzeit am Komponieren hinderten.

Ihn bedrückt während dieser Zeit der Kummer um das

knapp dreieinhalbjährige, durch besonderen Liebreiz bezaubernde Töchterchen Christiana Sophia Henrietta, das erste sehr geliebte Kind aus seiner Ehe mit Anna Magdalena. Das Mädchen ist ein Ebenbild der Mutter und ihm daher ans Herz gewachsen. Aber seit Monaten schon kränkelt das Kind, und der Hausarzt bescheinigt ihm nur noch eine kurze Lebensfrist. Das Krankheitsbild ist nicht eindeutig. Anna Magdalena und ihr Mann stehen verstört und ratlos am Krankenlager ihres geschwächten Kindes. Die älteren Geschwister aus erster Ehe erleben dies nicht zum ersten Male. Die Knaben Friedemann, Carl Philipp Emanuel und Gottfried Bernhard drücken sich scheu und etwas verlegen in den Winkeln des Hauses herum. Kaum jemand kümmert sich um sie. Und wieder fühlen sie sich durch das traurige Schweigen und die bedrückende Stille, wohl auch durch das gemeinsame Leid des Vaters und der neuen Mutter eher peinlich berührt als betroffen. Catharina Dorothea, schon 18 Jahre alt, versorgt zusammen mit der Mutter liebevoll und geduldig die erst im Februar 1723 geborene Halbschwester. Im Juni des Jahres 1726 verlischt trotz aller Krankenpflege das Leben des Mädchens. Sein Tod läßt Leere und unzählige offene Fragen zurück.

Zu diesem schmerzlichen Verlust aber gesellt sich eine andere, schwerwiegende Sorge, die von den Eltern kaum begriffen, geschweige denn bewältigt werden kann: Der im Februar 1724 geborene Sohn Gottfried Heinrich scheint offensichtlich in seiner Entwicklung zurückzubleiben. Noch immer spricht er nicht, obwohl alle Familienmitglieder sich die größte Mühe mit ihm geben. Selbst für Wortfetzen reicht weder sein Gedächtnis noch seine Spachfähigkeit aus. Auf behutsame und aufmunternde Anrufe der Mutter reagiert der Junge kaum. Nur hin und wieder verzieht sich sein Mund zu einem kleinen blöden Grinsen. Die Bewegungen bleiben sonderbar abnorm und sind nicht altersentsprechend. Fast immer liegt der Knabe halb aufgerichtet, von Kissen abgestützt, in einem bettähnlichen Gestell, das von einer Stube in die andere gerollt werden kann.

Ist die Familie um ihn, so gibt er als einzige Anzeichen von Teilnahme stammelnde Laute von sich.

Die Eltern sind verzweifelt. Was soll einmal werden, wenn sie den Jungen nicht mehr betreuen können? Wird eins von den „Großen" ihn zu sich nehmen? Eine ältere Schwester vielleicht, wenn sie heiratet? Schon der Gedanke, daß Gottfried Heinrich einmal in das städtische „Tollhaus" aufgenommen werden muß, läßt die Eltern erschauern. Weiß man doch, wie es dort zugeht. Die Insassen vegetieren wie die Tiere, und kaum einer hat die Chance, dort jemals wieder herauszukommen.

Der Thomaskantor ist krank an Geist und Gemüt. Ist dieser Widersinn, den er so schmerzvoll erleben muß, wirklich die gepriesene „Gerechtigkeit des Herrn"? Bach gerät in eine tiefe Krise. Er vermag nicht nur kaum zu arbeiten, sondern scheint auch mit seinem Gott zu hadern. Gedanken, daß er selbst diese Fehlentwicklung mitverschuldet haben könnte, liegen ihm fern.

Ideen für neue Werke, auf die seine Vorgesetzten und auch ein Teil seiner Gemeinde allsonntäglich warten, sind verworren und zähflüssig. Kaum vermag er sich auf die praktische Kantorentätigkeit zu konzentrieren. Kantaten, die bereits geschrieben worden sind, legt er in die Schublade, weil er sich mit deren Aussage zur Zeit nicht mehr identifizieren kann. Das Komponieren geht ihm überhaupt nicht von der Hand. Dabei stehen zwei wichtige Ereignisse ins Haus: der Geburtstag des Grafen Flemming und der jährlich im August stattfindende Ratswechsel. Aus den daraus resultierenden Verpflichtungen darf er sich nicht zurückziehen. Wie aber soll er seinen Sinn auf derartig repräsentative Freudenfeste richten? Gerade jetzt, wo ihm zum ersten Male der Boden unter den Füßen zu wanken droht, wo er die Sicherheit verloren hat, daß dieses Leben einen Sinn hat.

Dringend braucht er Hilfe und sucht sie im Bibelwort. Doch immer wieder schweifen seine Gedanken ab, immer wieder vertieft er sich deshalb von neuem in Texte, die von der Gnade Gottes sprechen, liest wiederholt das 13. Kapitel aus dem Brief an die Hebräer und notiert sich einen Satz aus dem 5. Abschnitt: „Ich will dich nicht verlassen noch versäumen." Aber zunächst gleitet dieser Zuspruch an ihm ab. Er *ist* jetzt verlassen! Die Buchstaben nimmt er zwar wahr, ihren Sinn aber muß er erst wieder begreifen lernen.

Zudem muß er seiner völlig erschöpften Frau beistehen, die, von all den Ereignissen am meisten betroffen, ihm größte Sorge bereitet. Mit viel Mühe und innerem Kraftaufwand schreibt er dann trotzdem die verlangten Festkantaten und führt sie auch auf. Die Arbeit tut ihm gut, und ganz allmählich findet er in seine kompositorischen Aufgaben zurück. Aus ihnen und der täglichen Bibellektüre holt er sich endlich Trost und Beruhigung.

Jetzt erinnert er sich der Sammlung „Gottgefälliges Kirchenopfer" von Georg Christian Lehms. Dessen Zeilen sprechen genau das aus, was Bach fühlt und denkt: den Zweifel an jeder Gerechtigkeit, welcher ihn lähmt, die Ängste, sich selbst zu verlieren und in teilnahmslose Starre zu verfallen. Wie konnte es geschehen, daß das, was sonst laut der Heiligen Schrift als Wunder der Schöpfung gepriesen wird, bei seinem Sohn sich in Schlechtes verkehrt hat? Gott vermag doch alles! Oder etwa doch nicht? Weshalb muß gerade ihn ein solches Unglück treffen? Immer wieder sterben ihm Kinder. Und nun die Erkenntnis, daß ein Sohn blöde ist!

Es treibt ihn, sich auch in seiner Musik dieser Not, dieser Angst, diesen bohrenden Fragen zu stellen, die der erneute Todesfall und das Wissen darum, daß eins seiner Kinder zeitlebens hilflos bleiben wird, mit sich gebracht haben. Nur, indem er es niederschreibt, kann er vielleicht wieder zu sich selbst finden und die qualvolle Lethargie überwinden. Lehms Kantatentext „Geist und Seele wird verwirret" kommt ihm in seiner gegenwärtigen Verfassung deshalb nahe, weil seine Gedanken mit dem darin Ausgesprochenen übereinstimmen.

Aus der Kantate „Jesus schläft, was soll ich hoffen"

Diese Kantate „Geist und Seele wird verwirret" wird nun die erste von einer Gruppe, die im Jahre 1726 einerseits durch konfliktbewältigenden Schaffensprozeß, andererseits durch Zurückgreifen und Erstaufführung von vorher Entstandenem den Schmerz und die Zweifel an „Gott und der Welt" abzubauen hilft. Zu der Gruppe gehören „Ich will den Kreuzstab gerne tragen" und „Was Gott tut, das ist wohlgetan" aus dem Jahre 1724. Auch die gleichsam zurückblickende, am 1. Januar 1727 erstaufgeführte Neujahrskantate (entstanden 1725) „Ach Gott, wie manches Herzeleid" ist hier hinzuzuzählen. Bedenkt man die chronologische Reihenfolge ihrer Aufführungsdaten, dürften autobiografische Aspekte nicht ausgeschlossen werden.

Bei der Niederschrift jedes Tones, jeder Melodie durchlebt Bach noch einmal alles, was ihm Qualen verursacht. Doch er wird während dieses Prozesses freier, allmählich ist auch Beruhigung zu hören. Der Schmerz ist gleichsam „geläutert".

Wenn man sich diese Kantaten aus verschiedenen Entstehungszeiten im Zusammenhang anhört, so ist ein gewaltiger, langwieriger, fast existenzgefährdender Sublimierungsprozeß, der hier seine musikalische Entsprechung findet, eindeutig nachvollziehbar.

Bach verwendet in diesen Werken Texte unterschiedlicher Herkunft, greift alte Kirchenlieder auf und vertont Bibelsprüche. Die Frage „Wie lange soll ich Tag und Nacht um Hilfe schreien? Und ist kein Retter da!" findet gleich zweimal die entsprechende, ersehnte Antwort: „Ich bin bei dir" und: „Ich will dich nicht verlassen noch versäumen." An diesem Bibelwort hatten sich seine Gedanken festgehakt. Bach hat nun in seine Welt, in seine Musik zurückgefunden. Auch sein gesundes psychisches und physisches Naturell ist ihm in diesem Kampf zugute gekommen.

Die von ihm während des ungeheuren Leidensdruckes getroffene Auswahl der verbalen Formulierungen für seine Empfindungen und Gedanken wird beim Komponieren und auch beim Interpretieren in Musik umgesetzt. Nach qualvollen

Konflikten teilt Bach sich jetzt endlich mit. Eigenes Leid, die menschlichsten Erfahrungen von Tod, Verlust und unheilbarer Krankheit werden auf diese Weise verallgemeinert und zum Ausdruck des Leides der gesamten Menschheit. Der Sublimierungsprozeß, der sich bei der Niederschrift und während der klanglichen Realisierung dieser Musik vollzieht und der weit über die Textvorlagen hinausgreift, bewirkt auch bei ihm eine neue Qualität des Lebensgefühls.

Einheimische und Fremde, die musikalisch genug sind, erleben das, was sie hören, zunehmend weniger als liturgiebedingtes „Erbauungsmittel", sondern als Kunst. Nicht wenige allerdings empfinden Bachs neue Kompositionen zunehmend als altmodische „Musik auf Stelzen"!

Alltag im Leipziger Kantorenhaushalt

Auch in Leipzig bleibt Streit nicht aus.

Trotz allgemeiner anfänglicher – leider nur scheinbarer – Zufriedenheit kam es schon bald nach Bachs Amtseinführung zu ersten Mißhelligkeiten und Verstimmungen mit den Vorgesetzten.

Der Ärger begann damit, daß sich Bach der Verpflichtung, lateinischen Elementarunterricht zu erteilen, entzog. Telemann hatte ihn schließlich davon unterrichtet, daß der Schulrat Leipzigs dessen Weigerung, diese alte Sprache zu lehren, damals akzeptiert und sogar vertraglich festgelegt hatte. Wieso sollte nun diese Lehrbefreiung nicht auch für ihn, Bach, gelten?

Zwar hatte Bach vermutlich die lange Zeit der Ungewißheit vor seiner festen Anstellung auch genutzt, um die Regeln dieser alten Sprache zu repetieren, aber Lust, mit diesen nicht allzu sicheren Kenntnissen als Lehrer vor seine Chorschüler treten zu sollen, verspürte er nicht. Ja, er fürchtete sogar diese

Konfrontation, weil das, was er einst in Eisenach, Ohrdruf und Lüneburg gelernt hatte, zum größten Teil bereits wieder vergessen war, er hätte sich vielleicht sogar blamiert. Dies aber wollte und konnte sich Bach keineswegs erlauben. Konsequent berief er sich deshalb auf Telemanns Befreiung von diesem Fach.

Damit jedoch kam er schlecht an! Ganz abgesehen davon, daß sich die gefoppten Honoratioren der Stadt Telemanns nicht gern erinnerten, war man auch froh, diese Zusage nicht einfach auf Bach übertragen zu müssen. Es ging also hin und her. Immer wieder versuchte Bach, sich aus dieser Klemme zu ziehen, und immer wieder drängte der verantwortliche Rat darauf, daß er diese Verpflichtung zu übernehmen hätte.

Da man den Thomaskantor aber jetzt dringend brauchte, um Ruhe und Ordnung und das Ansehen der Schule wieder herzustellen, zeigte man sich endlich bereit zu einem Vergleich: Bach werde von der Erteilung des Fachunterrichts unter der Bedingung dispensiert, daß er einem anderen Lehrer, den man dafür einsetzen müsse, jährlich fünfzig Taler aus eigener Tasche zahle! Vermutlich hatte die Behörde darauf reflektiert, daß der neue Kantor das Geld für seine Familie dringend benötigte und nichts entbehren konnte und daß er deshalb diesen Vorschlag ablehnen würde. Aber sie hatten sich verrechnet. Bach stimmte dem Vorschlag, wenn auch zähneknirschend, zu. Gewonnene Zeit war ihm wichtiger als diese fünfzig Batzen, obwohl er sie dringend hätte brauchen können. Außerdem erforderte es seine Reputation, seinen Willen wieder einmal durchzusetzen. Die Lateinstunden jedenfalls war er auf diese Weise los!

Für Frau und Kinder brachte die direkt neben dem Arbeitsplatz des Vaters gelegene Wohnung manche Veränderung mit sich: Bach hielt sich öfter zu Hause auf und konnte dort mehr Einfluß nehmen, sich auch in verstärktem Maße der Erziehung seiner drei ältesten Söhne aus erster Ehe widmen, die ihn jetzt mehr als in Weimar und Köthen brauchten. Wenn der Vater

182

heiter und gelassen war und nicht gerade verstimmt oder wütend, so wurde seine größere Nähe mit Freude und Dankbarkeit empfunden. Zuweilen ging es dann lustig zu, denn der Vater erzählte gerne und überaus gewandt kleine Histörchen und Witze, die dann später zur Anekdotenbildung anregten.

War Bach aber von Proben, Orgelkonzerten, Kantatenaufführungen überanstrengt oder wegen der Querelen mit seinen Dienstherren verärgert, so schien es besser, ihn nicht anzusprechen. Dann wagten die Kinder kaum, sich zu rühren. Keiner durfte reden. Ohnehin war es Frau und Kindern am gedeckten Tisch nur erlaubt, den Mund aufzumachen, wenn sie ausdrücklich dazu aufgefordert wurden. Ein richtiges Gespräch kam deshalb bei Tische kaum zustande.

Das änderte sich allerdings in den Abendstunden, wenn Freunde vorbeikamen, um mit dem Stadtkantor die neuesten Tagesereignisse zu diskutieren. Oft wurde dann auch gesungen und musiziert. Die Ältesten durften aufbleiben und an diesen geselligen Runden teilnehmen. Anna Magdalena, die ehemalige Hofsängerin, sang „gar einen sauberen Sopran", und auch die älteste Tochter schlug „nicht schlimm" ein. Konzerte im Familienkreis „vokaliter und instrumentaliter" waren keine Seltenheit. Bach saß meist selbst am Cembalo, Freunde spielten Saiteninstrumente. Auch die im Hause lebenden Schüler, die wie eigene Kinder behandelt wurden, nahmen an diesen Hausmusiken teil. War Bach besonders gut gelaunt, so griff er selbst zur Violine und spielte eine seiner Violinpartiten aus der Weimarer Zeit. Und der Thomaskantor spielte gut! Einer seiner Schüler begleitete ihn zuweilen am Cembalo. Meist aber trug er allein etwas vor.

Stand indes die Aufführung einer neukomponierten Kantate bevor oder mußte kurzfristig anläßlich eines Fürstenbesuches eine Huldigungsmusik geschrieben und einstudiert werden, so saßen bis in die Nacht alle schreibfähigen Familienmitglieder um den großen Tisch im Speisezimmer und kopierten Noten, weil die Abschrift aller erforderlichen Stimmen vom Kopisten und von seinen Gehilfen allein nicht geschafft worden wäre. Außerdem wurde auf diese Weise nicht wenig Geld gespart. Und Sparen wurde im Hause Bach und in der Thomasschule nach wie vor groß geschrieben.

Die materielle Familiensituation hatte sich zwar kontinuierlich etwas verbessert, das Gehalt war nicht schlecht, und an Nebeneinkünften verdiente Bach obendrein recht gut. Doch die Familie wuchs und wuchs. Zwischen 1723 und 1742 wurden dreizehn Kinder geboren, von denen viele sogleich wieder starben. Dennoch war es nicht leicht, alle Mäuler zu stopfen. Zudem wuchsen auch die Ansprüche.

Unabhängig davon, daß das Leben in einer Großstadt wesentlich teurer war als in den kleinen Residenzen, legte man jetzt Wert auf eine andere Lebensqualität. Man konnte es sich sogar leisten, zweimal im Jahr eine Waschfrau zu bestellen, die für einige Groschen gemeinsam mit der Hausfrau und den Töchtern die große Wäsche besorgte. Die Hemden der männlichen Familienmitglieder kamen allerdings wöchentlich in den großen hölzernen Waschzuber, denn sie mußten zu jedem Sonntagsgottesdienste gewechselt werden und konnten nicht bis zur „großen Wäsche" warten. Diese Waschfrau scheint aber auch der einzige Luxus gewesen zu sein, der Anna Magdalena das Leben ein wenig erleichterte. An allem anderen mußte sie sparen.

Anna Magdalena ist noch jung und recht hübsch, wenngleich sehr bescheiden. Sie soll nicht zurückstehen, sondern bürgerliche Gediegenheit repräsentieren, also braucht sie ab und zu ein neues Kleid. Vor allem dann, wenn sie mit ihrem Manne auf Reisen geht. Das kommt hin und wieder vor. Gemeinsam fahren sie nach Köthen, um auf fürstlichen Geburtstagen ihre Aufwartung zu machen, oder sie werden nach Kassel eingeladen. Manchmal nehmen sie den halbwüchsigen Friedemann mit, der dann mit den Eltern zu derartigen Anlässen musiziert. Läßt es die Zeit zu, so begleitet Bach auch seine Frau bei ihren Verwandtschaftsbesuchen nach Weißenfels.

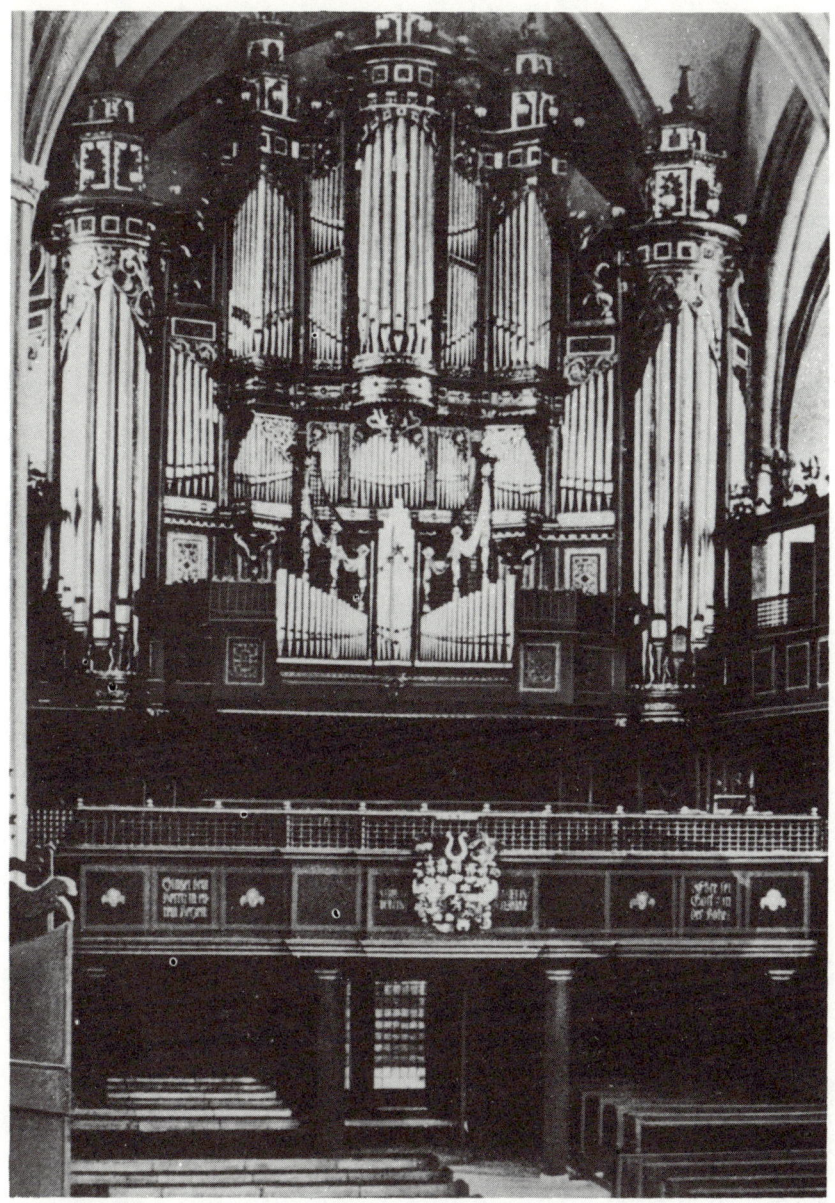

Orgelprospekt der Kirche St. Martin zu Kassel

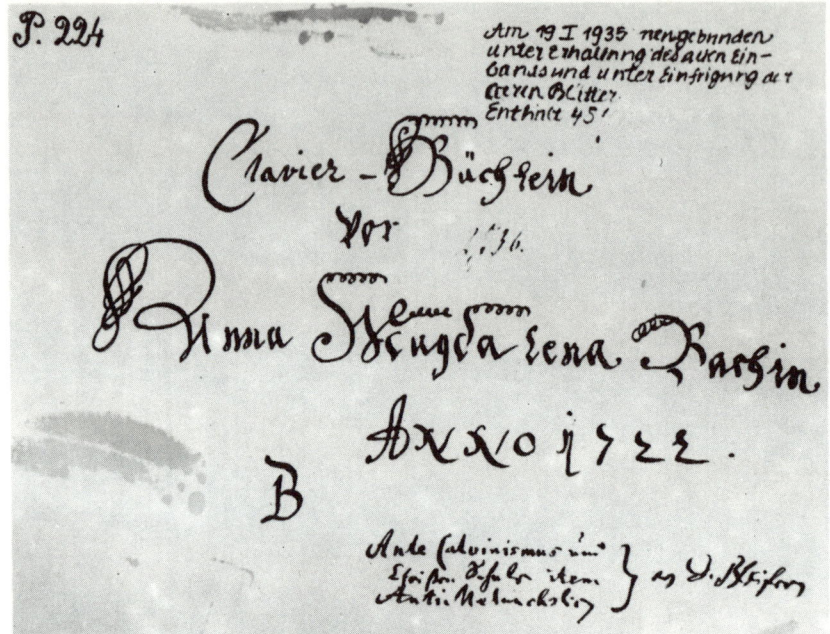

Klavierbüchlein der Anna Magdalena Bach

An den Höfen zu Weißenfels und Köthen hat Anna Magdalena, die als Hofsängerin ganz bestimmte Regeln zu beachten hatte, einst ihre Kleiderstudien treiben können. Auch in Leipzig beweist sie dann trotz gebotener Sparsamkeit Geschmack und Sinn für schlichte, unauffällige Eleganz, kann sich allerdings aufgrund fortwährender Schwangerschaften auch kaum Extravaganzen leisten.

Bach zeigt sich gern mit ihr in der Öffentlichkeit und ist stolz, wenn man ihr bewundernde Komplimente macht. Seine liebevolle Zuneigung bringt er immer wieder zum Ausdruck. Ganz besonders zeigt sie sich in der Sammlung von Klavierstücken, die er ihr widmet: „Clavierbüchlein für Anna Magdalena Bach". Darin finden sich nicht nur seine eigenen Kompositionen, sondern auch die anderer Zeitgenossen.

Die wenigen Zeugnisse, die über Anna Magdalena Bach überliefert sind, stammen von Bachs leiblichem Vetter, Johann Elias Bach, der sich seit dem Herbst des Jahres 1737 in Leipzig aufhält. In ihm findet Bach einen ebenso treuen und anhänglichen wie auch hilfreichen Sekretär. Zugleich hat Elias Bach, der an den Universitäten zu Jena und Leipzig einige Semester Theologie studiert hat, auf Wunsch des Ehepaares die Aufgaben eines Hauslehrers für die heranwachsenden Kinder übernommen. Aus seinen Briefen an verschiedene Adressaten geht hervor, daß Anna Magdalena eine „liebwerthe" Person gewesen ist, eine liebevolle Gattin und Mutter. Daraus erfahren wir auch, welchen Neigungen sie in ihrer knapp bemessenen Freizeit nachzugehen pflegte: die „Bachin" war nach diesen Äußerungen eine leidenschaftliche Blumenzüchterin.

In einem Brief vom April 1738 bittet Elias Bach seine Mutter in Schweinfurt um

„etliche Stücke gelbe Nelcken vor unsere Frau Muhme, welche eine große Liebhaberin von der Gärtnerey ist, ich weiß gewiß, ich würde ihr eine große Freude damit machen ...".

Er schreibt noch, daß sie ihre Blumen weit „höher schätzt" als die Kinder ihre Weihnachtsgeschenke; daß sie die Pflanzen so hegt,

„wie man kleine Kinder zu wahren pflegt, damit ja keines davon eingehen möge".

Kinder hat Anna Magdalena allerdings zu diesem Zeitpunkt schon mehr als genug sterben sehen müssen. Nachdem sie Christiana Sophia Henrietta so früh, nach drei Jahren, 1726 begraben mußten und der erste Sohn von Anna Magdalena, Gottfried Heinrich (1724–1763), debil ist, sterben den Bachs sechs weitere Kinder: Christian Gottlieb (1725–1728), Ernestus Andreas (1727– er lebt nur zwei Tage lang), Regina Johanna (1728–1733), Christiana Benedicta Louise (1729 bis 1730), Christiana Dorothea (1731–1732) und Johann August Abraham (1733, der bald nach seiner Geburt verstorben ist). Bachs Sohn aus erster Ehe, Johann Gottfried Bernhard, stirbt vierundzwanzigjährig 1739.

Fünf Kinder aus Bachs Ehe mit Anna Magdalena überleben die Eltern, es sind dies: Elisabeth Juliana Friederica (1726–1781), Johann Christoph Friedrich (1732–1795), Johann Christian (1735–1782), Johanna Carolina (1737–1781) und Regina Susanna (1742–1809).

Passion nach dem Evangelisten Matthäus

Als zentrales und zugleich ergreifendstes Werk ist nach den inneren, verzweiflungsvollen Kämpfen der zurückliegenden Monate 1726/27 die Matthäus-Passion entstanden.

Auflehnung gegen all die schweren persönlich-familiären Schicksalsschläge, die erstmalig Bachs Schaffenskraft gelähmt und Zweifel erweckt haben, daß diese als von „Gott gegeben" hingenommen werden müssen, das belastende Bewußtsein der Ohnmacht gegen dieses Befangensein in den Grenzen, die derzeit noch immer vom größten Teil der Menschen einem Unsichtbaren angelastet wurden, nicht aber als Versagen menschlicher Gesellschaftsstrukturen erkannt werden konnten, sind tiefer Trauer gewichen. Einem Gefühl, das Einsicht in scheinbar Unabwendbares einschließt.

Bach gewinnt eine Haltung, die nicht etwa einer Resignation gleichkommt, welche Menschen in selbstzerstörerische Untätigkeit hineinzutreiben vermag und die Teilnahme an allem und jedem ausschaltet, sondern die zeigt, daß seine Schaffens- und Lebenskraft die Krise hat bewältigen können. In einem zermürbenden Prozeß hat er die psychische Taubheit und vorübergehende Lähmung seiner schöpferischen Kräfte durchgestanden und geht nun stabilisiert aus dieser Zeit hervor.

Er wirft sich in die Arbeit, verwendet bereits Vorhandenes, schreibt um, läßt kopieren und prüft Ausgewähltes.

Bis tief in die Nacht hinein sitzt er in diesen Frühlingswochen des Jahres 1727 mit seinem Dichterfreunde Henrici – genannt Picander – zusammen, gönnt sich und seinem Librettisten nur wenige Stunden Schlaf, um den Text für die Passionsmusik dieses Jahres zu erarbeiten. Die Gestaltung dieses biblischen Stoffes in allen bisherigen Versionen stellt ihn nicht mehr zufrieden. Er will eine Passionsgeschichte vertonen, die sowohl seinen Vorstellungen in allen Punkten entspricht wie auch die Gemeinde wachrüttelt. Gedanken, daß die Gemeinde sich möglicherweise gar nicht wachrütteln lassen will, liegen ihm fern. Er verlangt eine Textfassung, die sich seinen kompositorischen Absichten nicht entgegenstellt durch Uneinheitlichkeit und verbale Überfrachtung.

Oft wird heftig gestritten, weil Henrici-Picanders Poetisierungsmanier Bach nicht gefällt. Die Sprache ist ihm zu blumenreich schwülstig, zu wenig einfach. Picander aber sträubt sich gegen Bachs Ideen. Er ist es gewohnt, so zu schreiben, und weiß sehr gut, was sein Publikum von ihm erwartet. Schließlich will er diese „Historie" auch als Buch auf den Markt bringen und so gewinnbringend wie möglich verkaufen. Er hat an seinen Arien, an den Texten der Ariosi und Duette durchaus nichts auszusetzen und wundert sich über Bachs Einwände. Seine Dichtungen entsprechen dem Zeitgeschmack.

Dies aber interessiert Bach nun überhaupt nicht. Er hat zu viel durchlitten, als daß er jetzt jeden gefälligen, oft allzu lieblich klingenden Reim für eine „große Passion" hätte akzeptieren wollen. In der Passionsgeschichte, die er nicht nur als Tragödie des Individuums sehen kann, ist für ihn nichts lieblich oder gar angenehm. Rigoros fordert er deshalb Änderungen, Streichungen, Straffungen, um das Geschehen, das Wesentliche der Aussage, alles, was der bloße Handlungsablauf nicht

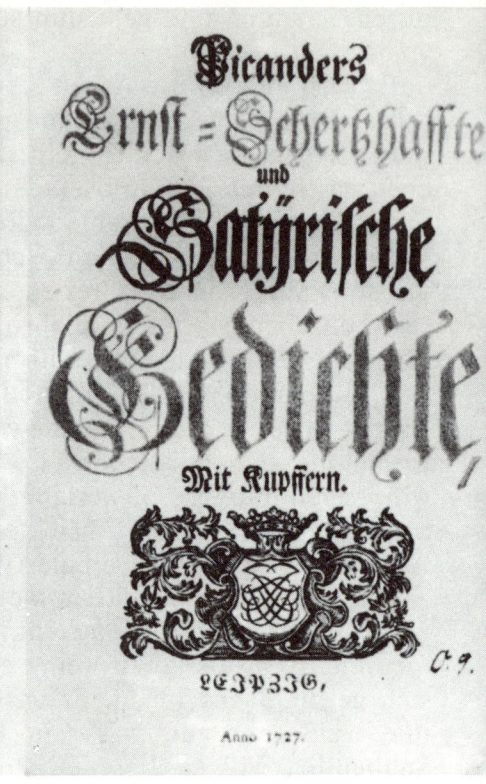

Titel eines Gedichtbandes von Christian Friedrich Henrici, gen. Picander

freilegt, deutlich zu machen und die Botschaft stärker, plastischer und menschlicher zum Ausdruck bringen zu können.

Streng ist Bach darauf bedacht, daß alles im Text mit dem Geschehen in der Bibel übereinstimmt.

Wohl oder übel muß sich Picander Bachs Plänen fügen. Gemeinsam feilen sie wochenlang an dem Text, oft entsteht gleichzeitig schon die Musik. Es wird schließlich ein Werk „wie aus einem Guß". Nichts ist mehr überflüssig, nichts hätte fehlen dürfen.

Die Passion, die er nun gemeinsam mit Picander erarbeitet

hat, verallgemeinert zwar textlich und musikalisch alles Persönliche, zeigt aber Bachs eigene tiefe Betroffenheit, sprengt jede Norm bisheriger Passionsdarstellungen.

Ebenso schwierig wie die Arbeit während des Entstehens ist die praktische Realisierung dieses Karfreitagsprogramms.

Seine Choristen muß Bach tüchtig herannehmen. Zwar hat er schon immer straff und zügig mit ihnen studiert, was er aber jetzt von ihnen verlangt, übersteigt bei weitem die Kräfte dieser Knaben und jungen Männer. Alle arbeiten fieberhaft. Er selbst gönnt sich kaum eine Pause und fordert dasselbe von seinen Chorpräfekten und allen Mitarbeitern. Oft ist Bach gereizt und mürrisch, gerät bei den Proben schnell in Rage, tobt, stampft mit den Füßen und schreit dann wütend auf die Knaben ein. Dies sind verstört und ängstlich, denn die Chöre lassen sich wirklich nicht leicht singen! In mehreren Fällen setzt er zur treffenderen Situationsschilderung Gegenchöre ein, die von ihm an verschiedenen Plätzen des Kirchenschiffes aufgestellt werden. Er will somit eine größere Transparenz des Klanges erzielen und auch das Geschehen plastischer darstellen. Nicht selten passiert es aber, daß diese Chöre nicht zusammenklingen oder daß die Sänger ihre Einsätze verfehlen. Und dann ist der ganze Effekt vertan!

Außerdem sind es nicht alle gewohnt, so hart zu arbeiten. Denn selbst jene, die Bach sonst als unmusikalisch und schlecht zum Dienst an die anderen Kirchen freigegeben hat, müssen mitsingen. Auf keinen kann er verzichten.

Für die Thomaner ist diese Anstrengungsphase vor dem Karfreitag eine böse Zeit. Wie fast zu erwarten, kommt es zu Ausfällen, denn die Überbelastung der Knaben bei so schmaler Kost und viel zuwenig Schlaf macht sie gerade in dieser Jahreszeit anfällig für Erkältungskrankheiten. Die sonntäglichen Gottesdienste in den kalten Kirchen tun ein übriges. Immer wieder sind einige heiser, haben Fieber oder, wenn es ganz schlimm kommt, gar Lungenentzündung. In den meisten Fällen können die jungen Patienten allerdings mit Kräutertees

schnell auskuriert werden. Auch hilft meist eine etwas gehalt-
vollere Kost, die in diesen Fällen wie Medizin verordnet wird.

All die unerfreulichen Zwischenfälle aber hindern den Kantor nicht, sein Programm unerbittlich durchzuziehen.

Ist er aber dann wieder mit seinen Choristen zufrieden, so
strahlt er und murmelt etwas von „braven Schäfchen" und
„fleißigen Kindern". Und dieses unnachahmliche, fast kind-
haft wirkende, schmunzelnd-verlegene, durchweg aber zufrie-
dene Lächeln, das den Ausdruck seines breiten, ja groben Ge-
sichts völlig verändert, verzaubert alle.

Sogar jene, die sich bis jetzt eingeschüchtert geduckt hatten!
Dieses Lächeln wirkt auf die ermüdeten Schüler wie eine Befreiung von einem unerträglichen psychischen Druck. Die
Angst vor den spontanen Ausbrüchen Bachs weicht in solchen
Momenten einer übermütigen, leicht hysterischen, aber akti-
vierenden und erwartungsvollen Freude. Gleich probieren alle
noch einmal. Keiner murrt, jeder versucht sein Äußerstes zu
geben. Plötzlich geht alles viel besser. Wenn der Herr Kantor
Bach nur mit ihnen zufrieden ist!

Endlich findet diese Probenquälerei ein Ende. Am Karfreitag des Jahres 1727 wird die Matthäus-Passion zum ersten
Male in der Thomaskirche zu Leipzig aufgeführt. Stadtpfeifer,
Instrumentalisten der Thomaskantorei, einige Studenten der
Universität und vor allem zahlreiche Mitglieder des collegium
musicum bilden ein recht ansehnliches Orchester. Auch für sie
alle haben die Proben harte Arbeit bedeutet, wenngleich sie
bedeutend weniger davon betroffen gewesen sind als die Chorsänger.

Keiner von ihnen aber kann sich nun dem Eindruck entziehen, den diese Musik ihres Stadtkantors macht.

Bach betritt mit der Vertonung einer Passionsgeschichte
nicht etwa Neuland. 1724 ist in der Nikolaikirche seine Johannes-Passion erklungen, deren aufwühlende Dramatik und Gedrängtheit der musikalischen Gestaltung die Gemeinde hat
aufhorchen lassen. Eine solch eindringliche Musik zu dem

wohlbekannten Passionsgeschehen indes hat man aber an einem Karfreitag in Leipzig zuvor nie hören können.

Bedenkt man, daß die Passionsmusik nur einen Teil eines Gottesdienstes ausmacht, so läßt sich vielleicht ungefähr vorstellen, was Bach mit seinen Passionen den Zuhörern zugemutet hat. Allein die Aufführungslänge sprengt jede Norm und stellt sowohl eine Überforderung der Gemeinde wie auch eine fast unzumutbare Belastung für alle Mitwirkenden dar.

Das nun im Jahre 1727 erstmalig erklungene „Passionsdrama", als welches die Matthäus-Passion nicht ganz zu Unrecht oft bezeichnet worden ist, übertrifft die Johannes-Passion sowohl an Länge wie auch – und dies vor allem – in ihrer Forderung an die Aufnahmefähigkeit, Aufnahmebereitschaft und die seelische Wachheit ihrer Zuhörerschaft. Die Musik nimmt immerhin fast drei Stunden in Anspruch!

Insgesamt dauerte also der Karfreitagsgottesdienst reichlich vier Stunden! Dieses Übermaß an Zeit und psychischer Inanspruchnahme mußte von der Gemeinde ohne Pause durchgehalten werden: auf hartem, schmalem Kirchengestühl, das keinerlei Bequemlichkeit bot, in dessen Reihen man noch nicht einmal für einen Moment die Beine ein wenig ausstrecken konnte und das somit schon durch seinen Zwang zu Gedrängtheit und unbehaglicher Enge eine physische Folter darstellen mochte.

In dieser Zuhörsituation wurde musikalisch ausführlich jene Passionsgeschichte dargeboten, deren Kern seit Jahrtausenden das zentrale Thema christlicher Glaubensverkündigung bildet. Das Publikum war nicht gerade begeistert von dieser Passionsauffassung. Für die meisten Gemeindemitglieder war alles zu langatmig. Einige Damen mokierten sich über die allzu große Opernhaftigkeit der Darstellung.

Der historische Sachverhalt der Geschichte um 36 u. Z. war etwa folgender:

Während der Regierungszeit des römischen Kaisers Tiberius wurde in der vom römischen Prokurator Pontius Pilatus verwalteten Provinz Judäa ein unschuldiger Mann hingerichtet. Dieser Jesus hatte als außergewöhnlich willensstarker und auch wortgewandter Prediger und erfolgreicher Heilpraktiker sein Land durchzogen und es in kurzer Zeit verstanden, Leute um sich zu scharen, die für ihn die notwendige Öffentlichkeitsarbeit übernahmen und „Reklame" machten.

Das Land Judäa war arm, sein Boden karg. Für seine Bewohner gab es nur das zum Leben Notwendigste her. Trotzdem wurde es von der eigenen Oberschicht, von dem korrumpierten König Herodes Antipas und einer großen Zahl reicher Kleriker, vor allem aber von den Römern, die das Land besetzt hielten, ausgepreßt und geknechtet.

Was Wunder, daß in einer solchen Situation die Sehnsucht der unterdrückten, armen, verzweifelten und in jeder Weise unfreien Menschen sich auf einen Erlöser richtete. Folglich konnte dieser Jesus, der als einen Teil seines Programms auch Erlösung von jeder Not predigte, mit einem großen Zulauf rechnen. Das von ihm gepriesene Jenseits wurde die große Verheißung! Die spektakulären Heilerfolge, die er bei einigen Kranken erzielte, und der geschickte Einsatz seiner „Ansprachen" und Bekehrungsversuche trugen ihm Ruhm und zahllose Gefolgschaft ein. Sein äußerlich anspruchsloses Auftreten, der Nimbus des Verzichts auf Besitz und eine schon fast unbescheidene Bescheidenheit brachten Bewunderung vor allem der niederen Volksschichten.

Dies alles, vor allem sein Predigen von „Erlösung im Leben nach dem Tode", entsprach aber keinesfalls dem, was die Hohenpriester ihrem Volke als alleinseligmachend seit Jahrhunderten zu predigen gewohnt und gewillt waren.

Zudem maßte er sich an, der lang ersehnte Messias zu sein, der von den Propheten angekündigt worden war. Das aber bedeutete Hochverrat! Auch an der römischen Besatzung, am römischen Kaiser. Und in diesem Punkte konnte man diesen unbequemen Wahrheitsfanatiker Jesus endlich packen. Er wurde gefangengenommen und vor den römischen Statthalter Pontius Pilatus geschleppt, damit dieser ihn richte. Dieser aber wollte sich aus den innerjüdischen Religionsstreitigkeiten heraushalten. Er war zudem nicht überzeugt von der Schuld dieses „Gerechten", dem juristisch niemand etwas Unrechtes wirklich nachweisen konnte.

In Judäa drohte offener Aufruhr. Da Rom sich aber offenen Aufstand oder gar ein Zerwürfnis mit der jüdischen Oberschicht nicht leisten konnte, mußte Pontius Pilatus ein Exempel statuieren und nachgeben. Er wusch seine „Hände in Unschuld" und machte sogar einen letzten, wohl auch aufrichtigen Versuch, Jesus freizubekommen. Er stellte dem Volk die Entscheidung anheim.

Es war aber Passah, und anläßlich dieses Festes wurde nach altem Brauch stets ein politischer Gefangener amnestiert. Jetzt war also die Wahl zu treffen zwischen zweien! Der größte Teil des Volkes entschied sich – aus welchem Grunde auch immer – für den einen „sonderlichen" unter den Gefangenen, Barrabas, und damit gegen Jesus.

Mit dieser Volksentscheidung war der Römer Pontius Pilatus seiner Verantwortung enthoben. Jesus wurde seinen Henkern übergeben. Am Richtplatz der Stadt Jerusalem wurde er liegend an die gekreuzten Holzbalken geschlagen und dann mit diesem Kreuz zwischen zwei bereits hängenden Kriminellen aufgestellt. Die Kreuzigung war übrigens eine der meistangewendeten Hinrichtungsarten der römischen Machthaber, durch welche Tausende von Opfern, auch Kriegsgefangene oder Rebellen zu Tode gequält wurden.

Die Menge Schaulustiger, Neugieriger, Zyniker und Boshafter, aufrichtig Trauernder und auch römischer Wächter wartete nun auf den Tod des „Judenkönigs", der mit seinem Gottesvater geprahlt hatte und sich selber jetzt nicht helfen konnte.

Eine fast alltägliche Geschichte also, die sich in Rom und seinen Provinzen tausendfach abspielte, wurde so zum Ausgangspunkt einer unaufhaltsamen, zunächst durchaus sozialrevolutionären Bewegung.

Ausschnitt aus der Partitur der Matthäus-Passion

Hier aber wurde der historische Kern, das Alltägliche zum Besonderen umfunktioniert. Jesus wurde zum Erlöser der gesamten Menschheit, seine Leidensgeschichte stand stellvertretend für die Leidensgeschichte aller Verfolgten und aller zu Unrecht Verurteilten. In dieser Version ist diese Geschichte zum meistbehandelten Thema der Kunst vieler Jahrhunderte geworden. Auch die Kette der Vertonungen ist vielgliedrig und lang. Und es wäre undenkbar, daß nicht auch Bach auf das Karfreitagsgeschehen zurückgegriffen hätte.

In den beiden Passionen Bachs, die lückenlos überliefert worden sind, wird die Geschichte von einem „Evangelisten" vorgetragen. Mit diesem hat es seine ganz besondere Bewandtnis! Hier erzählt nämlich einer, der dabeigewesen ist, der nicht etwa bloß davon gehört hat. Einer, der sein Erlebnis der versammelten Gemeinde kundtut. Da hört man nicht nur einen knappen, sachlichen Situationsbericht, der ohne emotionale Beteiligung dem Bibelwort folgt. Hier wird nicht nur eine Brücke geschlagen zwischen den großen Chorszenen, Arien, Ariosi und Chorälen, sondern hier schildert ein Augenzeuge, der noch immer betroffen ist von dem Erlebten. Und dieses Mitleiden, das Sich-identifizieren-Können mit Schmerz und Verzweiflung anderer, äußert sich im Text und wird von Bach musikalisch ausgedeutet. Als der Evangelist singt, Petrus „weinete bitterlich", weil er Jesus dreimal verleugnet hatte, werden diese Worte durch eine chromatische Tonfolge charakterisiert. Immer wieder – wie auch in seinen Kantaten – greift Bach zur Chromatik, wenn es ihm darum geht, Begriffe wie Schmerz, Tränen oder Kummer musikalisch zum Ausdruck zu bringen.

Daß Bach die Worte des Evangelisten mit roter Tinte in die Partitur hineingeschrieben hat, beweist, wie wichtig ihm dieser Augenzeuge gewesen ist. Das Gesamtgeschehen wird durch ihn aktualisiert und erhält tatsächlich eine theatralische Dimension, die von Bachs Zeitgenossen sehr wohl verstanden worden ist. Doch die Bürger wollten sich in einem Nachmittagsgottesdienst erbauen. Etwas Musik ließ man sich da ja gefallen, aber nun gleich soviel. Und etwas so Dramatisches! Das klang ja gerade so, als wollte Bach sich mit einer Anklage an sie richten, sie selbst aus ihrer Ruhe aufscheuchen.

Bach beschönigt nichts und zieht das, was in der Bibel nur zwischen den Zeilen steht, was aber ihre wesentliche Botschaft ausmacht, ans Licht. Schonungslos prangert er jene an, die die Macht haben, Menschen ins Verderben zu stürzen, und diese Macht anwenden, sich selbst aber jeder Verantwortung zu entziehen wissen. Ohne Mitleid stellt er in einigen Chorszenen die denkträgen und unselbständigen Mitläufer bloß, die für Erniedrigung von Menschenwürde und Armseligkeit menschlichen Leides und physischer Qual nur Spott und Hohn – oder Schweigen – finden. Eindeutig zeigt er musikalisch die Wechselbeziehung zwischen Begeisterung und Abwendung, zwischen dem „Hosianna" und „kreuziget". Er beschreibt jene Möglichkeit von Massenhysterie, die, aufgeputscht von einigen wenigen, in einem Anfall von Blutrausch spontan ein Opfer verlangt. Gleichzeitig schildert und kommentiert er aber auch abgrundtiefe Trauer über menschliches Versagen und Auswegslosigkeit, gestaltet er Teilnahme am Leid des Mitmenschen.

Mit größter innerer Bewegung stellt er sich auch hier mit allen ihm zu Gebote stehenden Mitteln auf die Seite der Verzweifelten, der Enttäuschten und Bedürftigen. Dabei schöpft er aus seinen eigenen tiefen Erfahrungen. Aber nicht nur daraus. Es sind dies die Erfahrungen aller Menschen aus entfernter und jüngster Vergangenheit und die Hoffnungen, daß ihnen allen doch endlich ein menschlicheres, lebenswerteres Leben beschieden sein möchte. Es ist die Erkenntnis aus der noch immer bitteren und trostlosen Realität.

Immer wieder kommt es in dieser Komposition zu einem leichten Anflug von Zuversicht, welche die harte Realität kurzzeitig zu mildern scheint. So fügt Bach kurz vor dem Ende der Passion ein Baß-Arioso ein, welches gleichsam wie eine Verheißung vom Frieden wohltuende Ruhe verströmt. Kaum ist anzunehmen, daß der Text von Picander stammt. In wenigen

Zeilen, wenigen Takten wird eine Taube als Friedensbote beschworen.

„… am Abend kam die Taube wieder und trug ein Ölblatt in dem Munde. O schöne Zeit, o Abendstunde. Der Friedensschluß ist nun … gemacht …"

Die ferne Möglichkeit eines Friedens wird angedeutet. Diesem Anliegen hat Bach musikalisch kaum etwas hinzuzufügen. Er beschränkt sich auf eine karge Begleitung. Der Generalbaß wird vom Organisten lediglich mit der linken Hand, „tasto solo" angedeutet. Im begleitenden, streichquartettähnlichen Instrumentalsatz dominiert die Bratsche, die als Mittelstimme besonderes Gewicht erhält. Diese wenigen Takte muten für die Entstehungszeit der Passion unglaublich modern an. Ist doch zu bedenken, daß nicht erst in der Zeit nach Bachs Tode im homophonen Satz die Mittelstimmen zunächst einmal „entmündigt" worden sind und über einen langen Zeitraum nur Oberstimme und Baß Bedeutung zugekommen ist. Erst in Quartettsätzen des älteren Joseph Haydn und dann vor allem bei Wolfgang Amadeus Mozart wird sich etwas Derartiges, wie Bach es in diesem Arioso vorausgreift, wiederholen. Das Arioso drückt also nicht nur ein für alle Zeiten gültiges Anliegen – die Sehnsucht nach endlichem Frieden – aus, sondern bedeutet auch musikalisch die Vorwegnahme einer späteren Kompositionsweise.

Beides, Verheißung eines gegenwärtig ständig bedrohten Friedens wie auch Vorwegnahme eines erst viel später voll zum Tragen kommenden musikalischen Satzbaus, ist ebenso kurz wie einmalig. Noch ist es nicht soweit, noch müssen sich die Menschen auf das „Bitten um Frieden" beschränken: „Verleih uns Frieden gnädiglich." Diese Worte übernimmt Bach in einer seiner Kantaten von Martin Luther. Als Taube mit dem Ölzweig erscheint der Friedensgedanke nun in der Matthäus-Passion. Und doch wird jede Hoffnung wieder zerschlagen.

Daran ändert sich nichts bis zum Schluß des Werkes, nichts bis zum letzten Takt. Selbst dann nicht, als der Chor der Trauernden in unablässiger Wiederholung des „Ruhe sanfte" um Grabesruhe für den Toten bittet. Frieden, Hoffnung und Ruhe sind auch jetzt nicht gewährleistet. Nicht, als um das Jahr 36 u. Z. einer von vielen ermordet worden ist, und nicht 1727, als sich in Westeuropa erst ganz allmählich neue Gedanken an eine Veränderung der gesellschaftlichen Verhältnisse als einzige Möglichkeit einer Verbesserung durchzusetzen beginnen.

Diese Veränderung ist derzeit noch nicht real, wenngleich viele die Notwendigkeit dafür genau erkannt haben. Deshalb ist auch an Ruhe, selbst an die Ruhe der Toten, noch nicht zu denken. Und ebendeshalb wird diese Hoffnung von Bach musikalisch zunichte gemacht durch eine dissonant scheinende Verzögerung vor dem Schlußakkord. Damit stellt Bach die Möglichkeit eines zukünftigen Friedens und das Ende jedes sinnlosen Opfers auch für die Zukunft in Frage.

Von der Empfindsamkeit der Weimarer Jahre ist Bach bei aller inneren Beteiligung deutlich abgerückt. Der Leidensdruck ist nicht mehr so stark, da das Leid von ihm gleichsam verallgemeinert, objektiviert werden konnte. Er ist älter, reifer geworden.

Die musikalischen Mittel, die Bach in der Matthäus-Passion einsetzt, sind ebenso einfach wie wirkungsvoll. Einfach durch die Art ihrer Verwendung bzw. eben Nichtverwendung, nämlich auch in der Aussparung des Gewohnten, Gebräuchlichen, Erwarteten, und eindrucksvoll in der beabsichtigten und auch erzielten Wirkung.

Wie schon in vielen seiner Kantaten wird vor allem die Harmonik auch in der Matthäus-Passion einer regelrechten „Zerreißprobe" ausgesetzt. Doch gerade diese Zerreißprobe, diese Ausweitung der Tonalität, die extreme, permanente Infragestellung, die scheinbare Unüberschaubarkeit der Dur-Moll-Polarität ist ein Ausdruck der Unerschütterlichkeit des Bestehenden. Bach kann es sich leisten, mit dem tradierten Material derart umzugehen, ohne seinen eigenen Standort zu wechseln oder gar in Frage zu stellen.

Als unübertroffenen Kenner und Meister des kontrapunktischen Satzes, in dem „Note gegen Note" steht, bringt Bach ganz bewußt Fehlleistungen in den strengen Satz ein, um Situationen treffender und eindringlicher zu gestalten. Diese „Fehler", die Mißachtung und Mißhandlung der herkömmlichen Regeln, sind nicht etwa „Schrullen", sondern haben durchaus „rhetorische", thematisierende Funktionen zu erfüllen.

So werden zum Beispiel die „falschen Zeugen", ihre Verlogenheit und Verleumdungsbereitschaft einfach durch falschen Tonsatz gekennzeichnet.

Nicht selten kollidiert Dissonanz mit Konsonanz. Abweichungen rufen Bestürzung, Beklemmung beim Hören hervor.

Als Pontius Pilatus das murrende, zu Verrat und Umsturz aufgewiegelte Volk fragt, welchen von beiden Delinquenten er denn begnadigen solle, bricht sich der Zorn der Menge in einem Aufschrei Bahn. „Barrabam" wollen sie frei haben! Und jedem, der diesen Schrei – einen verminderten Akkord – hört, schaudert es, ganz gleich, welcher Konfession er angehört, an wen oder was er glaubt und in welcher Zeit er lebt.

Die Instrumente läßt Bach hier schweigen, denn es sind die Menschen, die sich da haben in die Irre führen lassen, die bereitwillig einen unschuldigen Mitmenschen seiner Hinrichtung ausliefern.

Doch nicht nur hier, sondern auch an anderen Stellen kommt es zu derartiger Dichte und dramatischer Verknappung. Zum Beispiel, als Jesus stirbt, ganz allein und nicht mehr als „Sohn Gottes", sondern als Mensch wie jeder andere, ohne jeden Heiligenschein. Der Evangelist spricht nur „Jesus schrie abermals laut", da läßt Bach den Berichterstatter wirklich aufschreien, dann jedoch alle Emotionen zurücknehmen – „und verschied". Es erbebt die Erde, und der Vorhang des Tempels zerreißt. „Und die Gräber taten sich auf." Erst dann, wenn die römischen Hauptleute die Einsicht gewinnen – „wahrlich, dieser ist Gottes Sohn gewesen" –, beruhigt sich das Geschehen.

Der Meister auf dem Gebiete der Fugenkomposition, der sehr wohl weiß, daß die wichtigste Voraussetzung für eine Fuge ein gut durchdachter, fester Modulationsplan ist, verfährt – scheinbar – planlos in einigen der kurzen, aber prägnanten fugierten Chorszenen. Oft kommt es zur Fugenexposition, die dann überraschend ohne konsequente Durchführung in Homophonie mündet oder ins Variative, Imitatorische abgleitet und sich darin verliert. Fugen umfassen hier nicht Gesamtheiten, nicht mehr ganze, in sich abgeschlossene Abschnitte, sondern nur noch kurze Teile, deren stoffbedingte Prägnanz durch dieses Verfahren fordernd verschärft wird wie in dem Chor „kreuziget".

Das alles geht über bloße Tonsymbolik weit hinaus und beweist Bachs tiefes Konflikt- und Realitätsbewußtsein. Hier treffen sich seine Denkweise und Religionserfahrung mit der Martin Luthers: Gottesbegriff und die Problematik des Individuums als Teil einer gesellschaftlichen Gesamtheit sind in ebendemselben Maße dialektisch zu sehen und deshalb permanenter Kritik zu unterwerfen.

Alle diese „Merkwürdigkeiten" der Komposition entsprechen durchaus der „Merkwürdigkeit" des Sujets, welches durch Bachs formale Gestaltung und Verinnerlichung aus den Begrenzungen nur biblischer Enge herausgehoben wird. Und diese Möglichkeit des Herausgehobenseins aus religiöser Einbindung macht die bleibende, große und humanisierende Wirkung des Werkes aus, die allerdings nur von wenigen Zeitgenossen verstanden werden konnte.

Bach hielt fast alle Menschen für betroffen von Leid, Unrecht und Existenznot. Daher formuliert er seine Anliegen so dringlich und musikalisch vehement. Gerade das aber wurde zu seiner Zeit als Überforderung der menschlichen Aufnahmebereitschaft und auch als Überschreitung seiner Kompetenz abgelehnt. Schließlich war es Aufgabe des Pastors, zu predigen, und nicht die des Kantors.

Daß die Matthäus-Passion zu Lebzeiten Bachs in Leipzig kaum Wiederholungsaufführungen erlebte, hatte seine Ursache nicht nur darin, daß sie einen unverhältnismäßig großen Aufführungsapparat voraussetzte, sondern eben auch in der Intensität ihrer Forderung. Zudem waren Zeit und Zeitgeschmack über Bachs musikalische wie auch religiöse Vorstellungen längst hinweggeschritten.

Auseinandersetzungen mit der Obrigkeit und die Ideen
der Aufklärung

Nach der Aufführung der Matthäus-Passion im Jahre 1727 wird die Lage für Bach besonders prekär. Das Unvermögen des alten Rektors Ernesti, die ihm vor mehr als vierzig Jahren anvertraute Schule in voller Verantwortung zu leiten, wirkt sich auf die Beziehung zwischen Lehrern und Schülern verheerend aus. Auch Bachs Elan·und sein guter Einfluß auf die Schüler nehmen von Jahr zu Jahr merklich ab. Vor allem dann, als er konstatieren muß, daß er weder bei der Schulbehörde noch beim Kirchenvorstand oder gar beim Stadtrat Unterstützung für seine Pläne findet. Vieles, was nicht gerade mit seiner Arbeit an den Kompositionen zusammenhängt, läßt er mit den Jahren schleifen. Leider bleibt auch alles, was er vorzuschlagen hatte, alles, worum er bat, unbeachtet, unbeantwortet. Er ist enttäuscht und verbittert.

Seine „große Passion" galt bei seinen Vorgesetzten eher als Fehlschlag denn als beachtenswerter Erfolg. Fortgesetzt kommt es zu Auseinandersetzungen, die sich nach 1727 häufen. Mit dem größten Teil seiner Kollegen im Schulbereich und auch im Rahmen der Universitätsmusikpflege steht Bach

Johann Matthias Gesner
(1691–1761)

mittlerweile auf Kriegsfuß. In alles mischt er sich ein, überall pocht er störrisch auf seine Zuständigkeiten und Rechte und verlangt fortwährend Sonderregelungen. Immer will er Oberwasser behalten, wird schnell grob und anmaßend. Allerdings auch dann, wenn es um die Besserstellung seiner jugendlichen Sänger geht.

Für ihn selbst und für alle, die mit ihm zu tun haben, ist die Situation besonders im Sommer 1729 nahezu unerträglich. Als Ernesti stirbt, hoffen alle endlich auf gute Veränderungen, die dann aber erst nach einem dreiviertel Jahr eintreten. Da nämlich wird Johann Matthias Gesner, Bachs Freund aus Weimar, zum neuen Rektor berufen.

Es hat lange gedauert, ehe der Rat sich zu dieser Berufung entschlossen hat. Gesners liberale, wirklich humanistische Erziehungsmethoden sind aus seiner Weimarer Gymnasialrektorenzeit ebenso bekannt wie dessen persönliche Einsatzbereitschaft, wenn es um die Probleme seiner Schülerschaft und seiner Lehrer geht. Jeder darf sich mit seinen Anliegen an den Rektor wenden, aber gerade diese Haltung hat Gesner dem Leipziger Rat verdächtig gemacht. Man befürchtet nämlich, daß sich die Schuldisziplin noch mehr verschlechtern könnte. Genau das Gegenteil aber wird eintreten.

In jener Zeit, als die Schule nach Ernestis Tod vorerst ohne Leitung bleibt, wird alles noch viel schlimmer. Und Bach ist von den Mißständen am meisten betroffen.

Immer mehr Schüler nehmen den Musikunterricht jetzt nicht mehr für voll, schwänzen sogar die Singestunden und treiben sich während der Probenzeiten herum. Für alle Disziplinlosigkeiten aber gehen sie straffrei aus, weil niemand es fertigbringt, mit einem kräftigen Faustschlag auf den Tisch des Hauses endlich für Ruhe und Ordnung zu sorgen. Der verantwortliche Stadtrat kümmert sich zunächst überhaupt nicht um diese Zustände.

Wenn man dabei bedenkt, daß der Rat der Stadt auch noch andere Sorgen hat, als sich den fortwährenden Schwierigkeiten mit dem Thomaskantor Johann Sebastian Bach zu widmen, ist die Mißstimmung der Stadtväter sogar zu verstehen. Denn obzwar Leipzig auch eine weltoffene Handelsstadt darstellt, so ist sie doch keine freie und unabhängige Stadt wie beispielsweise Hamburg oder Lübeck. Leipzigs Behörden müssen sich ständig mit königlich-kursächsischen Weisungen herumschlagen. Und immer wieder kommen aus Dresden irgendwelche Anordnungen, die die Bürgerschaft und vor allem ihre vertretenden Räte maßregeln. In den meisten Fällen ziehen derartige Maßregelungen auch Strafen, das heißt Einschränkungen städtischer Rechte zugunsten des Herrscherhauses nach sich. Langwierige Kompetenzschwierigkeiten mit den Vertretern der

„Krone" um Bagatellen wie die Anzahl der zulässigen Markt-
stände an den Markttagen rauben dem Stadtrat Zeit und Ner-
ven. Vom Kurfürsten hängt es auch ab, wie viele ausländische
Gäste zu den Messen und sogar durch welche Tore diese ein-
reisen können. Und wieviel Krüge Bier ausgeschenkt werden
dürfen, ohne an den Hof eine höhere Steuer abführen zu müssen ... All dies hätten die Räte freilich gern in eigener Regie
erledigt.

Und in solche Situationen hinein kommt da immer wieder
dieser Bach mit seinen überspannten Ansprüchen. Für Musik
und ähnliche Nebensächlichkeiten hat man doch nun wirklich
keine Zeit. Sie soll gut sein und „gefällig", die Messegäste ani-
mieren wiederzukommen und sie nach Bedarf auch ein wenig
erbauen.

Seinerseits verständlich beklagt sich Bach im Oktober 1730
über eine „wunderliche und der Music wenig ergebene Obrigkeit". „Wenig ergeben" und desinteressiert trotz des Repräsen-
tationswertes gerade dieser Kunst für eine solchermaßen viel-
besuchte Stadt?

Seit einiger Zeit sind jedoch immer mehr Klagen laut geworden. Und zwar auch aus jenen Teilen der Bürgerschaft, denen
Ordnung ebenso am Herzen liegt wie eine gute, qualitätsvolle
Kirchenmusik. Nicht zuletzt sind in diese Beschwerden sogar
Meinungsäußerungen musikverständiger auswärtiger Messegäste eingeflossen, denen in den Jahren zuvor schon Besseres geboten worden ist!

Der nachlässige Schlendrian hat sich also bereits herumgesprochen, der Chor der Thomasschule habe – allen hörbar –
nachgelassen in seiner Leistung. Die Disziplinlosigkeit der
Thomasschüler wird bald zum Stadtgespräch, ja zum öffentlichen Ärgernis: Die Choristen „stören" gar den Gottesdienst!

Derartige Vorwürfe kann der Stadtrat nicht auf sich beruhen
lassen – bei allem anderweitigen Interesse! Man braucht und
sucht einen Sündenbock. Irgend jemand muß ja schuld sein an
diesen Zuständen. Daß die Mitglieder des Rates selbst nicht

wenig zu dieser verfahrenen Situation beigetragen haben, kommt ihnen nicht in den Sinn. Wer ist doch gleich für die Arbeit und das reibungslose Funktionieren des Chores verantwortlich? Der Kantor Bach.

Mit Nachdruck also meldet der Leipziger Rat bei diesem sein Mißfallen an. Schließlich sind die von diesem Chor durchgeführten vielbesuchten Sonntagsmusiken in der Thomas- und Nikolaikirche das musikalische Aushängeschild der Stadt. Und nun soll der Herr Thomaskantor sich gefälligst mehr Mühe geben, um den gegenwärtigen miserablen und blamablen Stand wieder zu heben! Man klagt, Bach habe sich nicht so, wie es sich gehöre, „aufgeführet", er "tue nicht allein nichts", sondern nähme auch nicht Stellung zu den Vorwürfen! Der Rat müsse sich möglicherweise dafür entscheiden, dem Kantor „die Besoldung zu verkümmern". Das ist der einzige Punkt, wo Bach verwundbar ist und sich vielleicht zusammennimmt! Schließlich geht die Kunde des berühmten Chores in alle Himmelsrichtungen. Plötzlich legt man Wert auf eine unanfechtbare musikalische Reputation!

Bach interessiert dies alles aber kaum. Was geht ihn die Repräsentation des Rates an, wenn es sich um Musik, noch dazu um seine eigene, handelt. Was hat der Rat denn getan, um die Zustände an der Schule zu verbessern?

Wieder einmal legt sich Bach mit den Behörden an. Diesmal geht es ihm aber nicht allein um seine eigene Verteidigung, um seine Rechte und Pflichten, sondern in erster Linie darum, die Lebensbedingungen der ihm anvertrauten Thomaner zu verbessern, ihnen zu helfen. Wenn sie satt wären, könne er nämlich auch wieder mit ihnen musizieren! Dann würden sie besser singen und auch während der Gottesdienste nicht so nervös und undiszipliniert schwatzen. Die Knaben können sich während der Kantate ja kaum auf den Beinen halten!

Bach hat in den letzten Wochen viel nachgedacht und schlägt jetzt, da man ihn zum Sündenbock machen will, gezielt zurück.

Schon im Juli 1730 berät er sich mit Gesner, legt diesem seinen Entwurf vor, wie man vielleicht etwas sichtbar verändern könne. Gesner, der selbst an einer Reform der Schulordnung arbeitet, unterstützt Bachs Vorhaben und befürwortet dessen Übergabe an den Stadtrat.

Im Spätsommer 1730 unterbreitet der Kantor den Stadtvätern in einem Brief seinen

„Entwurff einer wohlbestallten Kirchen Music, nebst einigen unvorgreiflichen Bedencken von dem Verfall derselben".

Aufgrund des allgemeinen Schlendrians an der Schule und des Unvermögens der Lehrerschaft sähe er sich nicht in der Lage, „die Music in beßeren Stand zu setzen". Resignation? Desinteresse? Zorn? Wohl von jedem eine Spur. Auch die zunehmende Erkenntnis eigener Ohnmacht, wenigstens einen gewissen Teil seiner Wünsche und Vorstellungen realisieren zu können.

Die Gelegenheit ist günstig. Den Vorwürfen setzt er mit jenem „Entwurff" nun eigene wohldurchdachte, sach- und fachkundige Vorschläge entgegen. Man soll endlich einsehen, daß er nichts wird ausrichten können, wenn es an allem fehle!

Und Bach geht dabei ganz geschickt vor: Unbedingt brauche er mehr Musiker und begabte Singknaben. Um so dringender, da, wie man ja weiß, ein neuer musikalischer Stil sich zu etablieren beginne, der die Qualität der Kirchenmusik nicht gerade zu fördern scheine! Zunächst also von seiner Seite keine Angriffe! Auch die hochwohllöblichen Herren Stadtväter, die ja Augen haben, zu sehen, und vor allem Ohren, zu hören, werden nicht bestreiten, daß sich vieles verändert habe, seit er in Leipzig sein Amt angetreten hat.

Nach einigen Absätzen aber kommt dann der entscheidende Hinweis von einem, der die musikalische Gesamtsituation wie kaum ein anderer einzuschätzen vermag:

208

„Da nun aber der itzige Status musices gantz anders weder als *ehedem beschaffen, die Kunst um sehr viel gestiegen, dahero* deshalb *auch die ehemalige Arth von Music unseren Ohren nicht mehr klingen will ..."*

Das ist ein gutgezielter Hieb, der sitzt! Was, ihr Banausen, mir wollt ihr Vorwürfe machen? Merkt ihr denn nicht, daß die von mir und meinesgleichen praktizierte Musik den meisten schon gar nicht mehr gefällt? Daß Kunst zur Kunstfertigkeit geworden ist, daß man es dem geehrten Publikum kaum noch recht machen kann. Daß zwar nach außen alles sich zu verbessern scheint, aber eigentlich doch eine deutliche Verflachung zu erkennen ist; daß das Seichte den ehrwürdigen Musizierstil zu vertreiben droht?

Mit Sicherheit glaubt Bach auch zu wissen, worauf der „Verfall" zurückzuführen sei: auf den vagen Umgang mit der althergebrachten Ordnung und auf die Duldung von Regelwidrigkeit in allen Bereichen. Für ihn nimmt das Nicht-mehr-Respektierenwollen der gültigen Ordnung schon in den äußeren Lebensabläufen verheerende Ausmaße an.

Aufrichtig und ohne jede Schönfärberei bringt Bach alle seine Anliegen vor, macht seinem Groll Luft, wendet sich aber bald wieder seinen Schülern zu. Eindeutig stellt er sich auf ihre Seite!

Warum werden die Thomasschüler so kurzgehalten? Anderswo ist die Behörde weit großzügiger, bewilligt viel mehr Geld für das leibliche Wohl. In Dresden beispielsweise bekommen die Singknaben weit mehr zu beißen, haben demzufolge auch mehr Lust zum Singen. Und mehr Kräfte! Denn daß Singen eine kräftige Konstitution und vor allem starke und gesunde Lungen voraussetzt, ist nicht nur dem Kantor bekannt. Woher aber sollen die Thomaner Kraft und gesunde Lungen nehmen, wenn sie nicht satt werden?

In Leipzig ist man „sparsam". Kurzsichtig wird geknausert. Fest hält der Stadtrat das zusammen, was während der Messen in die Stadt hineinfließt. Der Reichtum muß wachsen. Mit einem prallgefüllten Stadtsäckel kann man gut repräsentieren. Bei jeder passenden Gelegenheit wird dann das Geld regelrecht aus dem Fenster hinaus auf die Straße geworfen. Wenn zum Beispiel die hohen Herrschaften aus Dresden auf der Durchreise in Leipzig Station machen, vielleicht sogar einige Tage hier verweilen, wird die Schatzkammer bereitwilligst geöffnet und berappt. Da kann es gar nicht hoch und prächtig genug hergehen! Um aber die Teller und Schüsseln der Thomaner mit etwas mehr, auch besserem Essen zu füllen, fehlen angeblich die Mittel! Bach und alle ihm wohlgesinnten Kollegen bezeichnen die Sparsamkeit am falschen Platz schlichtweg als Geiz und Knickertum!

Nun haben die Räte die Bescherung. Wo knurrende Mägen und revoltierende Gedärme aus einem Gefühl innerer Leere heraus jegliche Musik stören, müssen auch Disziplin und Gehorsam ausbleiben.

Doch der Rat schweigt. Bachs dringlicher und berechtigter Eingabe wird keine Bedeutung beigemessen. Einige der für die Thomasschule verantwortlichen Ratsmitglieder sind zudem tief beleidigt, weil sie jene Meinungen vertreten, die Bach im Jahre 1729 in einer offenen musikalischen Attacke – der Kantate „Der Streit zwischen Phöbus und Pan" – angegriffen und verspottet hat.

Gerade in jener Zeit hat man in Leipzig andere Sorgen und verbringt viel Zeit damit, die kursierenden neuen, auch in die Öffentlichkeit – besonders dorthin – getragenen fremden Gedanken und Ideen zu verfolgen. Obwohl Leipzig auch um 1727 noch immer eine der Hochburgen lutherisch-orthodoxen Glaubens ist, sind die Ankündigungen jener neuen Ideen, die an der Gültigkeit der althergebrachten Religionstheorie und Philosophie zu rütteln wagen, auch hier nicht zu überhören.

Lange und an zwei Fronten zugleich wehren sich die Anhänger der Orthodoxie gegen die neuen Ideen: auf der einen Seite zieht man ins Feld gegen jene Ansätze des Pietismus, die in einigen Schriften auf frühaufklärerisches Gedankengut hinweisen, auf der anderen gegen jene geistige Bewegung, die – später als „Aufklärung" bezeichnet – die zukünftige Geschichte beeinflussen und schließlich ganz entscheidend verändern wird.

An der Universität Leipzig gibt es Leute, die die Botschaft der Bibel in Frage zu stellen wagen. Bedeutende Professoren äußern öffentlich Zweifel an der Richtigkeit der bestehenden Lehren. Sie gehen sogar so weit, in ihrer Auseinandersetzung mit dem überlieferten Weltbild des Mittelalters und der Antike die menschliche Vernunft, den menschlichen Geist, das Denkvermögen des Individuums über den Glauben – jedenfalls über jene starre, gegenwärtig praktizierte Form des Glaubens – zu stellen! Alles bisher Gültige wird kritisiert.

Den aufmerksamen und stets auf neue Inhalte und Ziele versessenen Studenten wird plötzlich eine praktikable Alternative des Denkens angeboten. Und auch noch eine, die sie herausfordert, persönlichen Einsatz und Überdenken alles Bisherigen verlangt! Die menschliche Vernunft soll die Theologie auf eine „natürliche" Grundlage stellen. Glauben? Ja! Aber nicht, ohne vorher alles genauestens durchdacht zu haben, nicht, ohne jeden Gedanken vorher gedreht und gewendet zu haben auf seine Vertretbarkeit. Vor allem nicht, ohne das biblische Wort vorher entmystifiziert zu haben!

Alles ist vernünftig – auch die Schöpfung. Sowohl in ihrer Gesamtheit wie auch in ihren Teilen. Offenbarung und Nur-Eingebundensein des Menschen in eine göttliche Weltordnung werden in Frage gestellt. Der Mensch soll fortan als denkender – nicht mehr nur blind glaubender und gehorchender – Mensch verstanden werden. Nur die durch den menschlichen Denkprozeß gewonnenen Erfahrungen werden dann zum Maß aller Dinge erhoben. Und das rechte Maß wird zur Voraussetzung einer Ordnung, was bedeutet: einer vernünftigen Ordnung, nicht einer vagen, unbestimmbaren!

Der Umgang mit jener Ordnung, mit der Vernunft setzt aber

nicht nur die intellektuelle Wachheit der ohnehin schnell begeisterungsfähigen akademischen Jugend voraus, sondern auch das Mitvollziehen des Bürgertums. Und dazu bedarf es eines Bürgertums, das sich emanzipiert hat oder doch wenigstens bereit ist, sich einem umfassenden Prozeß des Umdenkens zu unterziehen. Deshalb finden diese neuen Ideen zunächst vorwiegend in einigen großen Städten mit einer fortgeschritteneren Handelsbourgeoisie Gehör. Hier werden sie dann von den bedeutendsten Gelehrten aufgegriffen, durchdacht oder weiterentwickelt.

In den großen Handelsstädten Mitteldeutschlands, Halle und Leipzig, sind nicht zuletzt infolge ihrer territorial begünstigten Lage die Voraussetzungen für den Einfluß aufklärerischen Gedankengutes besonders gut. Gerade Leipzig mit seinen selbstbewußten, ja selbstherrlichen Kaufleuten, mit seiner großen Studentenschaft, die von der Weltoffenheit der Stadt geprägt sind und sich schon deshalb viel anfälliger für Neues zeigen, ist an den aus Westeuropa importierten Ideen interessiert.

Die Orthodoxen bleiben zwar nach wie vor stark in ihrem Einfluß und unbeugsam in ihrer Haltung, aber nun nicht mehr allmächtig. In den Vorlesungen der philosophischen und theologischen Fakultäten der Leipziger Alma mater geht es deshalb zuweilen hoch her. Nicht selten kommt es auch zu Handgreiflichkeiten zwischen den Anhängern der regelrecht verfeindeten „Parteyen".

Im Gegensatz zu England und Frankreich mit ihrer starken nationalen Zentralgewalt, die den Fortschritt des Bürgertums ermöglicht hat, besteht auf dem Territorium Deutschlands eine besondere Situation: Infolge der Zersplitterung, die eine einheitliche politische Entwicklung ausgeschlossen hat, haben sich zwangsläufig auch für die Vertreter der Aufklärung andere Zielstellungen ergeben. Die Anstrengungen der bedeutendsten Philosophen der Zeit richten sich nicht gegen bestehende Staats- oder Wirtschaftsformen, sondern konzentrieren sich mehr auf neue theoretische Gedankensysteme. Philosophie, Kunst und Literatur werden zum Austragungsort der philosophischen Auseinandersetzungen, denen sich der größte Teil der Studentenschaft begeistert anschließt.

Einen besonderen Ruf genießt die Universität zu Halle, an der Christian Thomasius und Christian Wolff ihre berühmten Vorlesungen halten. Beide verfassen ihre Vorträge in deutscher Sprache. Bereits 1687 hatte Thomasius in Leipzig erstmals Vorlesungen in deutscher Sprache gehalten. Dies wird nun, 1694 war die Universität in Halle gegründet worden, als revolutionierendes Novum viel bejubelt. Die Lehrveranstaltungen der beiden in Halle wirkenden Professoren ziehen viele Studenten aus den Leipziger Lehrsälen ab – zum großen Ärger der dortigen orthodoxen Lehrer. In großen Gruppen fahren die Studenten über dreißig Kilometer nach Halle, nur um Thomasius und Wolff reden zu hören.

Besonders Wolff zieht seine jugendlichen Zuhörer in den Bann. Seine Forderung, das Volk auf eine „vernünftige Weise" zur Untertanentreue anzuhalten, wird zum Ausgangspunkt einer breiten öffentlichen Parteinahme für diesen Mann, der bald bei Androhung der Todesstrafe Redeverbot erhält. Obwohl er ja gerade über die Treue der Untertanen redete, vertrat der Soldatenkönig darüber doch eine ganz andere Meinung. Wolff wird als Umstürzler für „vogelfrei" erklärt. Im letzten Moment gelingt es ihm, aus dem Staatsgebiet Preußens zu fliehen.

Die Verbreitung der Wolffschen Ideen aber ist nicht mehr aufzuhalten. Einen großen Anteil an der Veröffentlichung der Wolffschen Lehre hat auch Gottsched mit seinem Lehrbuch „Erste Gründe der gesamten Weltweisheit".

Johann Christoph Gottsched (1700–1766), ein Zeitgenosse Bachs, Wolffs und Thomasius', fordert Allgemeinverständlichkeit und Naturnähe für das Theater und die Literatur. Er verurteilt die ebenso albernen wie blutrünstigen Stegreifspiele und versucht, die Regeln des klassischen französischen Theaters

Versuch
einer
Critischen Dichtkunst
für die Deutschen;

Darinnen erstlich die allgemeinen Regeln der Poesie,
hernach alle besondere Gattungen der Gedichte,
abgehandelt und mit Exempeln erläutert werden,

Ueberall aber gezeiget wird:

Daß das innere Wesen der Poesie
in einer Nachahmung der Natur
bestehe.

Anstatt einer Einleitung ist Horatii Dichtkunst
in deutsche Verse übersetzt, und mit
Anmerkungen erläutert

von

Johann Christoph Gottscheden,

Der Weltweish. und Dichtkunst öffentl. Lehrer zu Leipzig.

Zweyte und verbesserte Auflage, mit allergnädigster Freyheit.

Leipzig 1737.
Verlegts Bernhard Christoph Breitkopf.

Titelblatt von Gottscheds „Versuch einer Critischen Dichtkunst" auf die deutschen höfischen Dramen zu übertragen. Dieser Versuch mißlingt, da Gottsched das Anliegen des aufstrebenden Bürgertums nach Selbstdarstellung außer acht läßt.

Der Streit zwischen Phöbus und Pan

Selbstverständlich bleiben die zeitgenössische Dichtung, Musikanschauung und demzufolge die Musikpraxis von den aufklärerischen Ideen nicht unbeeinflußt. Musiziergewohnheiten und Hörerlebnis verändern sich gleichermaßen. Begünstigt von den naturwissenschaftlichen, philosophischen und auch theologischen Umdenkprozessen, bricht sich das als „neu" Proklamierte Bahn. Größere Verständlichkeit für ein breiteres Publikum wird in zahllosen Pamphleten und „moralischen Wochenschriften" als Forderung veröffentlicht.

Vor allem im Musikalischen wird das Neue, das leicht ins Ohr gehen soll, mit einem geradezu impertinenten Anspruch auf Allgemeingültigkeit leidenschaftlich verfochten. Man will nun keine großen, repräsentativen musikalischen Formen mehr, sondern eine intime kleine Form. Vor allem das Lied kommt wieder verstärkt in den Umlauf.

Wie seit geraumer Zeit schon bei den sonntäglichen Spaziergängen plädiert man nun auch in der Kunst für Ungezwungenheit und gegen die Starre der althergebrachten Regeln. Prachtentfaltung und dramatische Spannung der größeren musikalischen Gattungen weichen nun jenen Formen und Inhalten, die dem Menschen und seinen realen Bedürfnissen dienen. An die Stelle des „Erhabenen" tritt also die Darstellung des „Alltäglichen". Das Publikum – auch die Kirchengemeinde – verlangt immer mehr eine einfache verständliche Musik, die nicht mehr in der Abstraktion, in der oft unverständlichen Allegorie nur andeutet, sondern in nachvollziehbarer Weise die Dinge beim Namen nennt.

Musizierende Studenten

Mit derselben Berechtigung aber und ebenso hartnäckig verharrt und behauptet sich das Althergebrachte. Am Beispiel des Leipziger Musiklebens wird besonders augenfällig, wie die beiden im Verlauf von mehreren Jahrzehnten einander ablösenden Musikstile für einen längeren Zeitraum nebeneinanderher laufen. Erst ganz allmählich gleiten die neuen Inhalte in die alte Form, brechen deren Schale gleichsam von innen her auf und werden auf dialektische Weise zu Neuem, zu einem „modernen" Stil.

Nicht alles, was sich in den dreißiger und vierziger Jahren in Leipzig einer breiten Öffentlichkeit als „neu" andeutet und formiert, ist wirklich neu. Auch wenn einige ignorante Streiter sich dem veränderten Zeitgeschmack allzu schnell anpassen und mit wehenden Fahnen sofort und bedingungslos jeder „neuesten Mode" nachlaufen.

Wenngleich man es in den ersten Jahren von Bachs Wirken in Leipzig noch nicht wagt, offen gegen den Thomaskantor zu polemisieren, der sich konsequent der Tradition verschrieben hat, gewinnt die „Gegenpartei" zunehmend Anhänger. Nicht etwa, weil man Bachs vergangene Verdienste anfechten möchte, sondern weil man sich nicht mehr ständig mit dessen Forderungen nach hoher Qualität einer Kirchenmusik auch künftig auseinandersetzen will.

Ein großer Teil des Publikums möchte sich tatsächlich nicht mehr anstrengen, sondern erwartet lediglich Annehmlichkeit, Unterhaltung und Kurzweil von der Musik. Die Werke des Thomaskantors, sein unerschütterliches Befürworten des Kontrapunkts werden von den meisten Leipzigern und bald auch von den Gästen als „vorsintflutlich" empfunden. Zunächst nur hinter vorgehaltener Hand, bald aber offener und schließlich nach einigen Jahren gar aggressiv. Bach hat es gerade jetzt nicht leicht, zumal er mit keinerlei Unterstützung seiner Vorgesetzten rechnen kann. Fast allein steht er gegen die öffentliche Meinung.

Will man ihm etwa unterstellen, daß er nicht imstande sei,

so zu komponieren, wie es jetzt immer eindringlicher verlangt wird? Meinen seine Kollegen, daß er mit seinem kompositorischen Latein am Ende sei und nur deshalb die Tradition verfechte, weil er den neuen Stil nicht beherrsche?

Alsbald schaltet er sich in die Auseinandersetzungen ein, mit den Mitteln, die ihm zu Gebote stehen, mit Musik!

In seiner „weltlichen" Kantate „Der Streit zwischen Phöbus und Pan" bezieht er zu den verschiedenen Meinungen über Musik Stellung. Und spätestens jetzt erkennen alle jene, welche seine traditionsbewußte Haltung als altmodisch und kompositorisches Unvermögen glaubten kritisieren zu dürfen, daß er auch anders kann. Genauestens über die aktuellen Auseinandersetzungen informiert, die weit über die Probleme nur musikalischer Belange hinausgreifen, kämpft Bach nun um das Recht der Tradition.

Bekenntnishaft und mit scharfer Kritik wehrt er sich musikalisch gegen die Verflachung der Kunst im allgemeinen und der Musik im besonderen. Mit beißender Ironie stellt er in dieser Kantate alle jene bloß, die in der „Neuen Musik" nur das preisen, was leicht, „gefällig" und den Ohren angenehm ist. Mit Einsatz seines ganzen Kunstvermögens legt sich Bach ins Zeug und ficht die jetzt florierende Lauheit an. In seinem Bemühen gegen Oberflächlichkeit jeder Kunstrichtung ist das nichts Neues. Hatte ihn unter anderem vor Jahren doch schon die um sich greifende „laulichte" Atmosphäre am Köthener Hofe von dort verscheucht.

So ernst Bachs Stellungnahme zu der aktuellen Polemik gemeint ist, so ernst er sie von seinen Zeitgenossen auch genommen haben möchte, so leicht ist sie doch in ein heiteres Gewand gekleidet. Er versteht es meisterhaft, seine Angriffe in einem „dramma per musica" zu verfremden.

Es ist anzunehmen, daß er diese Kantate in einem der Leipziger Kaffeehäuser oder vielbesuchten Kaffeegärten selbst aufführte oder hat aufführen lassen. Und wer Ohren hat, zu hören, und genügend Witz, die Hiebe zu verstehen, weiß genau, was, und vor allem, wen der Thomaskantor meint. Die Form ist leicht verständlich, spielt sich doch alles im Bereich des hinlänglich Bekannten ab. Und auch Inhalt und Botschaft sind eindeutig! Jene, die auf seiner Seite sind, amüsieren sich köstlich über die Art, mit der Herr Kantor Bach seinen Feinden gegenüber auftritt. Diese jedoch setzt die Ironie, das Bloßstellen ihrer Oberflächlichkeit in Wut und Zorn.

Das Libretto stammt wieder von dem ebenso erfahrenen wie geschäftstüchtigen Picander, dessen Bücher derzeit in Leipzig als ausgesprochene Verkaufsschlager gelten. Seine musikalische Ironie, seine spöttische Kritik der studentischen Sitten und der Verhaltensweisen einiger Stadthonoratioren kommen in Leipzig gut an. Die von Picander veröffentlichten Dichtungen, vor allem seine zahlreichen Lustspiele mit ihren Prügeleien und Verkleidungsspäßen sind genau das, was Bach jetzt braucht. Diesmal läßt er seinem Mitstreiter freie Hand. Picanders zum Teil schwülstige, zum Teil leichtgeschürzte Verse können seine eigenen Absichten nur unterstützen.

Wie auch im „dramma per musica" der Opernbühne wird hier mit allegorischen Figuren gearbeitet, die sämtlich im griechisch-antiken Mythos angesiedelt sind, mit denen aber jeweils ganz bestimmte, von fast allen Zeitgenossen sofort erkannte Personen bzw. Personengruppen verkörpert werden. Die Figuren der Handlung sind in diesem Fall – Phöbus (Apollon), der Gott der Musen, der wie kein anderer sein Metier versteht. Er stellt die „alte Musik" dar, die Tradition und ihre Vertreter. Zu ihm gesellt sich Pan, der Gott „der Hirten und des Kleinviehs", ein Mischwesen in Bocksgestalt, das in Wald und Flur auf seiner Syrinx, der „Panflöte", spielt und den Nymphen nachstellt. Diese erliegen seinem gefälligen Spiel, weil es ihnen schmeichelt, weil es lockt. Er steht für den „Neuen Stil", für das „Volkstümliche" und ist zugleich der Herausforderer.

Phöbus und Pan, zwei durchaus ernst zu nehmende Gegner, treten gegeneinander auf. Pan will Phöbus-Bach den Lorbeer streitig machen! Ihnen zur Seite stehen die Sekundanten Momus, ein Spötter, und Merkurius, der geflügelte Gott des Handels und der Kaufleute, welcher stellvertretend Leipzigs Bürgerschaft darstellt. Zum Schiedsrichter ernannt wird Midas, der phrygische König, der als Vertreter aktueller Modeströmungen zu gelten hat.

Selbstverständlich gebührt der Preis der Autoren dem Anführer der Musen, Phöbus, den Bach mit der schönsten Musik ausstattet. In einer wunderbaren, großangelegten Arie, die melodisch und harmonisch ungewöhnlich reich komponiert ist, stellt Phöbus-Bach sein Können unter Beweis – und zur Diskussion!

Dieser herrlichen Musik stehen Pans Bemühungen gegenüber. Auch er hat den Juroren etwas durchaus Akzeptables, seinem Wesen Entsprechendes anzubieten: eine dreiteilige Arie! „Zum Tanze, zum Sprunge, so wackelt das Herz". Wer denkt dabei nicht an die zahllosen Abbildungen hüpfender Satyrn auf antik-griechischen Vasenbildern?

Die Arie ist leicht verständlich, eingängig, gefällig. Und es ist alles gut, solange Pan seine musikalische Kompetenz und sein Vermögen nicht überschreitet. Solange er sein Herz wirklich nur „wa-a-a-a-ackeln " und in sinnfälligen Oktaven herumspringen läßt. Doch wehe, wenn er sich auf dem Gebiet der hohen Kunst versucht, wenn er glaubt, es Phöbus ohne Anstrengung gleichtun zu können! Dem ist der vergnügte Pan nicht gewachsen. Als er im zweiten Teil der Arie seine Ebenbürtigkeit beweisen will, merkt jeder, daß dies nur elendes Gestammel bleibt, daß es dumm und unförmig ist. Gegen die Tradition kommt Pan nicht an.

Mit aller Schärfe richtet sich Bach im Gesang des Pan gegen die Anmaßung einiger Kritiker, die von der Sache, um die es ihm geht, nichts verstehen, dieses Unvermögen aber als alleinseligmachende Weisheit verkünden wollen. Er gibt Pan der Lächerlichkeit preis in jenen Teilen, wo sich dieser großmäulig zumutet, daß er mindestens so gut singen könne wie Phöbus – wenn nicht gar besser! Bach läßt ihn erst dann wieder glaubwürdig werden, als er sich auf sein Element, die heitere Muse, beschränkt. Und niemand will ihm das Recht, seinem Können gemäß zu musizieren, absprechen! Auch Bach nicht!

Aber: Vermischung der Stile? Nein! Nebeneinander? Ja! Eindeutig ist also Phöbus der Sieger.

Bei der Durchgestaltung seiner musikalischen Stellungnahme ist Bach sogar fair genug, die Berechtigung beider Stile als ein „Nebeneinander" durch die begleitenden Instrumente hervorzuheben. Phöbus, der Gott, der das Saiteninstrument spielt, wird streckenweise von Flöten und Oboen begleitet. Er kann eben alles – wie Bach! Wenn er will, ist er in allen Stilen zu Hause.

Doch auch Pan darf nicht nur auf seiner Syrinx spielen, sondern zur Begleitung der Saiteninstrumente singen, was ihm ja eigentlich nicht zusteht! Sein Metier ist ein anderes, dessen Existenzberechtigung aber keinesfalls angefochten wird.

Von allen Beteiligten schlägt sich nur Midas auf seine Seite und wird dafür hart bestraft. Im Stile eines großartigen Opernrezitativs „accompagnato" führt Bach Midas' ganze aufgeblasene Hohlheit vor Augen und verurteilt so die Haltung eines Mitläufers, der, ohne nachzudenken, alle Modetorheiten nachäfft und sie sogar noch theoriebildend verallgemeinert sehen möchte. Oberflächlichkeit, seichte Kunst als neue Musikästhetik!

Hier nun setzt Bachs übergreifende Kritik an. Und sein Urteil ist gnadenlos. Der phrygische König wird als Esel gebrandmarkt. Nicht erst durch das Urteil des Siegers, sondern schon in seiner eigenen Arie. Hier schreibt Bach etwas im Zeitgeschmack, etwas, was genau dem Wunsche des breiten Publikums entspricht. Unverkennbar stempelt er den König bereits in dessen voller, dümmlicher musikalischer Demonstration zum Esel!

Die Kantate ist überreich an aktuellen Bezügen. Bach zeigt eindeutig, wo er steht und wo er zukünftig stehen wird. Niemandem wird er je seine Berechtigung absprechen wollen!

Aber man soll ihn in Ruhe arbeiten lassen, wie dies ihm von seinem Gewissen geboten ist. Er hat ja nun bewiesen, daß er auch anders kann, und zudem unmißverständlich kundgetan, daß er von dem Gegeifer seiner Gegner nichts hält, sich auch davon wird nicht anfechten lassen.

Was er von ihnen allen denkt, drückt er in der Spottarie des stillen Beobachters Momus aus, einer meisterhaft komponierten Buffoarie, die in der gesamten Opernliteratur der Zeit ihresgleichen sucht:

> *„Patron, das macht der Wind.*
> *Daß man prahlt und hat kein Geld,*
> *Daß man das für Wahrheit hält,*
> *Was nur in die Augen fällt.*
> *Daß die Toren weise sind,*
> *Daß das Glücke selber blind,*
> *Patron, das macht der Wind."*

Musikalische Gelegenheitsgeschäfte und Choralkantaten

Das fortwährende Komponieren von Festmusiken zu allen nur möglichen Anlässen überfordert Bach in Leipzig kräftemäßig, zeitlich, nervlich und manchmal auch in seiner Geduld. Da aber sein Kantorengehalt für die große Familie nicht ausreicht, ist er auf diese Honorare für „Muggen" angewiesen. Glücklicherweise fördern diese aber auch sein Ansehen, machen seinen Namen außerhalb der kirchlichen Bereiche publik. Schon deshalb geht Bach auf solche Forderungen ein – trotz der Überdehnung seiner Kräfte, die eben nur scheinbar unerschöpflich sind.

Mal schreibt er eine Huldigungsmusik für das durchreisende kurfürstliche Herrscherpaar, mal eine Kantate anläßlich eines akademischen Feiertages oder auch eines Geburtstages einer bekannten Persönlichkeit. Dann wieder verlangt die kurfürstliche Schenkung eines Gutes an einen verdienten Emporkömmling nach einer musikalischen Reverenz.

Nicht immer macht sich der Thomaskantor anläßlich dieser Feiern die Mühe, etwas Neues zu komponieren. Oft greift er auch hier – wie in der Kirche – auf bereits Vorhandenes zurück und läßt von seinem jeweiligen Textdichter neue Worte unter die Musik setzen. Seine Kantatenmusiken sind so gut, um sie mehrmals zu verwenden. Eine dieser öfter aufgeführten Kantaten ist jene, die zum Namenstag des renommierten Leipziger Universitätsprofessors August Müller geschrieben worden ist und deren Text ebenfalls von dem vielbeschäftigten Gelegenheitsdichter Picander stammt: „Der zufriedengestellte Äolus“.

In diesem Werk – auch dieses ist ein „dramma per musica“ – kritisiert Bach einige akademische Gepflogenheiten. Offen drückt er seinen Unmut darüber aus, daß ein solches Gewese aus einem relativ unbedeutenden Anlaß gemacht wird. Gewiß, dieser August Müller ist ein geschätzter und bei der Studentenschaft beliebter Hochschullehrer, dem auch Bach wohlgewogen ist. Nichts ist gegen eine gebührende Ehrung dieses Mannes einzuwenden. Aber man soll so etwas nicht überbewerten. Bach hat eigentlich anderes zu tun, als diesen Eitelkeiten nachzugeben. Kaum findet er Zeit, seine Kirchenmusik zu absolvieren! Mißgestimmt liest er den Text. Da kommt ihm eine Idee. *Au*gust Müller feiert im *Au*gust 1725 seinen Namenstag. Sofort regt sich in Bach die Spottlust. Sollen die Leute ihren Spaß haben. Wenn Müller Humor hat, wird er mitlachen, wenn „sein weiser Name“ von Bach durch den Kakao gezogen wird.

Der Kantor entscheidet sich für „große Besetzung“, die dann in einer „open air“-Abendmusik vor Müllers Hause aufgestellt wird und mit viel Freude diesen musikalischen Spaß darbietet.

Der Chor der Winde und Stürme erwartet ungeduldig einen geeigneten Zeitpunkt, um endlich loszubrechen und alles durcheinanderwirbeln zu können. Mit flinken, gegenläufigen Skalenläufen in den verschiedenen Instrumenten wird diese Stimmung charakterisiert. Alle zittern vor dem Losbrechen des Unwetters. Nur Äolus lacht bei der Vorstellung jener Verwüstungen, die er mit seinen Winden anrichten kann und möchte.

Alle Mitwirkenden bitten nun – wieder im Gewande allegorischer Gestalten – den Gott der Winde um Einsicht, doch nicht das schöne Fest zu stören. Aber niemand bringt es fertig, Äolus zu beschwichtigen. Auch nicht der milde, angenehme, laue Sommerwind Zephir mit einer Arie, die sich offensichtlich an die große Bravourarie der Opera seria anlehnt, viele von diesen aber an ungekünstelter Frische, an melodischem und harmonischem Reichtum weit übertrifft.

Erst Pallas Athene gelingt es, den immer ungeduldiger werdenden Äolus zu besänftigen. Sie führt ihm die Wichtigkeit dieser Feier vor Augen. In einem Dialog-Rezitativ läßt Bach dann seinem Mißfallen über derartige zeitraubende Veranstaltungen freien Lauf. Wenn auch in den Spaß verkleidet, weist er deutlich auf die Diskrepanz zwischen Aufwand und Anlaß hin.

Zwischen Pallas und Äolus, der sich offenbar geschmeichelt fühlt, weil sogar eine der obersten olympischen Göttinnen sich um ihn bemüht, entspinnt sich ein entsetzlich langweiliges, nichtssagendes, lediglich mit hohlen Phrasen geführtes musikalisches Gespräch, in dessen Verlauf Äolus einfach alles nachplappert, was ihm Pallas Athene vorspricht. Kaum glaubt er seinen Ohren zu trauen, daß auch die Göttin der Weisheit so leeres Stroh dreschen kann. Er denkt aber über nichts nach, was ihm da geboten wird. Seine Stellungnahme besteht lediglich in der bloßen, völlig unveränderten Übernahme von pathetisch vorgetragenen Allgemeinplätzen der Pallas.

Die Haltung des Äolus ist keinesfalls als Dummheit zu werten, sondern eher als staunend-ironische Reaktion auf die Hohlheit der von der zweithöchsten Göttin vorgebrachten Argumente. Sogar die Götter haben schon nichts mehr zu bieten als Phrasen? Wie gerne brächte er, Äolus, endlich etwas Bewegung in die Szene! Doch er beugt sich ihrem hohen Amte, ihrer Vorrangstellung in der Götterhierarchie. Er zieht seine aufgebrachten Winde zurück. Wegen der Feier für August Müller werden also nun sogar die Winde stillgelegt!

Den Pfeil seines Spottes spitzt Bach noch besonders an, indem er den „weisen Namen" einfach falsch betont! Im Verlauf des ganzen Rezitativs nämlich legt er die Betonung des „August" auf die zweite Silbe und erzielt damit eine echte, handfeste Komik, die von allen − auch von Müller − mit Jubel quittiert wird.

Mit einem ganz simplen Kniff macht er sich so über das Ganze lustig und gibt alle diejenigen, die sich um Huldigungen dieser Art bemühen oder sie inszenieren, der Lächerlichkeit preis.

Ähnliche Übertreibungen werden in einem weiteren „dramma per musica" aufs Korn genommen, in der Huldigungskantate für einen Neugeadelten: „Angenehmes Wiederau".

Hier huldigen Zeit, Glück, Schicksal und − der Elsterfluß einem Neureichen, der aufgrund fürstlicher Verfügung das Gut Wiederau übernimmt. Zeit, Glück und Schicksal geben sich tänzerisch gespreizt, wenn auch nicht ohne Eleganz und Anmut. Sie wahren die höfische Etikette, von der der Beschenkte bis zu diesem Zeitpunkt umgeben gewesen ist, durch deren genaues Befolgen er dann schließlich zum Besitzer eines Landgutes avancieren kann. Die ländlich-sittliche Umgebung Wiederaus steht dieser Etikette allerdings etwas hilflos und fremd gegenüber. Am Hofe ist alles verfeinert, hochzivilisiert, alle Kultur ist überzüchtet. Leider gibt es dort auch „falsche" Gefühle, hier indes ist nur „Natur" zu haben. Erst der Elsterfluß, der sich zwischen den bedeutsamen drei anderen Gratulanten recht seltsam ausnimmt, rettet die Situation und nimmt in schlichten, warmen Tönen für die natürliche Umwelt das

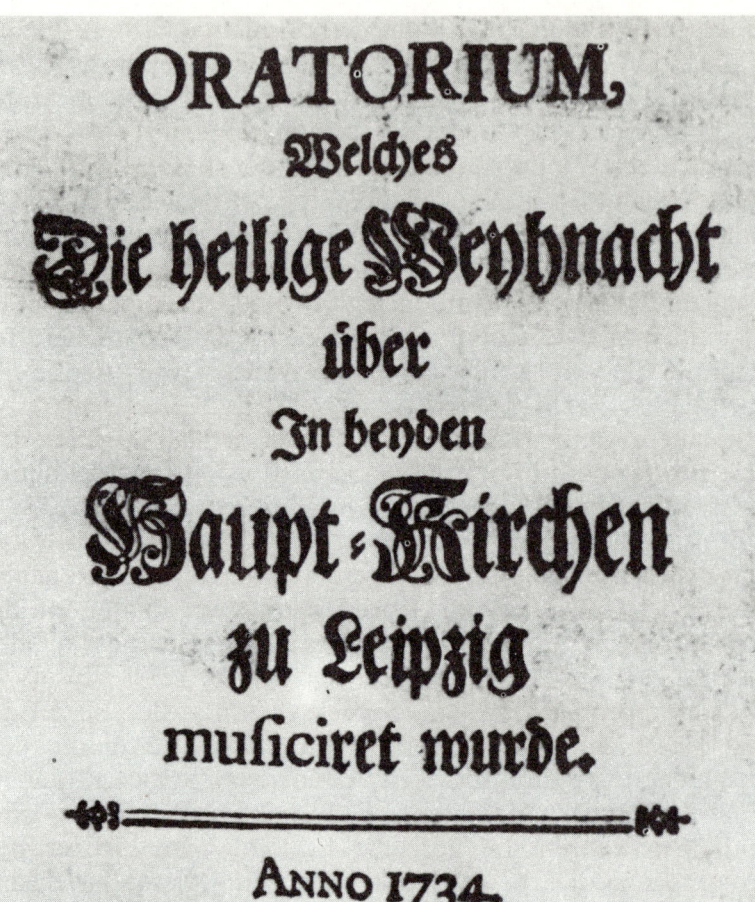

Titelblatt des Textbuches zum Weihnachtsoratorium

Wort, wobei Bach mit drastischen Bildern einige Naturerscheinungen wie den Blitz oder den Feuerstrahl darstellt.

Besonders ansprechend für ein großes Publikum, das vorurteilslos und auch unbelastet von jeder Theorie Musik hören möchte, sind die sogenannte Bauernkantate („Mer ham e neue

Oberkeet") und die zunächst für den eigenen Hausgebrauch komponierte „Kaffeekantate" („Schweiget stille, plaudert nicht").

„Mer ham e neue Oberkeet" – mit Einwürfen echter unvergleichlicher obersächsischer Mundart verziert – entsteht aus ähnlichem Anlaß wie die Huldigungskantate „Angenehmes Wiederau". Hier nun ist Bach volkstümlich im besten Sinne. Er stellt seine Musik ganz auf die ländliche Umgebung ein, was ihm durch den Text allerdings vorgegeben ist. Nichts ist verfremdet mit Mitteln der höfischen Oper. Alle Mitwirkenden treten als das auf, was sie wirklich sind: als Bauern, Bäuerinnen, Städter usw.

In dieser Kantate zeigt sich Bach von einer ganz anderen Seite. Hier gibt er nach! Er komponiert eine gefällige, auch für ein nichtgebildetes Publikum nachvollziehbare, volkstümliche Musik. Mit Einfühlungsvermögen und großer Sympathie stellt er sich auf das Volk ein, obwohl diese Kantate vom Text her eine eindeutige Huldigung feudaler Verhältnisse darstellt.

Der Bauernstand nicht nur Mitteldeutschlands ist derzeit ziemlich übel dran. Ihm fehlt jene Einbindung in eine Gruppe, die in der Stadt beispielsweise in der Funktion von Zünften doch eine gewisse soziale Sicherheit geboten hat. Der Bauer wirtschaftet allein. Das von ihm Geschaffene muß er, um sich und die Seinen über den Winter zu bringen, an die Städter verkaufen. Schlechte Ernten können ihn an den Bettelstab bringen. Außerdem ist er nicht frei in seinen Entscheidungen, sondern abhängig von seiner gutsherrlichen Obrigkeit, vom „Herrn", der nur in ganz wenigen Fällen ein gerechter und zuweilen in Ansätzen auch menschlicher gewesen sein mag.

Die Städter aber machen sich von diesem Stande ein völlig falsches Bild. Sie sehen nur die ländliche Idylle, das Angenehme einer freien, unverfälschten Natur. Wie schön ist es doch immer vor der Stadt, wie lieblich klingen den Besuchern die Laute der Natur in den verwöhnten Ohren. Und wie sauber und adrett sehen Bäuerinnen und Mägde aus in ihrem Sonntagsstaat, mit dem sie sich anläßlich eines Obrigkeitswechsels zum Feste schmücken. Wie gerne wäre man an ihrer Stelle!

Doch nicht nur die Städter möchten tauschen – freilich nicht mit der schweren Arbeit des Landvolks. Auch die Bäuerin beneidet die geputzten Damen, die herausgekommen sind, um den neuen Herrn zu begrüßen. Und sie singt mühsam eine Arie, will es den feinen Städterinnen gleichtun. Aber es gelingt ihr nicht. Sie hat dergleichen Künste nie lernen können. Man lacht die Arme aus.

Alle sind sich deshalb einig, daß jeder bleiben soll, wo er hingehört, und das genießen soll, was er hat und was ihm gemäß ist. Fröhlich und voller Schwung geht das Landvolk schließlich dorthin, wo es sich mit seinesgleichen trifft, „wo der Dudelsack in der Schänke brummt".

Im Juli 1739 kommt der Sohn Wilhelm Friedemann aus Dresden zu Besuch und bleibt fast vier Wochen im Elternhause. Da er weiß, daß Gäste stets willkommen sind, bringt er gleich zwei seiner Dresdner Freunde mit nach Leipzig, die Lautenisten Weiß und Kropffgans. Der Vater ist hocherfreut über diesen unvorhergesehenen Besuch und genießt die Anwesenheit seines „lieben Sohnes", an dem er „Wohlgefallen" hat. Fast jeden Abend wird nun musiziert. Werke älteren Datums werden aus der Schublade geholt, neue geschrieben. Für die beiden Lautenspieler entstehen eine Reihe von Stücken, die sogleich in praxi erklingen.

Eine der Kantaten, die hervorgekramt werden, ist „Schweigt stille, plaudert nicht", unter der Bezeichnung „Kaffeekantate" bekannt geworden.

Es geht um das Kaffeetrinken oder vielmehr darum, daß alle Leute sich jetzt zu der neuen Modetorheit des Kaffeegenusses verleiten lassen. Auch vor der eigenen Tür hat diese Unsitte, über die sich Bach in liebevollem Spott lustig macht, nicht haltgemacht.

Das heiratsfähige „Liesgen", mit dessen Vater Schlendrian sich Bach identifiziert, wird gescholten, weil es zuviel Kaffee

Zupfinstrumente der Bach-Zeit

trinkt. Wütend droht der „Herr Schlendrian" mit allen möglichen Strafen. Lieschen wird – sollte sie einmal heiraten – kein neues Kleid bekommen. Auch keine Schleifen, um sich zu schmücken! Doch Lieschen läßt sich von den Drohungen des brummigen kauzigen Alten nicht einschüchtern. Sie besteht auf ihrem Genuß! Keck und bestimmt fällt sie dem Vater ins Wort. Erst bei dessen Warnung, sie bekäme von ihm keinen Mann, lenkt das Mädchen ein. Natürlich nur zum Schein. Also, wenn die Frage so stehe, dann doch lieber einen Mann und keinen Kaffee mehr! Schlendrian ist zufrieden und sieht sich nach einem passenden Freier um. Inzwischen spinnt das Töchterlein seine weiblichen Ränke. Hinter dem Rücken des Schlendrian verbreitet sie die Nachricht, sie nähme nur einen, der ihr auch in der Ehe den geliebten Kaffee nicht verbieten werde. Selbstverständlich gewinnt die schlaue Tochter das Spiel, und der Vater hat das Nachsehen.

Bach hat dies selbst zu spüren bekommen. Für seine Frau und die großen Töchter gibt es kaum ein größeres Vergnügen, als sich zum sonntäglichen selbstgebackenen Kuchen ein „Schälchen Heeßen" zu brauen. Was soll er anderes tun, als in den lustigen Abgesang einzustimmen:

„Die Katze läßt das Mausen nicht,
Die Jungfern bleiben Coffeeschwestern.
Die Mutter liebt den Coffeebrauch,
Die Großmama trank solchen auch.
Wer will nun auf die Töchter lästern?"

Sehr zum Vergnügen der Logiergäste, der Schüler und aller Familienmitglieder singt Bach mit seiner durchdringenden Stimme selbst die Rolle des Vaters, der sich vergebens müht, seiner Tochter den Kaffeegenuß auszureden.

Obwohl das Ziel des Angriffs das unschuldige Kaffeegetränk ist, richtet sich Bachs Spott auch hier wieder gegen jede Nachäfferei, gegen jede Modetorheit, der der größte Teil seiner Zeitgenossen, ohne darüber erst nachzudenken, nachläuft.

Ähnlich wie in der „Bauernkantate" benutzt Bach auch hier musikalische Mittel, die von jedem verstanden werden können. Er nimmt aufs Korn, was ihm lächerlich erscheint. Seine musikalischen Spitzen sind scharf und treffend, liebenswürdig und komisch.

Neben diesen Gratulations- und Festgesängen, die sich als musikalische Gelegenheitsaufgaben bzw. zu eigenem Gebrauch für eine familiäre Hausmusik ergeben haben, bilden eine wichtige Gruppe in Bachs Kantatenschaffen die Choralkantaten. Ihnen wendet er sich seit Mitte der zwanziger Jahre wiederholt und mit besonderer Aufmerksamkeit zu.

Seit jeher steht der protestantische Choral im Zentrum seiner Kirchenmusik. Bach faszinieren die Möglichkeiten des Gemeindeliedes zur Demonstration seiner Absichten. Allen ist dieses Lied vertraut, sowohl vom Text wie auch von der Melodie her. Deshalb bedurfte der Choral auch nicht immer des gesungenen Wortes, sondern konnte von Bach ebenso eindringlich im Bereich instrumentalen Musizierens eingesetzt werden.

Die Choralvariationen, die er in seinen Orgelvespern und -konzerten spielt, verwenden durchweg Bekanntes, dieses aber in einer Vollendung, wie sie vor ihm noch nie und nach ihm nicht mehr zu hören ist. Schon früh improvisiert er Fantasien über Lutherchoräle, denen er sich in besonderem Maße verpflichtet fühlt, die er vor allen anderen liebt. Nicht immer verfährt er dabei mit ihnen so, wie es von ihm erwartet wird. Meistens geht er sehr großzügig mit ihnen um, zu frei und macht sie fast unkenntlich für jene, die nicht musikalisch erfahren genug gewesen sind, Bachs Intentionen zu überblicken. Dieses ständige Bemühen um Vertrautes sind Versuche, seine komplizierte Musizierpraxis einem immer größeren Zuhörerkreis verständlich zu machen.

In keiner seiner Schaffensperioden kann sich Bach vom Choral trennen. Stets kommt er nach unterschiedlich langen Pausen auf ihn zurück. Sind sie doch mit fortschreitender Zeit und permanentem Religionsverfall fast das einzige Element der Gottesdienste, das die Gemeinde wirklich zusammenzuhalten scheint.

Ähnlich wie Bachs polemische weltliche Kantaten bedeuten auch jene, die sich auf die komplexe Durchgestaltung der Strophen eines Chorals beschränken, sein Bekenntnis zur Tradition. Vor allem zur Tradition des Protestantismus, dessen ehemals so gute und auch humanistische Ansätze seit Jahrzehnten gefährdet sind durch ihre falsche Handhabung. Engstirnige Dogmatiker haben auch diese einstigen Forderungen nach einer größeren Entscheidungsfreiheit des Menschen entstellt. Bach versucht nun mit seiner Musik und der intensiven Zuwendung zum protestantischen Gemeindechoral den Kern dieser Ansprüche wieder zu beleben. Immer sind ja die Choräle auch Ausdruck gesellschaftlicher Auseinandersetzungen gewesen. Deshalb greift Bach in den meisten seiner Choralkantaten gerade auf Lutherchoräle zurück, die er für besonders aufschlußreich hält und in allen Strophen, streng ihrem Wortsinn folgend, ausdeutet.

Um den Wortsinn aber ausdeuten zu können, steht dem Komponisten ein „Katalog" verfügbarer Möglichkeiten zur Wahl. Ob nun diese oder jene Gemütsverfassung, ob Traurigkeit und Schmerz oder Freude und Zuversicht darzustellen sind – man bedient sich der dafür passenden und gebräuchlichen Symbole, um die jeweiligen „seelischen Verfassungen" freizulegen. Eine bestimmte Empfindung des „Gemüths", den „Affekt" richtig zu erfassen und derart in Musik umzusetzen, daß auch der Hörer mittelbar von ihr ergriffen werden kann, macht derzeit die wirklich große musikalische Kunst aus.

Auch in den relativ spät entstandenen Choralkantaten, deren Bedeutung wie schon die der Matthäus-Passion von den meisten seiner Zeitgenossen verkannt worden ist, bedient sich Bach dieser musikalischen „Symbole". Die Kantaten sind aber trotz der traditionellen Mittel weder Ausdruck musikalischer Erstarrung noch etwa ein Beweis für Teilnahmslosigkeit am aktuellen Zeitgeschehen. Sie geben vielmehr Auskunft über Bachs Anliegen und seinen Anspruch.

Immer wieder wendet er sich seit der Köthener Zeit auch der Konzertform zu, die es ihm besonders angetan zu haben scheint. Bedeutet das lateinische Verb „concertare" schließlich nichts anderes, als miteinander zu streiten. In seiner ursprünglichen Übersetzung ist ein „Konzert" demnach ein Wettstreit zwischen einem oder mehreren Soloinstrumenten und dem Ensemble. Beide „concertieren". Was Wunder, wenn Bach, der temperamentvolle und zur Spontanität neigende Streithahn, an der Form des Konzerts so großen Gefallen findet. Seine Konzerte für die verschiedenen Instrumente nehmen neben seinem Kantatenschaffen innerhalb des Gesamtwerkes einen

Zeitungsnotiz über
Konzerte in Leipzig

Nachricht von den Musikalischen Concerten zu Leipzig.

Die beyden öffentlichen Musikalischen Concer=
ten, oder Zusammenkünffte, so hier wöchentlich
gehalten werden, sind noch in beständigem Flor.
Eines dirigirt der Hochfürstl. Weissenfelsische
Capell=Meister und Musik=Directvr in der Tho=
mas und Nikels=Kirchen allhier, Herr Johann
Sebastian Bach, und wird ausser der Messe
alle Wochen einmahl, auf dem Zimmermanni=
schen Caffe=Hauß in der Cather=Strasse Frey=
tags Abends von 8 biß 10 Uhr, in der Messe
aber die Woche zweymahl, Dienstags und
Freytags zu eben der Zeit gehalten. Das an=
dere dirigirt Herr Johann Gottlieb Görner,
Musik=Directvr in der Pauliner Kirche, und
Organist in der Thomas Kirche. Es wird
gleichfals alle Wochen einmahl auf dem Schell=
haferischen Saal in der Closter=Gasse, Don=
nerstags Abends von 8 biß 10, in der Messe aber
die Woche zweymahl, neinlich Montags und
Donnerstags, um eben diese Zeit gehalten.

Die Glieder, so diese Musikalischen Concer=
ten ausmachen, bestehen mehrentheils aus den
allhier Herrn Studirenden, und sind immer gute
Musici unter ihnen, so daß öffters, wie bekandt,
nach der Zeit berühmte Virtuosen aus ihnen er=
wachsen. Es ist jedem Musico vergönnet, sich in
diesen Musikalischen Concerten öffentlich hören
zu lassen, und sind auch mehrentheils solche Zuhö=
rer vorhanden, die den Werth eines geschick=
ten Musici zu beurtheilen wissen.

wichtigen Platz ein. Sie sind der beste Beweis dafür, daß er einfach alles zu komponieren vermochte!

Und wenn er sich dem musikalischen Lieblingskind seiner Zeit – der Oper – nicht zugewendet hat, so hat dies nicht etwa an seinem Unvermögen gelegen, sondern eher an einem Mangel an Gelegenheit. Hätten nämlich seine ignoranten Kritiker all die eindrucksvollen, mit allen Regeln theatralisch-musikalischer Kunst ausgestatteten „drammae per musica" mit offenen Ohren und ohne Vorurteile gehört, so hätten sie überrascht feststellen müssen, daß der Herr Hoforganist, Hofkapellmeister und Kantor ganz sicher unvergleichlich schöne Opern hätte schreiben können. Aber wo? In welchem Amte? Die Forderungen, die seine Dienstherren an ihn gestellt haben, sind eben andere gewesen!

Nun ist es nicht etwa so, daß Bachs musikalische Kompositionskunst von gar keinem seiner Zeitgenossen erkannt worden ist. Es hat durchaus Meinungen gegeben, die ihn richtig und gerecht einzuschätzen wußten. Lorenz Christoph Mizler (1711–1778), ein Schüler Bachs in Leipzig, begründete im Jahre 1738 in Leipzig die „Societät der musikalischen Wissenschaften", welcher auch Bach als vierzehntes Mitglied beitrat. Er bestätigt Bach sogar „Konzessionen an das Publikum":

> *„Wenn aber Herr Bach manchmal die Mittelstimmen vollstimmiger setzet als andere, so hat er sich nach den Zeiten der Musik vor 20 und 25 Jahren gerichtet. Er kann es aber auch anders machen, wenn er will. Wer die Musik gehöret, so ... vergangenen Jahrs ... von der studirenden Jugend aufgeführet, ... der wird gestehen müssen, daß sie vollkommen nach dem neuesten Geschmack eingerichtet gewesen, und von iedermann gebillichet worden. So wohl weiß der Herr Capellmeister sich nach seinen Zuhörern zu richten."*

Wenn Bach also auch keine Opern geschrieben hat, so ist doch wenigstens seine Kunst, Konzerte zu komponieren, nicht geringer als die seiner komponierenden Opernkollegen geachtet worden. Instrumentalkonzerte entstanden für den Fürsten in Köthen, für den preußischen Markgrafen, für sein Leipziger collegium musicum oder – so ist es zu vermuten – für den Dresdner Hof.

Eins dieser Konzerte – bereits in Köthen komponiert – ist das für Violine und Orchester in E-Dur, das jedem Vergleich mit etwa gleichzeitig verfaßten Werken dieser Gattung von Händel oder Telemann standhält, ja jene an Tiefe und Musizierfreude zuweilen übertrifft.

Das dreisätzige Werk zeigt in seinen beiden Ecksätzen musikalisch-bildhaft die ganze Prachtentfaltung höfischen Zeremoniells in gleicher Vollendung wie eine „nonverbale Passion" des Mittelsatzes, in dem die Erhabenheit des Menschen zum Ausdruck gebracht wird. Wenn überhaupt, so darf im zweiten Satz dieses Violinkonzertes von einer ununterbrochen fließenden Melodie gesprochen werden. Der Satz ist wie ein feingesponnenes, filigranes Gewebe, dessen einzelne Fäden dem Auge zwar sichtbar, dessen Anfang und Ende aber nicht auszumachen sind. In strenger Polyphonie geht eins immer in das andere über, ohne aber ineinanderzufließen und an eigener Substanz zu verlieren. Eigenwertigkeit bleibt stets erhalten. Nur eine Generalpause hinter dem Dominantschluß, den Bach als „Verweigerung" jeder eindeutigen Antwort auf Fragestellungen so gern einsetzt, unterbricht für Bruchteile von Sekunden das musikalische Geschehen. Ein Moment des Denkanstoßes – ohne didaktischen Zeigefinger, nicht erzwungen, nicht aufgesetzt, sondern aus dem musikalischen Ablauf entwickelt und in den Raum gestellt.

Die ungeheure Spannung dieses Satzes, die Leidenschaftlichkeit seiner Forderungen an den Menschen, die Intensität der Darstellung jenes Menschen, den sich Bach eben nicht nur elend, müde und armselig wünscht, sondern erhaben und voller Kraft, bedarf dringend einer freudigeren Entsprechung. Diese wird im dritten, lebensprühenden Satz gegeben.

„Intersoziale Kommunikation" in Kirche und eigener Familie

*„Ob es mir nun zwar anfänglich gar nicht anständig seyn sollte,
aus einem Capellmeister ein Cantor zu werden …, so dann die
mutation vornahme."*

Diese Worte Bachs aus einem Brief an Georg Erdmann verweisen auf seinen Amtswechsel aus Köthen nach Leipzig, von der
Veränderung der Anstellung eines Hofkapellmeisters in das
Amt des Kantors an der Leipziger Hauptkirche. Nur aus dem
Zusammenhang heraus ist dieser Satz zu verstehen – als Verbeugung vor dem einflußreichen Danziger Residenten als Vertreter des Petersburger Kaiserhofes.

Die Formulierung „gar nicht anständig" ist deshalb irreführend, sieht man sie losgelöst von Bachs geheimen und offen
dargelegten Wünschen und Hoffnungen. Aus ihr den Schluß
zu ziehen, Bach habe in einem Kirchenamte eine minderwertige Beschäftigung gesehen, ist nicht angebracht, so klar er
auch auf der Hand zu liegen scheint. Die Äußerung darf, unabhängig von jedem Zweckdenken Bachs, keineswegs als Herabsetzung des Organistendienstes oder Stadtkantors gedeutet
werden. Die Behauptung, Bach sei ganz sicher viel lieber
Hofmusiker geblieben, muß als Spekulation verworfen werden. Was allerdings nicht bedeutet, daß er von Köthen aus
nicht gern an einen anderen, größeren Hof gewechselt hätte,
an dem er auch Kirchenmusik hätte treiben können. Dies
heißt aber nicht, daß er nicht gerade jetzt, 1730, mit dem Titel
eines kaiserlichen Hofkapellmeisters geliebäugelt hätte …

Abneigung gegen ein Kirchenamt hegte er zweifelsohne
nicht. In jeder Position blieb ihm die „regulierte Kirchenmusik" ein wichtiges Anliegen. „Regulierte Kirchenmusik" aber
bedeutete in erster Linie nichts anderes als die Möglichkeit zu
regelmäßiger Aufführung sakraler Musik unter guten Bedingungen. Und diese Möglichkeit war gleichbedeutend mit geringer Einschränkung bei großer Bewegungsfreiheit in seinem

Kompetenzbereich. Gerade diese Voraussetzungen aber schienen ihm nun auch in Leipzig nicht gegeben.

Bach versteht unter Bewegungsfreiheit, daß man ihm im gegebenen Moment sowohl die finanziellen Mittel zur Verfügung stellt wie auch die erforderliche Zeit und den geeigneten Übungsraum. Für die Qualität seiner Musik fühlt er allein sich kompetent. In allen den musikalischen Verantwortungsbereich betreffenden Fragen gerät er deshalb immer wieder in Konflikte. Einmal hat er keinen Chor zur Verfügung und muß mit einem willkürlich zusammengestellten Liebhaberchor arbeiten – wie in Mühlhausen. Selbstverständlich hat sich dieser Chor damals nicht gerade durch Disziplin und kontinuierliche Probebereitschaft ausgezeichnet. Dann wieder kosten musikalische „Aushilfen" für die fehlenden Instrumentalisten zuviel Geld – wie in Köthen. Oder er stößt wegen ungebührlicher Längen seiner Musik, wegen der eingeführten Neuerungen bei Kirchenvorstand und Gemeinde auf Ablehnung und Unverständnis – wie dies schon in Arnstadt der Fall gewesen ist.

Trotzdem läßt Bach in seinen Anstrengungen wie auch in seinen Forderungen zeitlebens nicht nach. Er kämpft immer wieder um die größtmögliche und um eine akzeptable Realisierung seiner kirchenmusikalischen Absichten. Er kämpft nicht nur, weil es ihn als Musiker drängt, gute Musik zu machen, sondern auch, weil er sich verpflichtet fühlt, den Menschen, die ihm zuhören, Trost, Mut und Zuversicht durch seine Musik zu geben.

Was aber ist dazu geeigneter als ein musikalisches Kirchenamt, das eigens zu einem solchen Zwecke existiert und die Durchführung regulierter Kirchenmusik garantieren soll. Denn nur in der Kirche – dem Gotteshaus – ist zu damaliger Zeit die Möglichkeit gegeben, die Aufmerksamkeit einer großen Menschenmenge aus nahezu allen Bevölkerungsschichten auf die Religion und – mit den Mitteln der musikalischen „Sprache" – auf das Anliegen religionsbezogener Musik und gerade deren Aufgaben zu lenken. Und dies eben sogar gleichzeitig! Das Kirchenschiff ist das Zentrum, wo sich allsonntäglich, an den Fest- und Feiertagen ein „intersoziales" Publikum, trotz aller Unterschiede gemeinsam lauschend und gemeinsam aktiv teilnehmend, der religiösen Andacht widmet.

Im Gegensatz zu jenen dem Adel vorbehaltenen Musikaufführungen in den Theatern, der Musikausübung in den Festsälen und Kammern der Schlösser und auch im Gegensatz zu den Hausmusiken in den Bürgerhäusern ist die Kirche der einzige Platz einer umfassenden Wirksamkeit der Musik. In der Kirche treffen sich jung und alt, arm und reich. Fast gleicht dies einer Theatersituation: Es gibt sogar für die wohlhabenderen Bürger gesonderte Kirchensitzplätze, die nicht selten üppig verziert sind mit Schnitzwerk und Ähnlichkeit mit den Logen der Theater haben. Doch immerhin werden hier alle – ohne Unterschied des Standes – angesprochen.

Hier findet wöchentlich – oft gar mehrmals – eine Gemeindeversammlung statt, in der man sich auch über die neuesten und wichtigsten Ereignisse informiert, die sich im Verlauf einer Woche zugetragen haben oder die in der nächstfolgenden Zeit zu erwarten sind. Todesfälle, Beerdigungstermine, Taufen und Hochzeiten, Kriegsausbruch und Friedensschluß und vieles andere mehr werden von der Kanzel herab verkündet. Der Pastor ist allen sichtbar, die Botschaft allen hörbar, der Gesang des Chorals allen mitvollziehbar. Der Gottesdienst ersetzt so das informierende „Wochenblatt" für sämtliche Vorgänge im Leben der Menschen. Hier bittet man um „Milde" der Obrigkeit, um die Rettung vor dem Feinde; erfleht Gottes Hilfe für die Erhaltung des Friedens. Die Predigt ist gleichermaßen Keimboden für Klatsch wie auch Ursprung der Erbauung. Denn gleich nach dem Verlassen der Kirche, noch bevor die einzelnen sich wieder in ihre Wohnungen zurückziehen, werden entweder die soeben vernommenen Neuigkeiten beredet, begutachtet, verworfen, oder man nimmt sich vor, doch zukünftig einige der wohlgemeinten Aufforderungen zur Hebung

238

der Sitten zu befolgen. Dann läuft alles auseinander. Gemeinsam gepflegte Andacht weicht dem alltäglichen Ablauf. Bei dem einen ist dieser Alltag die Sorge um das tägliche Brot, welches man soeben voller Zuversicht vom Himmel erfleht hat, beim anderen sind es die Gedanken der Vorfreude auf ausgedehnte sonn- oder feiertägliche Völlerei mit den darauf zwangsläufig folgenden physischen Beschwerden.

Für die kurze Zeitspanne der religiösen Handlung aber hat sich in der Kirche wenigstens die Illusion eingestellt, daß „vor Gott" alle Menschen „gleich" seien. Und an diese wenn auch nur scheinbare für einen kurzen Moment „im Glauben verschworene" Gemeinschaft will sich Bach wenden.

In seinen Kirchenämtern nimmt er teil an aktueller Not, am Elend und an der politischen Bedrängnis vor allem jenes Teils der Bevölkerung, der aufgrund gesellschaftlicher Verhältnisse des Mitgefühls, der aufmunternden oder vielleicht tröstenden Zuwendung besonders bedarf.

Knapp zwei Jahrhunderte früher hat Luther mit der Reformierung der Kirche und des Gottesdienstes auch der Musik als gemeinsamer Handlung einen wichtigen Platz eingeräumt. Die Musik ist nun der Verständlichmachung des ins Deutsche übertragenen Bibelwortes unterstellt. Gerade das versucht dann auch Bach weiterzuführen, nicht selten jedoch ohne den gewünschten Erfolg bei der Gemeinde. Denn nicht immer hat sich Bach an Luthers Forderung, „ganz schlichte, langläufig aber immer zugleich saubere und treffende Ausdrücke zu wählen", gehalten, „und der Sinn sollte klar ... sein". Obwohl es auch Bach um Schlichtheit und Nachvollziehbarkeit geht, nimmt er sich heraus, manchmal auch mißverständliche, „neue, modisch-elegante Töne" anzuschlagen. Gerade das, was er für andere Kritiker zu sehr vernachlässigt, bemängeln die Kirchenbehörden: nicht nur „neu", sondern auch noch „modisch-elegant"!

In seinen meisten frühen Vokalwerken spricht Bach seinen Zeitgenossen noch „aus der Seele". Darauf weist die Auswahl seiner Texte, die er bewußt und voller Verantwortung trifft. Er identifiziert sich mit dem, was zu vertonen er beabsichtigt.

Die Frage, inwieweit sich der Thomaskantor dem unaufhaltsamen Fortschreiten und Verändern jeder künstlerischen, ideologischen oder gar theologischen Aussage bewußt zu widersetzen sucht, ist offen. Es liegt aber nahe, daß er nicht sehen will, was sich immer eindringlicher abzuzeichnen beginnt: die Abwendung von dem, was als „rechter Glaube" seinen Lebensweg und seine Aufgabe bestimmt. Erbittert kämpft er um seine eigene Glaubwürdigkeit, um seine schöpferische Existenz, die er nicht zuletzt auch als belehrend gesehen und anerkannt haben möchte.

Seine Haltung zu neuen, modernen Strömungen bedeutet nicht Trotz oder gar Besserwisserei. Hat er einst als junger Hofkomponist zu Weimar nicht alles gierig aufgesogen, was sein eigenes Werk bereichert? Kann er jetzt nicht einsehen, daß jene anderen, momentan als modern gepriesenen Mittel in der Musik zukünftig das Feld erobern und auch behaupten werden? Daß sich in diesem neuen Stil die Spreu vom Weizen trennen wird! Daß die neuen Mittel gegenwärtig einer Zerreißprobe ausgesetzt sind, aus der sie ganz sicher als Sieger hervorgehen werden, weil ganz einfach die Zeit des strengen Kontrapunkts vorüber ist!

Die Zeit ist reif, ja überreif nicht nur für musikalische Umwälzungen, sondern auch für Veränderungen sozialpolitischer Zustände.

Kaum ist anzunehmen, daß Bach die konfliktreichen Prozesse seiner Zeit nicht gesehen oder ihre Tragweite unterschätzt hat. Gerade aber, weil er ihre Bedeutung erkennt wie kaum ein anderer, lehnt er sich dagegen auf, treibt „Vogel-Strauß-Politik", sieht sein Weltbild gefährdet, bisherige Autoritäten untergraben.

Er ist außerstande, sich aus den Grenzen, die ihm seine Religiosität setzt, zu lösen oder auch nur mit Fragen deren Toleranzbereich zu überschreiten. Zweifel an der Gerechtigkeit

240

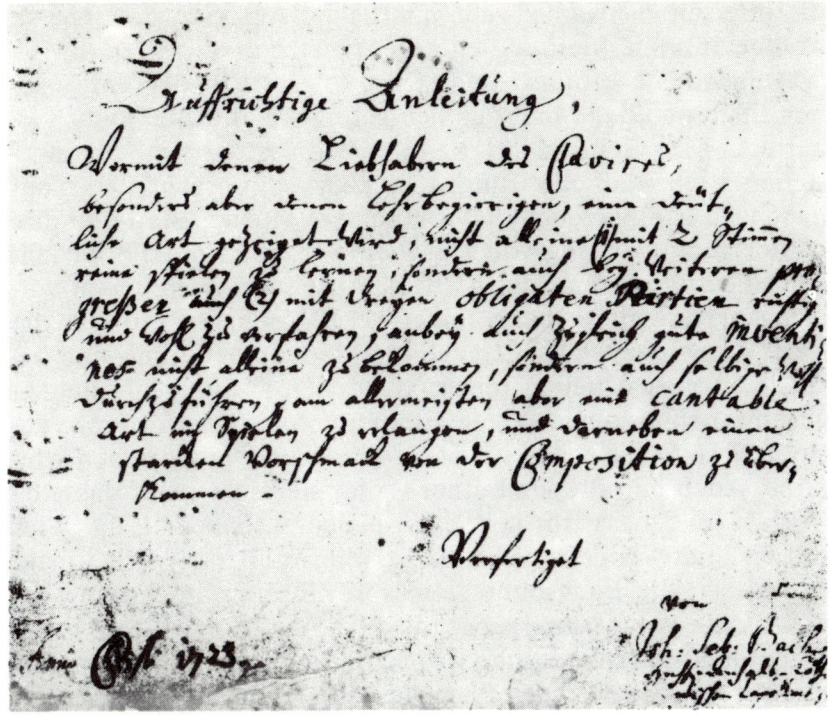

Anleitung von Bach zum Erlernen eines Instrumentes

„Gottes" hat es auch bei ihm gegeben, an dessen Existenz indes nie!

Die Konflikte, die sich möglicherweise aus fehlender Einsicht in die Gegenwartsproblematik ergeben, machen auch vor
der eigenen Tür nicht halt, wachsen sich aus zu Konflikten
zwischen dem Vater und seinen schon erwachsenen, musikalisch sehr begabten Söhnen aus erster Ehe, Wilhelm Friedemann, Carl Philipp Emanuel und Johann Gottfried Bernhard.

Häufig wird in der Wohnstube der Kantorenwohnung disku-
tiert und in den meisten Fällen heftig gestritten. Bach verliert
die Geduld, wird zuweilen unsachlich und kränkt die Söhne,

241

die ihrerseits versuchen, der väterlichen Autorität eine eigene wohlbegründete Meinung entgegenzusetzen.

Aufgebracht, erbittert und starrsinnig vertritt der Vater seinen Standpunkt. Je mehr er sich gereizt sieht, desto mehr verhärtet er sich. Selbst dann, wenn er sich später heimlich eingestehen muß, daß die Jungen ja ganz so unrecht gar nicht haben. Er ist überzeugt, daß sie tüchtige Musiker sind und ihre Ämter verantwortungsvoll versehen werden. Und die Gedanken, die sie während der heftigen Auseinandersetzungen vorbringen, verwirft er dann leicht als Flausen, als Grillen, die ihnen sicher von selbst vergehen werden. Seine Söhne sind begeistert von den neuen Ideen, aus denen sie sich ihre neuen, gegenwartsbezogenen Ideale zimmern. Alles wird in Frage gestellt. Zweifel an jeder Autorität wird zur studentischen Maxime. Auch der alte Dr. Luther ist für sie nicht mehr dasselbe Vorbild, das dieser für den Vater bedeutet. Die Zeit, da „alles mit Religion" angefangen wird, ist ein für allemal vorbei. Und das wissen die Bachsöhne sehr wohl. Ihre wache Intelligenz, die leichte Auffassungsgabe und überdurchschnittliche Musikalität läßt sie ein Gespür entwickeln für all das, was in die Zukunft weist. Sie verfügen über ein völlig anderes Lebensgefühl als der Vater, versuchen sich freizusetzen von den Tabus, die ihnen im Elternhaus aufgezwungen worden sind und die sie nur als Kinder und Jugendliche unreflektiert akzeptiert haben. Hellhörig sind sie, wach und offen für alle Fragestellungen, die ihnen außerhalb des Kantorenflügels der Thomasschule angeboten werden und von denen sie zumindest ahnen können, daß sie einst gewaltige Umwälzungen mit sich führen werden.

Es ist nicht leicht für die drei Söhne, die die zunehmenden Streitereien ihres Vaters mit dessen Vorgesetzten erleben müssen, sich im Elternhaus einzufügen, obwohl sie den Vater lieben und auch bewundern. Aber sie streben nach draußen. Des Vaters Welt ist nicht mehr die ihrige. Sie verfolgen die aktuellen Polemiken – auch die Angriffe auf ihren Vater – zunächst wie Kinderkrankheiten, fiebrig, von einem Extrem ins andere fallend. Den Verlockungen des Neuen verfallen sie nicht etwa, weil sie schwach sind, sondern weil es die Zeit von ihnen fordert, weil sie sich stark genug fühlen, das Alte mit dem Neuen zu einer neuen, annehmlicheren musikalischen Qualität zu verquicken. Zu einer neuen Musik, die, anders als jene „alte", dieser einst einmal in allem ebenbürtig sein wird.

Bei allem Respekt vor der Leistung des Vaters, dem tiefen Ernst seines Anliegens wissen sie, daß dieser nicht recht hat mit seinen Vorhaltungen, mit seinem starren Berufen nur auf alte Musikformen. Als sie indes merken, daß sich Bach manchmal, ohne es freilich zuzugeben, der verachteten neuen musikalischen Mittel bedient, sind sie außer sich vor Freude. Sie hören es doch genau, wenn er der Melodiestimme das Primat gibt und allen anderen Stimmen die Begleitung zuteilt. Meint er, er könne sie hintergehen, wenn er sogar in seiner großen h-Moll-Messe einen ganzen Satz fast durchweg im modernen Stil komponiert? Bach straft sich selber Lügen, alle hören das, vor allem die Söhne wissen es herauszufinden und freuen sich der väterlichen Inkonsequenz. Die Vorhaltungen des Vaters, seine Belehrungen und didaktischen Spielchen verlieren so für sie an Schärfe und vor allem an Gewicht.

Carl Philipp Emanuel hat sich – begünstigt durch einen Studienaufenthalt in Frankfurt (Oder) – geschickt der Protektion des Vaters entziehen können. Anders verhält sich die Sache bei Friedemann, dem Begabtesten, aber auch am meisten belasteten Erstgeborenen Bachs. Bei der Suche nach einer geeigneten Stelle für Wilhelm Friedemann schaltet sich Johann Sebastian Bach aktiv ein. Friedemann fühlt sich am tiefsten mit dem Vater verbunden. Dessen zu sehr zur Schau getragenes Selbstbewußtsein und dessen musikalische Ansprüche schüchtern ihn ein und hemmen ihn. Daß des Vaters Selbstwertgefühl, zuweilen nur vorgetäuscht, als real vorhanden ist, ahnt er kaum.

Der Älteste wurde bei jeder Gelegenheit mitgenommen und vorgezeigt. Nie hat sich Wilhelm Friedemann ganz aus den

Dresdner Zwingergarten

Fesseln losreißen können, mit denen ihn der Vater in seiner apodiktischen Art, seine Meinung durchzusetzen, von Kindheit an ihn gebunden hat. Der gewaltige Schatten des Vaters überlagert seine eigene Entscheidungskraft und -freude. Beladen mit Minderwertigkeitskomplexen, fürchtet er sich davor, daß er als „Sohn eines berühmten Vaters" diesem Maß nicht standhalten kann.

Als im Jahre 1733 die Organistenstelle an der Dresdner Sophienkirche neu zu besetzen ist, nutzt Bach seine Beziehungen, reicht für seinen ältesten Sohn ein selbstverfaßtes Bewerbungsschreiben ein und erwirkt dessen Anstellung nach bestandenem Probespiel. Der Vater hat oft in dieser Kirche

244

musiziert und sich bei den Dresdnern einen außerordentlich guten Ruf erwerben können. Nun wird der Sohn in dieser Stadt ansässig, in welche ihn Bach schon früher mitgenommen hat, um sich mit ihm gemeinsam die „welschen Liedlein" anzuhören. Denn keineswegs hat Bach etwas gegen die italienische Oper der Zeit einzuwenden, wenn diese meisterhaft komponiert und gut aufgeführt wird.

Zu seinen treuen und verständnisvollen Freunden zählen auch bedeutende Vertreter dieses damals so überaus beliebten Genres. Der derzeit wohl berühmteste Opernkomponist Johann Adolf Hasse und dessen Frau, die Opernsopranistin Faustina, weilen nicht selten im Leipziger Bachhause zu Gast. Gemeinsam wird dann bis in die Nacht hinein musiziert. Es steht außer Zweifel, daß während dieser Hausmusiken Arien und Duette aus zeitgenössischen Opern erklungen sind.

Friedemann findet also in Dresden wärmste Aufnahme und versieht sein Amt voller Verantwortung und Fleiß. Sensibler als seine jüngeren Brüder, tut er sich schwerer als jene. Für ihn entwickeln sich die geistigen und vor allem künstlerischen Auseinandersetzungen dieser vielgestaltigen und schillernden Umbruchzeit zu wirklich belastenden Konflikten. Deshalb hat er es schwerer als die anderen, sich genügend Freiraum zu schaffen für die eigene schöpferische Arbeit.

In seiner Gedankenwelt, die sich dann im Werk niederschlägt, prallen Musiktradition und der neue Stil in einer Weise aufeinander, die nicht nur seine Kompositionsweise beeinträchtigen, sondern auch eine Kontinuität seiner Entwicklung von vornherein verhindern. Immer wieder muß er sich im eigenen Schaffensprozeß gegen den in seinem eigenen Innern präsenten und auf dessen Forderungen beharrenden Vater auflehnen, was ihn viel Kraft kostet. Die starke Vaterbindung versucht er mit einer bewußten Unterstreichung modischer Firlefanzereien abzuschütteln. Das, was er dann aber doch niederschreibt, beweist größte Begabung und absolute Beherrschung aller zu Gebote stehenden Kompositionstechniken.

Johann Adolph
Hasse (1699–1783)

Weder verharrt Wilhelm Friedemann im Erlernten, noch übernimmt er unreflektiert die neuen musikalischen Errungen-
schaften. Gerade er setzt nun neue Maßstäbe, gerade er steht –
obwohl dem Vater am anhänglichsten und zugleich doch sehr
zwiespältig verpflichtet – der zukünftigen Musik am nächsten.
Seine Kompositionen sind weit davon entfernt, nur als gelun-
gener Kompromiß zwischen Altem und Neuen sich Geltung zu
verschaffen, sondern beweisen durch ihre Tiefe und innere
Glaubwürdigkeit die Berechtigung all dessen, was in der
„neuen Musik" als zukunftsweisend sich durchzusetzen beginnt.

Anders verläuft die Entwicklung von Carl Philipp Emanuel
Bach. Bei ihm ergeben sich aus dem Hineinwachsen in einen
neuen musikalischen Stil – auch in eine sich bereits abzeich-

nende neue Zeit – keinerlei Konflikte. Er ist bei weitem der anpassungsfähigste der älteren Söhne und etabliert sich trotz erfolgreichen Jurastudiums in Frankfurt 1738 als Hofcembalist beim preußischen Kronprinzen Friedrich in Ruppin und Rheinsberg.

Hier, in dem reizvollen Schloßbau, in der Tafelrunde, beim Musizieren mit dem etwas überspannt scheinenden Sohn des Soldatenkönigs, der davon träumt, alles besser zu machen als sein martialischer Vater, verlebt Carl Philipp Emanuel seine Sturm-und-Drang-Periode. Gemeinsam mit dem Hohenzollernprinzen, der sich in leidenschaftlichen Gesprächen für eine „aufgeklärte Monarchie" begeistert, musizieren die wenigen hervorragenden Musiker der relativ aufwendigen „Verbannungshofhaltung" bis in die Nacht hinein. Philipp Bach sitzt am Cembalo, und Friedrich beweist als ziemlich guter und musikalisch hochgebildeter, zudem feinsinniger Flötist sein Können. Beide komponieren um die Wette. Selbstverständlich überläßt der Bachsohn dem Preußen den ersten Platz. Aber er weiß, daß der Kronprinz ihn durchschaut. Trotz einer zwischen ihnen stets schwebenden ironischen Spannung ist das Verhältnis zwischen Dienstherrn und Hofmusiker recht gut. Dies bleibt auch so, als Friedrich im Jahre 1740 nach dem Tode des Soldatenkönigs König von Preußen wird und nach Berlin übersiedelt.

Für den Vater, Johann Sebastian Bach, dem in Leipzig das Leben immer schwerer wird, ist das Ansehen, welches sein Zweitältester bei dem Preußenkönig genießt, eine tiefe Freude und Genugtuung. Trotz der häufigen scharfen Auseinandersetzungen, die er mit den Söhnen gehabt hat, ist er doch stolz auf deren Erfolge und ihren Fleiß. Und wenigstens hat einer das einst von ihm so begehrte Ziel Preußen erreicht! Erneut beginnen Bachs Gedanken um diesen Punkt zu kreisen. Bestimmt wird er bald seinen Sohn besuchen. Vielleicht auch wird er Friedrich II. vorgestellt werden?

Ein Jahr vor der Anstellung Wilhelm Friedemanns an der

Johann Christian
Bach (1735–1782)

Sophienkirche zu Dresden wird 1732 Johann Christoph Friedrich geboren, und im September 1735 folgt als letzter Sohn Johann Christian.

Diese beiden „Nachkömmlinge" von Anna Magdalena und Johann Sebastian Bach, fast eine Generation später zur Welt gekommen als die ältesten Brüder, welche kaum noch zu Hause sind, bleiben von den Auseinandersetzungen zwischen „stile antico" und „stile moderne" unberührt. Sie wachsen problemlos in die neue Zeit und in die „neue Musik" hinein. Obwohl auch diese beiden musikalisch begabt sind, bringt der Vater ihnen bei weitem nicht die Zuwendung und das Interesse entgegen wie seinen drei Ältesten. Abfällige Äußerungen, die überliefert sind, lassen sogar darauf schließen, daß Bach von den später geborenen Knaben nicht viel gehalten hat.

Über Johann Christian, den späteren „Londoner" Bach, mit dem das Kind Mozart zusammengetroffen ist, soll Johann Sebastian Bach folgende herabsetzende Äußerung getan haben:

> „Mei Christian is e dummer Junge, darum macht e ooch noch gewiß emal sei Glück in der Welt."

Nur um weniges freundlicher ist die Äußerung Forkels über denselben Bachsohn:

> Christian sei „ein Mann von Weltkenntnis" und habe die „allgemein betretene Straße erwählt".

Auch dieses Urteil stellt Christian Bach in die Reihe der Mittelmäßigen und klingt nur etwas weniger sarkastisch als Bachs Meinung!

Johann Christoph Friedrich, der „Bückeburger" Bach, wird schon als Jüngling in die Dienste des Grafen von Schaumburg-Lippe treten und dort durchaus seinen Mann stehen, ohne vielleicht die Größe und Bedeutung seines fünfzig Jahre älteren Vaters je richtig eingeschätzt zu haben.

Ein Sorgenkind für Johann Sebastian Bach, der ohnehin schon genug um sein Ansehen zu kämpfen hat, wird der dritte Sohn Maria Barbaras, Johann Gottfried Bernhard. Wie sein älterer Bruder Carl Philipp Emanuel will auch er studieren und bringt deshalb dem Wunsch des Vaters, Kirchenmusiker zu werden, nicht viel Begeisterung entgegen. Bach aber läßt sich nicht beirren.

Als 1735 in Mühlhausen die Stelle eines Organisten an der Marienkirche frei wird, setzt er sich dafür ein, daß sein Sohn diese Stelle bekommt. Ohne rechte Überzeugung, daß dies nun eine erstrebenswerte Beschäftigung sei, muß sich der Drittälteste fügen. Vielleicht ist er auch froh, endlich von zu Hause wegzukommen. Zunächst macht er dem Vater und dessen einstigem guten Mühlhäuser Ruf alle Ehre und beweist, daß er etwas leisten kann. Doch bald langweilt ihn dieses Einerlei, die kleine Stadt wirkt auf ihn ermüdend und lähmt jeden Impuls, voranzukommen. Bernhard bewirbt sich deshalb mit Erfolg in Sangerhausen. Doch auch das befriedigt ihn nicht. Er fühlt sich in eine Tätigkeit gedrängt, die er nie hat ausüben wollen, zu der er sich nur aus Gehorsam dem Vater gegenüber gezwungen sieht. Er fängt an zu bummeln, und, was noch schlimmer ist, er macht Schulden, bleibt mit der Wohnungsmiete im Rückstand. Bernhard verläßt die Stadt und seine Stellung, ohne jemanden zu informieren, um sich vor dem Schuldenturm zu retten.

Als der Vater in Leipzig von diesen Eskapaden unterrichtet wird, fragt dieser gar nicht erst nach den Ursachen eines solchen Verhaltens. Mit vielen untertänigen und verschämten Entschuldigungen begleicht er die Schulden seines Drittgeborenen. Auf die Idee, sich mit diesem „leider mißrathenen" Sohne einmal auszusprechen, kommt er nicht.

Zunächst bleibt Gottfried Bernhard verschollen, und der Vater bittet die Kirchenbehörde in Sangerhausen – vielleicht doch nicht ganz ohne väterliche Sorge –, diesen noch nicht seines Amtes zu entheben, sondern zu warten, bis er „wieder zum Vorscheine" komme. Man möchte auch bitte ihm, dem Vater, nicht „die üble Aufführung" zur Last legen. Bald wird bekannt, daß sich Johann Gottfried Bernhard im Januar 1739 an der Universität zu Jena an der juristischen Fakultät hat einschreiben lassen – ohne vorher den Vater um Erlaubnis zu bitten oder wenigstens in Kenntnis zu setzen. Das wird ihm in Leipzig stark verübelt. Als der „Mißrathene" schon vier Monate nach seiner Einschreibung stirbt, scheint für den Thomaskantor dieses Kapitel abgeschlossen zu sein. Er erwähnt es nicht wieder.

Das Bachsche collegium musicum

Kurz vor seinen Auseinandersetzungen mit den städtischen Behörden wurde Bach 1729 die Leitung eines der beiden collegia musica übertragen, was ihm sehr zupaß kam. Bedeutete diese Möglichkeit geselligen Musizierens doch ein wenig Abwechslung in seiner kirchenmusikalischen Praxis, deren Durchführung ihm letztens soviel Verdruß bereitet und ihn Kräfte gekostet hatte. Froh, endlich einmal einer gewissen amtsbedingten Einseitigkeit wenigstens für einige Stunden wöchentlich entrinnen zu können, stürzte er sich mit Eifer in diese neue Aufgabe.

Da viele „studiosi" in seinen sonntäglichen Kantaten mitsangen, war ihm der größte Teil der Mitglieder dieser studentischen Vereinigung bekannt. Und die Studenten, die nach zeitgenössischen Berichten nicht selten recht musikalische Burschen gewesen sein sollen, freuten sich über Bachs Ernennung, weil sie endlich wieder unter einem „director musices" von Format musizieren konnten. Es wurde Zeit, daß wieder Leben in die tristen Veranstaltungen kam.

Nicht zuletzt wird durch Bachs Übernahme dieses Amtes die Musikszene der ganzen Stadt belebt. Für Gäste und Gastgeber ist die Messestadt von Stund an um eine sehr öffentlichkeitswirksame Attraktion reicher.

Die Konzerte finden „alle Wochen einmal, auf dem Zimmermannischen Caffe-Hauß" statt, während der Messen sogar zweimal, „abends von 8 bis 10 Uhr".

Jedermann hat – soweit Platz vorhanden – Zutritt als Gast. Jeder begabte „Virtuos" kann sich hören und bewundern lassen. Die Konzertprogramme sind heutigen „Estradenkonzerten" nicht unähnlich! Das collegium musicum, dessen Leitung jetzt in Bachs Händen liegt, ist bereits 1702 von keinem Geringeren als Georg

Das Zimmermannsche Kaffeehaus

Philipp Telemann gegründet worden. Und obwohl dieser sich den Leipzigern gegenüber nicht gerade fair gezeigt hat, müssen die Stadtväter ihn doch zu jenen Persönlichkeiten zählen, die das Musikleben ihrer Stadt bereichert haben und als berühmte „Tonkünstler" später in ganz Europa zu Ehren und Ansehen gelangt sind.

Das Publikum im Zimmermannschen Garten „vor dem Grimmaischen Thore" oder „Caffe-Hauß" ist gemischt. Viele kommen vorbei, um nach einem ausgedehnten Spaziergange eine Gose und ein Nachtmahl zu nehmen oder im Vorübergehen ein Stündchen zu verweilen. Andere besuchen diese Etablissements, um vielleicht ein neues, der neuesten Messemode folgendes Gewand zu präsentieren, manch einer, um sein Liebchen auszuführen.

„Mehrentheils" waren aber auch *„solche Zuhörer vorhanden, die den Werth eines geschickten Musici zu beurtheilen"* wußten.

Als es sich herumgesprochen hat, Bach habe jetzt das collegium musicum, und zwar das „Telemannische" übernommen, entdecken plötzlich auch viele Neugierige ihre musikalischen Neigungen, von denen sie selbst zuvor nichts geahnt haben. Ganz sicher ist es nicht ohne Reiz gewesen, dorthin zu gehen. Vielleicht hat man dort etwas Neues erfahren und seine Klatschsucht und Sensationsgier befriedigen können. Man gibt sich höchst interessiert, schmaucht sein Pfeifchen und wartet im stillen nur darauf, daß es doch zu irgendeinem Skandälchen kommen möchte.

Schließlich ist es nicht ausgeblieben, daß die schulinternen Zwistigkeiten, die sich im Laufe der Jahre zwischen dem Thomaskantor, seinen Vorgesetzten und den ehrenhaften Stadtvätern immer mehr zugespitzt haben, nach außen gelangt sind. Es muß ja schlimm zugegangen sein an dieser Schule! Und nun hat gar dieser renitente Bach die Leitung des collegium musicum übernommen? Das war eine interessante Neuheit, die man sich nicht entgehen lassen durfte! Die Stadtväter selbst waren häufige Besucher der Konzerte, einige als gerngesehene Stammgäste.

Bach fochten die unterschiedlichen Erwartungen seiner Zuhörerschaft, die er zu kennen glaubte und mit einem etwas bitteren Lächeln quittierte, nicht an. Er arbeitete! Er probierte mit den Mitgliedern des collegiums ebenso hart wie mit seinen Thomanern und brachte beachtliche Aufführungen zustande, von denen noch lange sogar die auswärtigen Gäste schwärmten.

Wie man bald herausgefunden hatte, wurden die Zuhörer im Zimmermannschen Garten nicht nur unterhalten, sondern auch von Bach herausgefordert, sich mit den aktuellen Tagesproblemen auseinanderzusetzen oder doch zumindest mit dem, was zu Tagesproblemen hochgespielt wurde. Die Kantate „Der Streit zwischen Phöbus und Pan", in welche er – jedem hörbar – auch ironisierend-spielerisches Kolorit einbrachte, war dafür das eindringlichste, wenn auch nicht alleinstehende Beispiel. Große Feiern zu den Geburtstagen der Mitglieder des sächsischen Königshauses wurden am selben Orte ebenfalls „unterthänigst celebriret". Zahlreiche Kantaten Bachs waren eigens zu diesen Gelegenheiten geschrieben worden, andere kamen aus seiner Schublade wieder heraus, um neu aufgeführt zu werden. Jetzt aber mit anderen, dem Anlaß angepaßten Texten.

Die nach 1730 immer verzweifelter, nun aber peinlicher werdenden Bemühungen Bachs, sich bei der sächsischen Herrscherfamilie beliebt zu machen und endlich einen ersehnten Ehrentitel zu bekommen, erstreckten sich auch auf diese öffentlichen Konzerte, in denen nicht nur Vokalmusik dargeboten wird, sondern auch Instrumentalkonzerte gespielt werden. Ob allerdings einige der Cembalokonzerte Bachs für Darbietungen im Zimmermannschen Kaffeehause oder für die Freiluftaufführungen im Garten entstanden sind, scheint fraglich.

Sie sind zu glanzvoll, mit zuviel Sinn für „höfische" Atmosphäre ausgestattet, als daß sie von Bach nicht für die ihm wichtigen Angelegenheiten hätten genutzt werden sollen.

Geschrieben worden sind diese Instrumentalwerke von ihm vermutlich, um seinen Gesuchen um den Titel eines Hofkomponisten am Dresdner Hofe Nachdruck zu verleihen. Wenn sie im Zimmermannschen Garten überhaupt erklungen sind, dann sicher nur deshalb, um sie dem sachverständigen Teil des Publikums vorzustellen und um sie zu testen.

Kurz vor Antritt seiner neuen, zusätzlichen, in diesem Falle aber erfrischenden Tätigkeit mit den Studenten hält sich Bach außerhalb von Leipzig auf. Wo, das ist unbekannt! Daß er diesen Urlaub mit Erlaubnis seiner Vorgesetzten angetreten hat, scheint unwahrscheinlich, da ihm ja 1730 gerade in diesem Punkt Mangel an Disziplin vorgeworfen wird.

Im Ratsprotokoll vom 2. August 1730 heißt es,
Bach sei *„ohne genommenen Urlaub verreiset!".*

Tatsächlich scheint er 1729 den Bogen überspannt zu haben. In ähnlicher Weise wie damals in Arnstadt ist er schon im Februar für einige Tage nach Weißenfels gereist. Gleich nach den erwähnten drei Wochen fährt er dann wieder nach Köthen, um dort an den dreitägigen Trauerfeierlichkeiten für den verstorbenen Fürsten Leopold teilzunehmen. Zum großen Ärger der Behörden beschäftigt sich Bach wieder einmal mehr mit seinen eigenen Angelegenheiten als mit seinen Amtspflichten! Die Verstimmung seitens seiner Vorgesetzten wächst um so mehr, nachdem sie in Anzeigen der Leipziger Zeitungen gelesen haben, daß sich ihr Herr Thomaskantor nun auch noch am Vertrieb theoretischer Musikliteratur beteiligt: als Mitherausgeber einer Generalbaßlehre von Heinichen und des Musik-Lexikons seines Weimarer Vetters Johann Gottfried Walther.

Eine weitere bittere Erfahrung hat Bach im Juni dieses Jahres zu machen. Als er nämlich erfährt, daß Händel einmal wieder in Halle ist, schickt er seinen Sohn Wilhelm Friedemann sofort in die Saalestadt, um dem berühmten Kollegen seine Einladung zu überbringen. Er ist gerade nicht ganz gesund, sonst wäre er gleich selbst losgefahren. Wieder kommt das Treffen nicht zustande. Händel läßt sich unter dem höflichen Vorwande größter „Reisepressiertheit" bei Bach entschuldigen. Mißt Händel dem Thomaskantor etwa keine besondere Bedeutung bei? Hat er vielleicht auch über Bachs Querelen mit seinen Vorgesetzten etwas vernommen und fürchtet, von dem Thomaskantor im Interesse der arg angekratzten Reputation vor dessen Karren gespannt zu werden?

Zum Glück kam ja dann im Sommer 1730 Gesner als neuer Rektor der Thomasschule nach Leipzig und fing vielen Unmut und Zorn, der zwischen dem Rat und Bach brannte, ab. Er versuchte, ständig auszugleichen und zu besänftigen. Leider sollte dieses Amt des kulanten Mannes nicht lange dauern. Er war den Stadtvätern zu liberal, hatte zu viele Ideen und vor allem zu eindringliche soziale Ambitionen. Auch seine Unterstützung von Bachs musikalischen Anliegen ging den Ratsmitgliedern zu weit. Wo sollte man denn hinkommen, wo bliebe denn die humanistische Bildung, wenn man sich zuviel um die Belange der Musik kümmerte? Schließlich waren die Thomasschüler nicht nur Singeknaben, sondern vor allem Gymnasiasten!

Trotzdem bemühte sich Gesner, einen Teil seiner Reformen durchzuführen. Es war ihm gelungen, in vier Jahren das Niveau der Thomasschule, die während der Amtszeit seines Vorgängers Ernesti senior völlig heruntergekommen war, wieder zu heben. Doch der Schuldienst füllte ihn nicht aus, Gesner wollte Vorlesungen vor Studenten halten. Als dann die lang ersehnte Berufung an die Leipziger Universität ausblieb, folgte er bald dem Ruf an die Universität Göttingen, die ihm eine Professur antrug.

Korrespondenz mit einem Jugendfreund

Im Sommer 1726 meldet sich im Kantorenflügel des Thomas-
schulhauses ein Besucher aus dem fernen Rußland, der eine
ebenso gastfreundliche wie neugierige Aufnahme findet. Der
Weitgereiste, dessen Name schnell wieder in Vergessenheit gerät, überbringt dem Thomaskantor Grüße eines Jugendfreun-
des. Kaum erinnert sich Bach noch des ehemaligen Reisege-
fährten namens Georg Erdmann, der vor beinahe dreißig
Jahren mit ihm nach Lüneburg gewalzt ist und mit dem er bis
zu dessen Anstellung in Köthen in nur loser Verbindung gestanden hat.

Erdmann hatte inzwischen am Hofe des russischen Zaren
Peter I., in dessen Gunst er stand, Karriere gemacht. Als hochgebildeter und zudem diplomatisch ungemein geschickter
Mann war er als „Resident", als Vertreter der russischen
Krone, nach Danzig versetzt worden. In dieser Stellung ge-
wann er nicht unbeträchtlichen Einfluß auf die politische und
vor allem auch kulturelle Entwicklung dieser bedeutenden
Handelsstadt. Von hier aus korrespondierte Erdmann mit
hochstehenden Persönlichkeiten des Zarenhofes in Petersburg,
hatte ebenso einflußreiche Freunde wie auch Neider, widmete
sich dem Studium der Literatur und verfaßte schließlich selbst
einige Gedichte in deutscher Sprache, die er der Kaiserin Katharina I. bei deren Thronbesteigung nach dem Tode des Zaren
zueignete.

Als Erdmann nun erfährt, daß einer seiner Freunde nach
Leipzig fährt, um dort während der Messe Geschäfte abzu-
schließen, bittet er den Abreisenden, doch den Leipziger Thomaskantor Bach aufzusuchen und ergebenste Grüße zu über-
mitteln.

Bach ist über den unerwarteten Besuch hoch erfreut und
übergibt dem Überbringer dann auch postwendend einen Ant-
wortbrief an Erdmann, in welchem er sich für die übermittelte
Grußbotschaft bedankt. Es sei künftig Erdmann überlassen, ob

dieser an einem Briefwechsel auch weiterhin Interesse finden werde. Bach erinnert in diesem Brief an die gemeinsame Reise- und Wanderzeit, spricht den Adressaten mit „Werthester Herr Bruder" an. Er würde bestimmt anworten, wenn Erdmann mal wieder etwas von sich hören ließe!

Mit keinem Wort geht Bach in dem Brief vom Juli 1726 auf seine private Situation ein. Auch seine beruflichen Schwierigkeiten finden keine Erwähnung. Keine Andeutung verrät Schmerz um die kurz zuvor verstorbene Tochter Christiana Sophia Henrietta, keine Silbe läßt darauf schließen, daß er sich zur Zeit außerstande fühlt zu komponieren. Den Umständen entsprechend bleibt Bachs Schreiben im Ton höflich, distanziert, an der Oberfläche. Er wird abwarten, wie Erdmann und ob dieser überhaupt reagiert.

Erdmann hat den relativ belanglosen Brief Bachs beantwortet, leider ist sein Brief verschollen. Es ist nicht ausgeschlossen, daß er darin den ehemaligen Freund ermuntert hat, ihm doch Näheres über seine eigenen Lebensumstände mitzuteilen, daß er darin zugleich seinen eigenen Weg darlegt. Erdmanns Antwort läßt Bach aufhorchen. Zweifellos hat er dem Inhalt entnehmen können, daß dieser mit Erfolg eine beachtliche politische Laufbahn eingeschlagen hat und demnach ein „Mann mit Beziehungen" zu sein scheint, einer mit einflußreichen Freunden! Mit Freude und Bewunderung wird der Thomaskantor konstatiert haben, daß man Erdmanns Einfluß am Zarenhofe zu Petersburg möglicherweise in Anspruch nehmen könnte!

Fast vier Jahre gibt es dann aber keinen Briefwechsel mehr. Erst nachdem sich in den Jahren 1729/30 die Situation zwischen ihm und seinen Vorgesetzten so zugespitzt hat, daß er Leipzig gar zu gern den Rücken kehren möchte, erinnert er sich des so einflußreichen Jugendgefährten. Um so mehr, da er nach dem Tode Leopolds von Köthen den Titel des Hofkapellmeisters verloren hat.

In Leipzig setzt man Bach arg zu. Zudem wäre es wirklich

an der Zeit, sich nach einer anderen Stelle umzusehen – oder doch wenigstens nach einem neuen Titel. Schon dieser allein hätte ihm während der Zerwürfnisse in Leipzig den Rücken stärken und alle Nörgler in ihre Schranken verweisen können.

Nachdem er erkennen mußte, daß sogar sein „Entwurff für eine wohlbestallte Kirchenmusik" kein Interesse erweckt hat und daß man ihn ignoriert, zieht Bach sich grollend zurück und beantwortet erst jetzt Erdmanns Brief von 1726.

Der Ton des Briefes vom Oktober 1730 ist respektvoller als einst. Aus dem „werten Herrn Bruder" wird in der Anrede ein „Hochwohlgeborner Herr". Reminiszenzen an längst vergangene Gemeinsamkeiten werden ausgespart. Aus dem Brief, dem ein kurzer Lebenslauf beigefügt ist, wird ein Bittschreiben. Es ist selbstverständlich, daß Bach einige Fakten zu seinen Gunsten darstellt. Weil er es für „nicht anständig" hält, „aus einem Capellmeister ein Cantor zu werden", habe er die Herren in Leipzig „auf ein vierthel Jahr" hingehalten, bevor er sie von seinem Entschluß, nach Leipzig zu gehen, unterrichtet! Eine devote Verbeugung vor dem Petersburger Hof?

Daß genau das Gegenteil der Fall gewesen ist, hat Erdmann in seinem Danzig zum Glück nicht wissen können.

„Ob es mir nun zwar anfänglich gar nicht anständig seyn wolte, aus einem Capellmeister ein Cantor zu werden, weßwegen auch meine resolution auf ein vierthel Jahr trainirete, jedoch wurde mir diese station dermaßen favorable beschrieben, daß endlich ... die mutation vornahme ... Da aber nun (1) finde, daß dieser Dienst bei weitem nicht so erklecklich als mann Ihn mir beschrieben, (2) viele accidentia dieser station entgangen, (3) ein sehr theürer Orth u. (4) eine wunderliche und der Music wenig ergebene Obrigkeit ist, mithin fast in stetem Verdruß, Neid und Verfolgung leben muß, als werde genöthiget werden ... meine Fortun anderweitig zu suchen. Solten Eu. Hochwohlgeboren vor einen alten treüen Diener dasiges Orthes eine convenable station wißen oder finden, so ersuche gantz gehor-

*samst vor mich eine hochgeneigte recommendation einzulegen;
an mir soll es nicht manquiren, daß dem hochgeneigten Vor-
spruch und interceßion einige satisfaction zu geben, mich bestens befließen seyn werde. Meine itzige station belaufet sich
etwa auf 700 rthl., und wenn es etwas mehrere, als ordinaire-
ment, Leichen gibt, so steigen auch nach proportion die accidentia; ist aber eine gesunde Lufft, so fallen hingegen auch
solche, wie denn voriges Jahr an ordinairen Leichen accidentien über 100 rthl. Einbuße gehabt."*

Das Schreiben ist höchst ehrerbietig. Es zeigt, wie ein Musiker,
der vorankommen oder, wie in diesem Falle, sich lediglich verändern möchte, sich erniedrigen muß, um seinem Anliegen gemäß einige Aufmerksamkeit zu erwerben.

Ganz gewiß hatte ihn Erdmann vor vier Jahren – nicht frei
von eigener geschmeichelter Eitelkeit – wissen lassen, daß er
in der Gunst des russischen Zaren stehe. Inzwischen war dieser
zwar gestorben, seinen Thron aber hatte dessen Witwe, die Za-
rin Katharina, übernommen. Daß inzwischen jedoch wieder
ein Thronwechsel stattgefunden hatte, mochte Bach kaum bedacht – vielleicht nicht gewußt – haben. Zumindest schien
ihm der Gedanke, daß mit den Zaren auch deren Günstlinge
wechselten, nicht zu kommen. Seine Überlegungen betrafen
lediglich sein Anliegen: Vielleicht konnte Erdmann am Petersburger Hofe ein Wort für ihn einlegen. Er selbst könnte dann
ein übriges tun und dem Kaiser oder der Kaiserin als Zeichen
seiner alleruntertänigsten Hochachtung eine Messe oder Kantate schreiben und ... vielleicht zum Petersburger Hofkomposi-
teur avancieren ...!

Wie gern hätte Bach sich zu diesem Zeitpunkt einen solchen
Rückhalt verschafft, und wie sehr hätte er ihn gebraucht! Allen
seinen Feinden wäre mit einer solchen Ernennung das Maul
gestopft worden.

Ob Erdmann je antwortete? Daß er überhaupt noch in der
Lage war, ein Wort für Bach einzulegen, muß bezweifelt wer-

den. Denn in den dreißiger Jahren fällt Erdmann in Ungnade und verliert seine Stellung. Selbst wenn er gewollt hätte, so konnte er nun nichts mehr für Bach tun, der – seiner kaiserlichen Hofkomponistenträume und wieder einer Hoffnung beraubt – sich nun auch weiterhin den Anfeindungen der Leipziger Behörden ausgeliefert sah.

Der einzige, der 1730 treu zu ihm hält, ist Rektor Gesner, der ihm Mut zuspricht, alle seine Pläne billigt, ja unterstützt und ihn gegen Angriffe des Stadtrates absichert.

Noch aus Göttingen hört Bach von dessen enthusiastischer Meinung zu seiner Arbeit. Es ist wohltuend für ihn, zu lesen, was der bedeutende Philologe, der sich in Göttingen ganz seinen Studien widmen kann, an einen Freund schreibt:

„... wenn Du ... Bach sehen könntest ... er war vor nicht allzu langer Zeit mein Kollege an der Leipziger Thomasschule; wie er mit beiden Händen und allen Fingern etwa unser Klavier spielt ... oder jenes Grund-Instrument (die Orgel)*, dessen zahllose Pfeifen von Bälgen angeblasen werden, wie er hier mit beiden Händen, dort mit schnellen Füßen über die Tasten eilt und allein gleichsam Heere von ganz verschiedenen über doch zueinander passenden Tönen hervorbringt ... Wie er nicht nur ... seinen eigenen Part hält* (beim Singen)*, sondern auf alle zugleich achtet und von 30 oder gar 40 Musizierenden diesen durch ein Kopfnicken, den nächsten durch Aufstampfen mit dem Fuß, den dritten mit drohendem Finger zu Rhythmus und Takt anhält, dem einen in hoher, dem andern in tiefer, dem dritten in mittlerer Lage seinen Ton angibt; wie er ganz allein mitten im lautesten Spiel der Musiker, obwohl er selbst den schwierigsten Part hat, doch sofort merkt, wenn irgendwo etwas nicht stimmt; wie er alle zusammenhält und überall abhilft und wenn es irgendwo schwankt, die Sicherheit wiederherstellt; wie er den Takt mit allen Gliedern fühlt, die Harmonien alle mit scharfem Ohre prüft, allein alle Stimmen mit der eigenen begrenzten Kehle hervorbringt."*

Diese wohlmeinend-freundschaftliche Schilderung von Bachs intensiver Arbeitsweise ist das einzige überlieferte Dokument dieser Art. Es hilft Bach indes nicht bei der Realisierung seines Wunsches, mit Georg Erdmanns Hilfe Leipzig verlassen zu können.

Der Sächsische Kurfürstlich-Königliche Hofcompositeur im Zentrum zeitgenössischer Polemik
1736–1750

Bach contra Ernesti

Als Nachfolger Gesners im Amte des Rektors wird Johann August Ernesti, der Sohn des ehemaligen langjährigen Schulvorstehers, berufen. Unter seiner Schulleitung verdichtet sich der Streit zwischen vorgesetzter Behörde und Bach zu einer Groteske besonderer Brisanz.

Jeder der vier Chorgruppen muß vom Kantor ein Präfekt zugeteilt werden, der die Aufgabe hat, mit den Choristen gegebenenfalls zu üben, während der Gottesdienste für Ordnung und richtige Aufstellung zu sorgen, als Vorsänger zu fungieren und – falls sich das als notwendig erweist – bei Abwesenheit des Kantors diesen zu vertreten. Laut Schulordnung obliegt die Wahl der Präfekten dem Kantor, der sie aber dem Rektor vorzustellen hat. Erst nach dessen Einverständnis dürfen die vom Kantor bestimmten Präfekten dann ihre Aufgaben übernehmen. Diese Kompetenzeinschränkung ist allerdings trotz der schriftlichen Fixierung mehr eine Formsache. Bis zum Juni 1736 hat es diesbezüglich keinerlei Schwierigkeiten gegeben.

Im Zeitraum von etwas mehr als einem Vierteljahr entwickelt sich nun aber zwischen dem Rektor Ernesti und seinem Kantor eine Art Stellungskrieg. Sie sprechen kein Wort mehr miteinander und verkehren nur noch schriftlich über die übergeordnete Behörde. Von beiden Seiten folgt Eingabe auf Eingabe!

Die Ursache für den Beginn des Streites ist eine Bagatelle:

Johann August
Ernesti (1707–1781)

Bach hat keine Zeit – oder keine Lust –, den Teilchor während einer Brautmesse selbst zu leiten. Vermutlich ist ihm diese Arbeit nicht der Mühe wert gewesen. Er bleibt der Zeremonie fern und setzt seinen Präfekten Krause I ein. Seit Jahren ist dieser sein Schüler, den er schätzt und von dem er weiß, daß er sich auf ihn verlassen kann. Doch der arme Krause I hat diesmal Pech. Die Choristen gehorchen ihm nicht und treiben während der Trauhandlung Unfug. Vergeblich versucht Krause mehrmals, die Jungen in den Griff zu kriegen. Als nichts fruchtet, holt er aus und versetzt einem Schüler eine schallende Ohrfeige. Da werden die aufgebrachten Knaben erst recht rebellisch und geraten vollends außer Rand und Band. Krause, dem die Angst vor Tadel im Nacken sitzt, weil er im Kirchenschiff bei Pfarrer und Gemeinde eine steigende Unruhe aufkommen fühlt, wird immer wütender und wiederholt die Handgreiflichkeit – diesmal mit mehr Wut und dementsprechendem Nachdruck.

Kaum können Gottesdienst und Trauung zu Ende gebracht werden. Als endlich alles vorüber ist, wird der Vorfall sofort dem Rektor gemeldet: Krause I habe einen wesentlich jüngeren und demzufolge auch viel schwächeren Schüler „schwer verletzt". Auch der geohrfeigte Knabe läuft sofort greinend zur Schulleitung. Bach selbst ist nicht da. Ernesti handelt nun kraft seines Amtes und seiner Autorität und setzt Krause nicht nur ab, sondern verfügt obendrein, dieser solle auf dem Schulhofe vor den Augen aller Thomasschüler für seinen Disziplinverstoß mit Stockhieben gezüchtigt werden. Krause I bittet um Entschuldigung, läuft zu dem ihm wohlgesinnten Kantor und beklagt sich über die angesetzte, ihn demütigende Strafe, die ihm bevorsteht.

Der „Ex"präfekt Krause schreibt über diesen Vorgang später:

„... weder meine beweglichen Vorstellungen, noch die Intercession des Herrn Cantoris, welcher meine Übereilung auf sich nehmen wolte, weil es auf seinen Befehl geschehen war ...", hätten Ernesti zur Rücknahme seiner Strafandrohung bewegen können.

Krause I bittet nun um Entlassung, um sich der öffentlichen Prügelstrafe zu entziehen, die ihm aber verweigert wird. Es ist offensichtlich, daß es Ernesti darum geht, mit seiner Anordnung Bach zu treffen. Denn derartige Übergriffe, zu denen sich Krause I in einer Notlage hat hinreißen lassen, gehören an der Thomasschule zur Tagesordnung und sind sogar laut Schulordnung gestattet.

Doch Ernesti will die Gelegenheit beim Schopfe packen, um endlich ein Exempel zu statuieren! Jetzt endlich hat er etwas in der Hand, um aller Welt zu beweisen, wohin die Unzuverlässigkeit des pflichtvergessenen Kantors Bach führen kann!

Als Krause einsehen muß, daß alle Bitten um Strafbefreiung zu nichts führen, verläßt er heimlich die Schule und taucht zunächst unter.

Ernesti setzt nun, ohne sich mit Bach abzusprechen, einen neuen Präfekten für den ersten und wichtigsten Chor ein, der auch Krause heißt, aber in keinem guten Ruf steht. Dieser Krause II ist schon bei seiner Einschulung unangenehm aufgefallen und hat damals von Bach nach der Prüfung den Vermerk bekommen, daß er eine schwache Stimme habe und seine Voraussetzungen, Thomaner zu werden, nur mittelmäßig seien.

Kaum zu glauben, daß zwischen Bach und seinem Rektor einst gute, fast freundschaftliche Beziehungen, sogar mit dem Einsatz gegenseitiger Kindspatenschaften, bestanden haben. Jedes Einvernehmen ist nun schnell vergessen. Jetzt beginnt ein offener Krieg zwischen Ernesti und Bach, der nicht nur die Autorität des Kantors gefährdet, sondern auch noch dessen Feinde höchst amüsiert.

Nachdem Krause II plötzlich vom Rektor „eigenmächtig" als erster Präfekt eingesetzt worden ist, macht Bach eine Eingabe an den Rat der Stadt. Er sieht sich in seiner Kompetenz arg beschnitten. Ernesti müsse schließlich wissen, daß Krause II unzuverlässig, unehrlich, schlecht und, wie Ernesti ja wisse, ein „liederlicher Hund" sei.

Vom Rektor werden Bachs Klagen als „unbillig" bezeichnet. Ernesti bittet den Rat, Bachs Beschwerden abzuweisen und den Kantor zu Gehorsam und Respekt anzuweisen.

Darauf antwortet wieder Bach:

> „... daß ... nach ... Ordnung der Schule ... dem Cantori zu kommt, die jenigen ... welche er vor tüchtig erachtet als Praefectores zu erwaehlen ... Sich dem ohngeachtet itziger Herr Rektor ... Ernesti die Ersetzung des Praefecti im ersten Chore ohne mein Vorwißen und Einwilligung neuerlicher Weise anmaßen wollen ... ich aber ... solches nicht geschehen laßen mag."

Bach bittet, der Rat der Stadt möchte veranlassen, daß der Rektor sich künftig nicht einmische, da der Schule sonst Schaden erwachsen könne. Ernesti solle es auch weiterhin ihm allein überlassen und der Rat möchte ihn bitte bei der Wahrnehmung seiner Pflichten schützen.

Dann folgt in der Schule Bachs Gegenschlag. Er setzt Kittler als ersten Präfekten ein und wirft Krause hinaus. Dieser läuft zu Ernesti und beklagt sich über die schlechte Behandlung.

Jetzt holt Ernesti weiter aus. Bach habe den Schulgesetzen nicht Genüge getan!

Endlich läßt der Rektor die Katze aus dem Sack. Bach habe die Schulordnung bisher sogar übergangen, denn schon immer habe der gewählte Präfekt nur mit der Erlaubnis des Vorstehers in seine Aufgabe eingewiesen werden können. Auch reiche zuweilen Bachs Autorität nicht zu, Dinge zu entscheiden und durchzusetzen!

Leider hat Ernesti in diesem Punkt recht, denn Bachs Durchsetzungskraft hat längst nachgelassen. Die Schule interessiert ihn nicht mehr. Er läßt manches durchgehen, und das wirkt sich ungünstig auf die Disziplin aus.

Ernesti beklagt sich weiterhin, Bach habe dann Kittler eingesetzt. Und eigentlich habe er als Rektor gegen diese Entscheidung ja auch nichts einzuwenden, da Bach schließlich besser wisse, wer für diesen Posten geeignet ist! Aber – jetzt kommt wieder ein Hieb – es habe sich herausgestellt, daß Krause ohne Grund von Bach weggeschickt worden sei. Er habe deshalb den Kantor gebeten, Kittler doch wieder abzusetzen und Krause seinen rechtmäßigen Platz zu überlassen. Bach aber habe nicht reagiert. Und bei der zweiten Ermahnung nur geantwortet, er wolle vierzehn Tage verreisen! Das war der Gipfel an Unverfrorenheit! Ernesti scheint vor Wut zu bersten.

Aber auch nach Bachs Rückkehr sei nichts geschehen. Daraufhin habe er ihn noch einmal erinnert, aber Bach habe überhaupt nicht geantwortet – und den Befehl auch nicht ausgeführt. Also er, der Vorsteher, habe Krause dann wieder eingesetzt und Bach daraufhin diesen „mit großem Ungestüm verjaget". Und dazu habe Bach nun auch noch gelogen, er habe vom Herrn Superintendenten die Erlaubnis dafür erhalten, was erwiesenermaßen nicht gestimmt hat!

Die Angriffe Ernestis werden immer schärfer formuliert, und Bach kontert in gleicher, ausfallender Weise. Ernesti habe die Autorität, welche er als Kantor doch bei den Schülern ausüben müsse, „schwächen, ja gar abzuschneiden gesucht". Damit hätte der Rektor für die Zukunft jede „heilige Handlung" gefährdet, ja, die ganze Kirchenmusik würde in größten Verfall kommen.

Beide werden unsachlich, keiner ist bereit einzulenken. Bach ist außer sich. Wie und womit kann er dem Ernesti schaden? Womit kann er diesem etwas mehr Respekt abnötigen?

Zu dumm, daß man gerade jetzt am Dresdner Hofe so saumselig ist mit einer Ernennung Bachs zum Hofkomponisten. Was soll er noch alles tun, um zu dem begehrten Titel zu kommen? Schon Festmusiken hat er komponiert. Auch eine vor zwei Jahren anläßlich der Krönung Friedrich Augusts II. zum König von Polen. Doch die Politik hat ihm damals einen Strich durch die Rechnung gemacht. Bis zum letzten Moment ist die Krönung für den Sachsen unsicher gewesen. Unruhen in Polen gegen die sächsische Fremdherrschaft haben den Staatsakt verzögert. Alles ist in der Schwebe gewesen, auch die Festmusik, ursprünglich für den 17. Januar 1736 angesetzt, ist verschoben worden und hat erst am 19. Februar stattfinden können. Wenn damals alles glatt verlaufen wäre, so würde man sich vielleicht in Dresden schon längst für die Titelverleihung entschieden haben.

Bach entschließt sich zu einer Attacke! Er richtet ein Gesuch an den sächsischen Kurfürsten und „König von Pohlen" und erbittet die Ernennung. Nur mit dem Titel kann er Ernesti jetzt imponieren.

Bei Hofe ist man vermutlich der Belästigungen des Thomaskantors überdrüssig. Er hat sich ja auch wirklich viel Mühe ge-

lich nachbleiben möchte, dafern Ew. Königl.
Hoheit mir die Gnade erweisen und mir Prædicat
von Dero Hoff=Capelle conferiren, und desswegen
zu Ertheilung eines Decrets, gehörigen Orths Hohen
Befehl ergehen laßen würden; Solche gnädigste Ge=
wehrung meiner Demüthigsten Bitte, wird mich zu
unendlicher Verehrung verbinden und ich offerire
mich in schuldigstem gehorsam, indemnach auch
Ew. Königl. Hoheit gnädigstes verlangen, in Com=
ponirung der Kirchen Musique sowohl als zum
Orchestre meinen unermüdten fleiß zuerweisen,
und meine gantze Kräffte zu Dero Dienste
zuwidmen, in unaufhörlicher Treu verharrend

Ew. Königl. Hoheit

Dresden
den 27. Julÿ
1733.

unterthänigst=gehor=
samster Knecht

Johann Sebastian Bach.

Schluß des Begleitschreibens zur Messe BWV 232 an den Kurfürsten von
Sachsen und König von Polen

geben, und man muß sich endlich einmal herablassen, ihm eine Anerkennung zuteil werden zu lassen. Und einen Titel! Das kostet wenig. Die Verpflichtungen hat schließlich der Titelträger. Weshalb sollte man ihm also nicht Genugtuung geben und ihn zum „Hofcompositeur" ernennen!

Das Dekret trifft am 19. November 1736 in Leipzig ein, wird von allen Freunden und Anhängern Bachs gebührend bewundert. Er selbst nimmt sich nun im Fortgang des Papierkrieges gegen seinen Rektor verbal noch mehr heraus. Im Februar 1737 schreibt er an den Rat. Ernesti „hätte sich unterstanden", ihm ein untüchtiges Subjekt aufzuzwingen. Dieser habe sogar bei Strafe mit Relegierung von der Schule zu rechnen, denn es sei „verbothen", daß ein Schüler die Pflichten des Präfekten übernehme.

Da Bach ja nun Kurfürstlich-Königlicher Hofkomponist ist und sich kraft dieses Titels auch viel mehr Gewicht beimißt, bringt er im Oktober 1737 die ganze Sache vor den sächsischen Herrscher. Ernesti habe sich „nicht entblödet" usw. usf.

Der Kurfürst gibt die Angelegenheit an den Rat der Stadt Leipzig zurück: Man möchte doch die peinliche Angelegenheit selbst aus der Welt schaffen. Und endlich scheint der Streit beigelegt worden zu sein. Jedenfalls ist von jetzt an nichts mehr aktenkundig geworden.

„Der Critische Musicus" greift Bach an

Kaum geht der eine Streit zu Ende, so wird der Thomaskantor schon in eine neue Fehde verwickelt, die sich nicht gegen seine Person, sondern gegen seine Kompositionsweise richtet. Haben seine Gegner damals, als er sich öffentlich mit seiner Phöbus-Pan-Kantate an der Polemik für und wider den neuen Musikstil beteiligt hat, noch nicht gewagt, ihn offen anzugreifen, so soll sich das nun bald ändern.

270

Im Mai 1737 erscheint in Hamburg die Schrift „Der Critische Musicus" von Johann Adolph Scheibe, dem Sohn eines von Bach geschätzten Orgelbauers. Scheibe gilt als gebildeter, in seiner Heimatstadt Leipzig allerdings ein als praktischer Musiker gescheiterter Mann. Weil er einst beim Probespiel um ein Kantorat an einer der Leipziger Stadtkirchen einem anderen Mitbewerber unterlegen war und dort deshalb aus völlig ungerechtfertigten Motiven für unbegabt gehalten wurde, hatte er sich in Hamburg ein neues Wirkungsfeld gesucht, in dem er unbehelligt von Vorurteilen arbeiten konnte. Daß ebendiese Leipziger Vorurteile sich in der Folge als falsch erwiesen, zeigten Scheibes Anstellungen an mehreren Höfen, unter anderen als Hofkapellmeister im Kopenhagener Schlosse.

Obwohl Scheibe zahlreiche Kantaten, Lieder, zwei Oratorien und auch Sonaten für verschiedene Instrumente komponierte, lag seine Stärke ganz sicher auf musiktheoretischem Gebiet, dem er sich in mehreren Abhandlungen widmete: Als Schüler Gottscheds, dessen Vorlesungen er als Student an der Leipziger Alma mater belegt hatte, trug er entscheidend zur Verbreitung der aufklärerischen Ideen in Nordeuropa bei.

Der Teil seines kritischen Pamphlets, der sich mit Bach beschäftigt, spricht all die Einwände und Gedanken offen aus, die seit fast einem Jahrzehnt dem Thomaskantor im stillen vorgeworfen werden. Psychologisch überaus geschickt eingefädelt, erteilt der Verfasser zunächst der Bachschen Virtuosität ein Lob, nennt den Thomaskantor den „Vornehmsten unter den Musicanten". Er gesteht Bach zu – und dies bestimmt ohne falschen Zungenschlag –, daß dieser ein „außerordentlicher Künstler auf dem Klavier und auf der Orgel" sei. Daß er nur einen Menschen angetroffen habe, der diesem gewachsen wäre und mit Bach wetteifern könne: Georg Friedrich Händel! Es sei kaum zu glauben, daß Bach mit seinen Fingern, die kurz, breit und fleischig sind, derartig behende spielen könne, daß er die tollsten Sprünge auf den Tasten vollbringe, ohne sich zu verspielen oder gar durch allzu heftige Körperbewegungen grotesk zu wirken. Er sei in allem beherrscht und ohne Exaltation.

Was danach kommt, ist mehr echte Kritik als die Absicht, Bach fachlich herabzusetzen. Es ist das Urteil eines durchaus Sachverständigen, dessen historischer Standort sich deutlich von dem unterscheidet, in welchem der Thomaskantor verwurzelt ist. Selbstverständlich plädiert Scheibe für den neuen Stil, der Einfachheit anstrebt und diese nun endlich anstelle der komplizierten kompositorischen Komplexität gesetzt sehen möchte. Jene Komplexität aber, die von Bach auch weiterhin verteidigt wird, hat sich überlebt. Die Zeit der streng durchgeführten Polyphonie, in welcher alle Stimmen gleichberechtigt sind, ist vorüber. Vielmehr müsse ein Komponist, der Anspruch auf allgemeine Anerkennung und Aktualität erhebt, einer Hauptstimme den Vorzug vor den anderen, die nur als Begleitstimmen fungieren, einräumen.

Zweifellos widerspiegelt Scheibe mit dieser Forderung lediglich die allerorts vertretene öffentliche Meinung. Was er nicht bedacht haben mag, ist, daß Bach ja dem neuen Stil die Existenzberechtigung gar nicht abzusprechen behauptet, deren Mittel er zuweilen selbst, wenn auch überaus sparsam, anwendet. Daß der müde gekämpfte Thomaskantor nur nicht in der Lage sein kann, sein gesamtes Weltbild aufzugeben, dessen Abbild eben seine Kompositionen darstellen! Und daß er dies nicht wolle.

Scheibe schreibt:

„Dieser große Mann würde die Bewunderung gantzer Nationen seyn, wenn er mehr Annehmlichkeit hätte, und wenn er nicht seinen Stücken durch ein schwülstiges und verworrenes Wesen das Natürliche entzöge, und ihre Schönheit durch allzugrosse Kunst verdunkelte. ... Kurtz: Er ist in der Music dasjenige, was ehemals der Herr von Lohenstein in der Poesie war. Die Schwülstigkeit hat beyde von dem natürlichen auf das künstliche, und von dem erhabenen auf das Dunkle geführet ...“

Ähnlich wie in der Affäre um die beiden Krauses entwickelt sich nun eine ausgedehnte Polemik. Jetzt aber läßt Bach, der Scheibes Kritik bald nach ihrem Erscheinen gelesen haben wird, seine Meinung von einem treuen Verfechter seiner Sache formulieren. Inwieweit er die Erwiderungen diktiert haben mag oder diese wenigstens beeinflußte, sei dahingestellt.

Brennend wird für Bach die Situation in dem Moment, als Scheibe in einem Schreiben an den Musikschriftsteller und Capellmeister Mattheson folgendes zu Bachs Musik anmerkt:

> *„Bachische Kirchen-Stücke sind allemahl künstlicher und mühsamer.“*

Er meint, sie werden für die Gemeinde oder für das große Publikum immer schwerer nachvollziehbar, ja, sie werden zunehmend verschrobener!

> Sie sind *„keineswegs aber von solchem Nachdrucke, Überzeugung und von solchem vernünfftigen Nachdencken, als die Telemannischen und Graunischen Wercke“*.

Diese Notiz trifft Bach schwer! Nicht daß er etwas gegen die Genannten hat, er schätzt sie sogar. Von Telemanns Kompositionen hält er viel. Seine eigenen aber mit den sakralen Kompositionen Grauns vergleichen zu wollen, der sich der neuen Musik doch zu sehr verschrieben zu haben scheint und dessen kirchliche Werke ihm den Stoff gar zu oberflächlich behandeln, ist stark. Jetzt muß reagiert werden.

Noch im selben Monat, im Januar 1738, wird in Leipzig eine Gegenschrift veröffentlicht mit dem anspruchsvollen Titel „Unparteyische Anmerkungen“. Der Verfasser ist Johann Abraham Birnbaum, der sich ganz auf die Seite Bachs stellt und mit aggressiven Ausfällen gegen Scheibe jenem in die Parade zu fahren sucht.

Und gerade das, was Scheibe in Bachs Musik vermißt, die

„Annehmlichkeit", glaubt Birnbaum in Bachs Kompositionen nachweisen zu können. Aber die Annehmlichkeit sei eben von Kunst nicht zu trennen.

> *„Warum rühmt er (Scheibe) nicht die erstaunende Menge seltener und wohlausgeführter einfälle; die durchführungen eines einzigen satzes durch die thone, mit den angenehmsten veränderungen ...*"

Keiner könne Bach auch nur die geringste Unregelmäßigkeit nachsagen. Alles werde genau so ausgeführt, wie es sein soll. Natürlich sind die Suiten und Partiten, die Bach für Klavier geschrieben hat, nicht leicht zu spielen, aber schließlich kann man ja fleißig üben, um all die Schwierigkeiten zu meistern. Es ist eine Frage des Willens, was man als Virtuose erreicht! Jetzt zitiert Birnbaum, um seiner Verteidigung Nachdruck zu verleihen, Bachs lapidaren Satz:

> *„Wozu ich es durch fleiß und übung habe bringen können, dazu muß es auch ein anderer, der nur halbwegs naturell und geschick hat, auch bringen ... Es ist alles möglich, wenn man nur will.*"

Die Auseinandersetzung zieht Kreise. Scheibe behauptet, daß die Beherrschung der musikalischen Formen, welche der Leipziger Kantor bevorzugt, nicht den guten Komponisten ausmache.

Dazu ist zu vermerken, daß Scheibe ein anderes Publikum voraussetzt als jenes, für das Bach noch als Hoforganist zu Weimar seine Kantaten komponiert hat. Inzwischen hat sich das Bürgertum in den Städten als ökonomische Macht durchgesetzt. Es ist ihm gelungen, sich auch eine neue geistige Umwelt zu schaffen. Und dieses durch wirtschaftlich gute Voraussetzungen immer mächtiger werdende Bürgertum verlangt in den großen Städten der deutschen Territorialstaaten auch eine

Kunst, die es verstehen kann, die leicht eingängig, einfach und unbelastet sein soll.

Doch auch Bach macht Zugeständnisse. Sogar in Teilen seiner h-Moll-Messe paßt er sich dem Zeitgeschmack an. Das scheint allerdings seinen Gegnern in ihrer Kampfbegeisterung nicht aufgefallen zu sein. Beharrlich wird nämlich über diese musikalischen Einlenkungsversuche geschwiegen. Nur wenige Zeitgenossen, denen man Urteilsfähigkeit über musikalische Belange zutrauen darf, verteidigen den Kantor aufgrund ihrer Kenntnis seiner durchaus vorhandenen Flexibilität. Sie verfolgen die Entwicklung ebenso gespannt und aufmerksam wie die Gegner seines Stils – nur, sie sind wohlwollend und versuchen, Bach wirklich gerecht zu werden.

Es treten sogar Kritiker auf den Plan, die bei Bach übertriebene Großzügigkeit beim Umgang mit der Kirchenmusik bemängeln. Einem sächsischen Pastor klingen beispielsweise einige Stücke aus seinen Kantaten „so gar weltlich und lustig, daß sich solche Music besser auf einem Tantzboden oder in einer Opera schickte, als zum Gottesdienst".

Keineswegs lassen die entgegengesetzten Urteile darauf schließen, daß Bach in einer Art Verwirrung die Erscheinungen seiner Zeit nicht mehr hat bewältigen können und daß bei ihm zuweilen alles drunter und drüber gegangen sei. Er weiß immer genau, was er macht. Wo aber steht geschrieben, daß er nicht auch einmal in eine Kantate hätte einen Tanzsatz einfügen dürfen, ein Menuett oder eine Gavotte. Da er trotz vieler Anfechtungen Humor besitzt, wird er über die Bezeichnung derjenigen, die um absolute „Reinheit" der Kirchenmusik rangen, als „Grillenfänger" und „melancholische Geister" geschmunzelt haben.

In einer Kantate, die anläßlich eines hohen Kirchenfestes entstanden ist, streicht er die zuvor selbst eingeschriebene Bezeichnung „al tempo di menuetto" kurz entschlossen wieder aus. Auf den Satz aber, dessen Tanzcharakter nicht zu übersehen ist, verzichtet er nicht.

Besonders augenfällig ist die Einbringung eines tänzerischen Rhythmus bei der Kantate „Wachet auf, ruft uns die Stimme". Hier beabsichtigt Bach nicht nur die Durchdringung verschiedener durch den Text bedingter Musiksphären. Er will die in dieser Kantate auftretenden biblischen Gestalten, Symbole und Vorgänge konkret bezeichnen.

Johann Gottfried Walthers Forderung, man müsse dasjenige, was man einmal angefangen habe, beständig fortsetzen, ohne auch nur einen Moment davon abzulassen, ist nicht mehr gefragt. Die Geschlossenheit eines Kunstwerkes und daß „jedes Stück ... einen zur Einheit geführten bestimmten Karakter" haben muß, wird nicht mehr beachtet. Mehr noch, die Einheitlichkeit, die sich in allen Kompositionen Bachs zeigt, wird ihm als Einfallslosigkeit und Mangel an musikalischer Individualität angekreidet.

Als Walther, der Vetter Bachs, die Gegenschrift von Birnbaum in Weimar in die Hände bekommt, teilt er einem Freund in Wolfenbüttel den Tatbestand mit und zitiert aus Birnbaums Antwort:

„Zum wenigsten zeigten einige besondere Umstände des gedachten Briefs gantz deutlich, daß man nicht lange nach der Scheibe zielen dürffe, wenn man das schwartze treffen wolle ..."

Das ist nur einer der ziemlich boshaften und unsachlichen Seitenhiebe Birnbaums gegen Scheibe, die mit Sicherheit vom Thomaskantor initiiert worden sind. Überhaupt hat Bach an dieser Auseinandersetzung möglicherweise mehr bittere Freude gehabt als wirklichen Ärger, denn er soll „seinen Freunden und Bekannten" die Schrift Birnbaums „mit nicht geringem Vergnügen selbst ausgetheilet" haben.

Ausfälle wie „mein Gegner ist im übrigen viel zu wenig, als daß er sich unterstehen darf, dem Herrn Hofcompositeur auf das unverschämteste" zu begegnen, und „... daß mein Gegner viel zu unvermögend ist", erinnern sehr an ähnlich lautende Formulierungen Bachs gegen Ernesti, als daß sie nicht auch hier auf sein Konto geschrieben werden können.

Wie auch in dem leidigen Streit um die Kompetenzen bei der Einsetzung der Präfekten nimmt diese Polemik bald unangenehme Formen an. Aus ernstgemeinter, von neuen historischen Bedingungen ausgehender Kritik wird eine peinliche, kaum weiterführende Zankerei.

Dem „Mangel am natürlichen Ausdruck" in Bachs Kompositionen, den seine Zeitgenossen glauben entdecken und kritisieren zu dürfen, wird schon wenige Jahrzehnte nach Bachs Tode widersprochen.

Wie bereits Birnbaum in seiner Verteidigungsschrift zitiert nun 1789 der englische Musikschriftsteller Charles Burney in seiner „History of Music" die Meinung von Marpurg:

> *„... Sebastian Bach soll ... die Eigenschaften vieler großer Musiker in sich vereinigt haben: gründliche Wissenschaft, fruchtbare Einbildungskraft und einen leichten und natürlichen Geschmack."*

In diesen späten Jahrzehnten des 18. Jahrhunderts begann sich das Verständnis gerade für die Komplexität der Bachschen Werke allmählich zu entwickeln.

Um seinen eigenen Standort noch einmal gegen alle Angriffe abzugrenzen und seinem Anliegen Nachdruck zu verleihen, veröffentlicht Bach 1738 seine „Generalbaßlehre". Unmißverständlich bringt er in dieser Schrift zum Ausdruck, daß er in keinem Punkte von den Forderungen lutherischer Musikauffassung abweichen werde.

Bach stützt seine Ausführungen auf eine Generalbaßlehre aus dem Jahre 1700, die damals von Niedt herausgegeben worden ist. Der Verfasser hat sich in seinen Formulierungen eng an das Vokabular Luthers gehalten und unter anderem geschrieben:

„... diejenigen, welche diese edle und göttliche Kunst mißbrau-
chen zum Zunder der Wollust und fleischlichen Begierde, die
sind Teuffels-Musicanten, denn der Satan hat seine Lust solch
schändlich Ding zu hören ... aber in den Ohren Gottes ist es
ein schändlich Geplärr."

Bach formuliert dies um und kürzt, bleibt aber ebenso scharf
und unduldsam wie sein Vorgänger. Es ist seine direkte Antwort auf alle Angriffe, die gegen ihn vorgebracht werden, und
es zeigt die zwangsläufige Verhärtung seiner Meinung, wenn er
seine Reputation, seinen Lebenskreis und seine Haltung zur
Religion gefährdet sieht:

„... und soll wie aller Music, also auch des General-Basses Fi-
nis und End Ursache anders nicht als nur zu Gottes Ehre und
Recreation des Gemüths seyn. Wo dieses nicht in acht genom-
men wird, da ist keinne eigentliche Musik sondern ein teufli-
sches Geplerr und Geleyer."

Bach schreibt zwar Generalbaß, meint aber die Gesamtheit seines kompositorischen Schaffens.

Eine „Aria mit verschiedenen Veränderungen"

Klavierkompositionen, zu eigenem Vergnügen und auch als
Übungs- und Vortragsstücke für seine begabteren und fortgeschritteneren Schüler, vor allem aber für die Söhne komponiert, nehmen im Gesamtschaffen Bachs einen bedeutenden
Platz ein. Bach veröffentlicht diese Kompositionen zum Teil
im Selbstvertrieb oder läßt sie von Musikverlegern drucken.
    Als vierter Teil einer Klavierübung erscheint bei dem Nürn-
berger Verleger Balthasar Schmid eine „Aria mit verschiedenen Veränderungen".

In Dresden hat Bach die Bekanntschaft des ehemaligen russischen Gesandten, des Grafen von Keyserlingk, gemacht, der Bach sehr schätzt und ihn bittet, doch einen jungen Dänen, der ihn stets auf Reisen begleitet, zu unterrichten. Bach sagt zu und nimmt sich des jungen Mannes während eines Aufenthaltes des Grafen in Leipzig an. Wegen einer Unpäßlichkeit muß sich Keyserlingk derzeit aber länger in Leipzig aufhalten als vorgesehen.

Bach nutzt die Zeit, um dem Reisebegleiter, der ihm recht begabt zu sein scheint, soviel wie möglich beizubringen. Der junge Mann namens Johann Gottlieb Goldberg, ist froh und dankbar, ein Schüler des berühmten Thomaskantors sein zu dürfen, und bringt es bald zu erstaunlicher pianistischer Fertigkeit. Keyserlingk ist entzückt über die Fortschritte seines Schützlings und bittet Bach, für diesen etwas zu schreiben, damit Goldberg es ihm auf Wunsch dann immer vorspielen könne.

Der erste Bach-Biograph Johann Nikolaus Forkel schreibt:

„Der Graf kränkelte viel und hatte dann schlaflose Nächte. Goldberg, der bey ihm im Hause wohnte, mußte in solchen Zeiten in einem Nebenzimmer die Nacht zubringen, um ihm während der Schlaflosigkeit etwas vorzuspielen."

Zu diesem Zwecke ist ihm eine Komposition aus Bachs Feder willkommen. Bach, zunächst ein wenig verblüfft ob dieses Ansinnens, erfüllt dem Grafen seinen Wunsch. Vielleicht sind ihm Variationen genehm? Bach selbst hat diese Kompositionsform bisher nicht sehr gemocht, weil ihn die Eintönigkeit der Harmonie nicht selten zum Gähnen anregt. Aber für Keyserlingk ist dies vielleicht dann genau das Richtige. Vielleicht können diese Variationen als sicherstes Schlafmittel herhalten. Keyserlingk will eine ebenso sanfte wie muntere Komposition haben.

Forkel bemerkt hierzu:

„Aber so wie um diese Zeit all seine Werke schon Kunstmuster waren, so wurden auch diese Variationen unter seiner (Bachs) *Hand dazu ... Der Graf nannte sie hernach nur seine Variationen. Er konnte sich nicht satt daran hören, und lange Zeit hindurch hieß es nun, wenn schlaflose Nächte kamen: Lieber Goldberg, spiele mir doch eine von meinen Variationen. "*

Sie scheinen demnach eher anregend als einschläfernd gewesen zu sein!

Bach schreibt also eine „Aria" – wie kann es anders sein – im italienischen Stil, die beweist, daß er diese Form ebenso gut beherrscht wie alle seine Herren Kollegen, welche die Opern für die Hoftheater liefern. Man braucht sich diese Arie nur gesungen vorzustellen, um gleich erkennen zu können, wie sehr man ihm unrecht tut, wenn man ihm Unkenntnis oder gar Geringschätzung des italienischen „bel canto" unterstellt.

Diese Arie wird nun variiert – es sind genau dreißig „Veränderungen", bei deren Abfolge Bach ganz systematisch verfährt: Nach zwei Variationen folgt stets ein Kanon. Zuerst ein einstimmiger, dann ein zweistimmiger usw., bis sich das Ganze schließlich zum Kanon mit neun nacheinander einsetzenden Stimmen steigert. Offensichtlich liegt der Komposition ein genauer Plan zugrunde, der an den Schluß in „wörtlicher" Wiederholung die Aria des Anfangs stellt. Anfang und Ende sind völlig gleichwertig! Dazwischen liegt ein weiter Weg, dessen einzelne Teilstrecken von unterschiedlichen „Empfindungen" geprägt werden.

Dem aufmerksamen Zuhörer eröffnet sich in jeder der dreißig Variationen wie von einem jeweils veränderten Standort ein neuer „Einblick" in Bachs vollendete musikalische Gestaltungskunst. Er schöpft souverän alle Mittel, die ihm zur Verfügung stehen, bis ins letzte aus. Nichts fehlt hier! Innigkeit und Temperamentsausbrüche sind gleichermaßen zu hören. Der Vortragende kann seine Fähigkeit zu verinnerlichtem Spiel ebenso zeigen wie seine Virtuosität.

Innerhalb des konsequent durchgeführten, fast architektonischen Aufbaus verwendet Bach in einigen Variationen besondere Formen wie die Ouvertüre, die Fughette, das traditionsreiche „alla breve". Als dreißigste Variation erklingt als Abgesang ein „Quodlibet", jenes derzeit so beliebte musikalische Unterhaltungsspiel, in welches jeder das einzubringen hat, was ihm gerade zur Verfügung steht, wenn es sich nur irgendwie dem harmonischen Gerüst einfügt. Das Ganze hat wie der Ablauf des menschlichen Lebens seine ernsten, aber auch seine heiteren Seiten.

Als „Aria" greift Bach auf eine Sarabande aus dem „Notenbuch für Anna Magdalena Bach" zurück, deren Baß er wie bei einer Passacaglia allen Variationen unterlegt. Wie er aber diesen Baß, der ja auch das „Fundament" der Arie bildet, „umspielen" läßt, zeigt den ganzen Reichtum seiner melodischen Ideen. Zwar bindet der Baß jede Variation fest in die vorgegebenen tonalen Funktionen, hindert Bach aber keineswegs daran, innerhalb dieser Grenzmarkierungen ungezwungen und voller Ausdruck zu musizieren und immer von neuem Glanzlichter zu entwerfen.

Es spricht für die Musikalität des Auftraggebers, daß dieser sich immer wieder eine „seiner" Variationen hat vorspielen lassen. Die Nächte mit qualvoller Schlaflosigkeit werden für ihn so zur Quelle angenehmsten Musikerlebnisses.

Daß Bach von Keyserlingk einen goldenen Becher mit einem Inhalt von „100 Louisd'or zum Dank" erhalten habe, gehört ganz sicher zu den zahlreichen unbewiesenen Legenden.

Reminiszenz an einen Jugendtraum

Als Carl Philipp Emanuel Bach im Dezember 1738 seinen Vater in Leipzig brieflich davon unterrichtet, daß er nun als Cembalist beim preußischen Kronprinzen im Dienst steht, stellen sich bei dem inzwischen Dreiundfünfzigjährigen Erinnerungen ein. Was ihm vor Jahren nicht gelungen ist, das hat der Sohn geschafft. Und dieser ist nicht nur Mitglied einer markgräflichen Kapelle, sondern hat es sogar zum „Begleiter", zum Hofmusikanten eines preußischen Erbprinzen bringen können! Das schmeichelt dem Vater fast mehr als dem Sohn, dem derartige Prestigefragen nicht dasselbe bedeuten wie dem Thomaskantor.

Als 1740 nach dem Tode des Soldatenkönigs aus dem Kronprinzen dann Friedrich II. König von Preußen wird, ist Bachs Zweitgeborener Hofcembalist der preußischen Krone. Von diesem Moment an brennt Johann Sebastian Bach darauf, seinen Sohn in Berlin zu besuchen. Vielleicht kommt auch eine Audienz bei Friedrich II. zustande. Der Zweitälteste könnte das ganz sicher ohne große Anstrengung in die Wege leiten.

Doch der junge König hat jetzt andere Sorgen, als sich weiterhin so intensiv wie bisher mit der Musik zu befassen. Zunächst muß er sein Staatswesen ordnen. Das Erbe, welches er von seinem Vater übernommen hat, ist nicht so leicht zu verwalten, wie es Außenstehenden vielleicht scheint.

Der Absolutismus war unter der Herrschaft von Friedrich Wilhelm I. von Preußen, dem Vater Friedrichs, mehr als in den anderen Kleinstaaten gefestigt worden. Das Territorium war zwar nur um wenig größer, weil der „Soldatenkönig" besonderen Wert darauf gelegt hatte, Ordnung im Innern des Landes zu schaffen. Doch Bürokratie und Militanz im Lande Preußen sollten jedem potentiellen Feinde von außen Macht, Stärke und Geschlossenheit demonstrieren.

Sein Sohn hatte den väterlichen Gedankengängen und Ambitionen als junger Prinz nicht folgen wollen. Er gibt sich vielmehr der Selbsttäuschung hin, sein Volk „glücklich" machen zu wollen. Zufriedenheit bringt Ruhe, ein zufriedenes Volk denkt nicht an Aufruhr, und „ein glückliches Volk bangt vor dem Verlust seines Herrschers" – dies läßt er als seine Herrschaftsmaxime verbreiten.

In einem weiteren, ganz entscheidenden Punkte weicht Friedrich vom Regierungsprogramm seines Vaters ab: in der Frage von Krieg und Frieden. Gleich nach seiner Thronbesteigung fällt er schon 1740 in Schlesien ein, das derzeit zur Habsburger Monarchie gehört. Für seine musischen Neigungen bleibt ihm wenig Zeit. Erst muß er seinen Einfluß, seinen Machtbereich vergrößern.

Seine Hofkapelle bleibt während der Feldzüge des Königs zwar nicht beschäftigungslos, aber doch verschont von einem dauernden Wechsel der Aufführungsorte. Viele Musiker richten sich in Berlin ein und führen aufgrund recht guter Verdienste ein bürgerliches Leben.

In diese Berliner Situation hinein gerät Bach, als er im Jahre 1741 eine Reise in die preußische Residenz unternimmt. Erwartungen, dem König vorgestellt zu werden, bleiben diesmal unerfüllt. Sein Besuch beschränkt sich auf das Private, Häusliche. Um den Sohn nicht zu enttäuschen und auch um seiner eigenen Enttäuschung entgegenzuarbeiten, entfernt er sich einige Tage aus der Stadt und unternimmt mit dem Sohn eine mehrtägige Reise durch die Mark.

Carl Philipp Emanuel möchte dem Vater Rheinsberg zeigen, wo er vor Jahren seine Laufbahn als Cembalist begonnen und den Preußenkönig bei dessen Flötenkonzerten begleitet hat. Auf dem Wege dorthin machen sie Rast im Kloster von Heiligengrabe, in dessen Kapelle Bach die Orgel spielt.

Da erreicht Bach ein Brief von seinem Vetter Elias Bach, in dem ihm nach allgemein üblichen Höflichkeitsfloskeln mitgeteilt wird, daß sich

„... unsere liebwertheste Frau Mamma schon seither acht Tagen sehr unbaß befindet, une man nicht weiß, ob etwa aus der hefftigen Wallung des Geblütes gar ein schleichendes Fieber ... entstehen möchte ... Es schmerzet uns zwar allerdings, daß wir Dieselben (Bach) durch sothane Nachricht in der itzigen Ruhe und Zufriedenheit einigermaßen stöhren müßen."

Dieser Brief geht am 5. August mit der „schnellen Post" ab. Ihm folgt schon nach 4 Tagen ein zweiter, dringlicherer:

„Der Herr Vetter haben zu unser aller Beruhigung Dero Frau Liebste eine abermahlige gute Nachricht u. zugleich den Tag Ihrer Abreise bestimmen wollen; allein so viel Vergnügen uns hieraus erwachsen, so viel Schmerzen empfinden wir gleichwohl über die zunehmende Schwachheit unserer Hochwerthesten Frau Mamma, indem dieselbe schon seither 14 Tagen nicht eine einzige Nacht nur eine Stunde Ruhe gehabt, u. weder sitzen noch liegen kan, so gar, daß man mich in vergangener Nacht geruffen u. wir nicht anders meynten, wir würden sie zu unserm größten Leidwesen gar verliehren. Es dringet uns daher die äußerste Noth, solches in schuldigster Nachricht zu melden, damit dieselben Dero Reise eventualiter ohne Maaßgebung beschleunigen u. uns insgesamt durch Dero erwünschte Gegenwart erfreuen möchten, unter welchen Wunsch u. Herzlichen Gruß von dem ganzen Hause ich en particulierement mit geziemender Hochachtung u. Dienstgeflißenheit Zeit Lebens verharre."

Anna Magdalena, jetzt etwas über vierzig Jahre alt, ist wieder einmal schwanger und hat die ersten, kritischen drei Monate, die nun jedesmal belastender für sie werden, noch' nicht überwunden. Bach setzt, als ihn diese zweite Nachricht in Berlin erreicht, sofort den Termin seiner Rückreise fest und trifft kurze Zeit danach in Leipzig ein. Zum Glück erholt sich seine Frau trotz der Zweifel der Ärzte und trägt das Kind aus. Im Februar 1742 kommt dann dieses letzte Kind, Regina Susanna, zur Welt.

Im Jahre 1744 trifft aus Berlin die Nachricht ein, daß sich Carl Philipp Emanuel mit der Tochter eines angesehenen Berliner Weinhändlers verheiratet habe, mit Johanna Marie Dannemann, die im Jahre darauf Bach den ersten Enkel schenkt.

Gerne wäre Johann Sebastian jetzt wieder nach Berlin gefahren, um seine Schwiegertochter und vor allem den Enkelsohn kennenzulernen. Doch die Expansionspolitik Friedrichs II. zwingt ihn, dieses Vorhaben vorläufig aufzuschieben.

Obwohl sich Friedrich II. gern als „aufgeklärter" Monarch darstellte, entwickelte er das Militär in noch stärkerem Umfange als sein Vater. Während der Soldatenkönig sich um die Machtdemonstration im Innern bemühte, richtete sich die Militanz seines Sohnes nach außen. Fortwährend führte er Kriege, und sein Land Preußen glich stets einem „bewaffneten Feldlager mitten im Frieden".

Zum ersten Male erlebt Bach im November 1745 die Besetzung einer Stadt durch fremde Truppen. Ein preußisches Heer unter dem Fürsten Leopold von Anhalt-Dessau marschiert in Leipzig ein, nimmt Quartier und requiriert auch sonst alles, was man zum Leben braucht, vor allem Geld und Lebensmittel. Während Sachsen und Preußen vormals als Verbündete in der antiösterreichischen Koalition gegen Habsburg gekämpft haben, sind sie nun seit dem Friedensschluß von 1742 nach dem Austritt Preußens aus dieser Koalition erbitterte Feinde.

Im Zuge des zweiten Schlesischen Krieges – 1744/45 – gegen die Kaiserin Maria Theresia gelingt es Friedrich so ganz nebenbei, Dresden zu Fall zu bringen und den Kurfürsten und König von Polen zu Zugeständnissen zu zwingen. In der Metropole Sachsens wird kurz nach dem Fall der Stadt dann schnell Friede geschlossen, in dessen Vertrag die den Sachsen aufgezwungenen Zugeständnisse schriftlich fixiert werden. Erst jetzt zieht die preußische Armee wieder aus Sachsen ab. Auch die Bevölkerung der geplagten Messestadt Leipzig atmet auf.

Bach schreibt 1746 in einem Brief an den Vetter Elias, daß „leider!" im November fünfundvierzig die Preußen in Leipzig einmarschiert wären. Das Ausrufezeichen hinter dem kleinen, allerdings bedeutsamen Wörtchen „leider" läßt vielerlei Schlüsse auf Bachs Haltung zu dieser Tatsache zu. Noch nie hatte er so etwas selbst erleben müssen. Die Preußen Fried-

1. die Kirchen u Neuwenburg
2. S. Johannis Thor
3. S. Peter Kirche
4. Provianl Haus
5. der Baracke Garten
6. S. Thomas Kirche
7. das Zeuchans Haus
8. die neue Kirche
9. das Rath haus
10. Landones Kirche und
     Collegium
11. das geristliche Thor

Da die Sächsische Armee ein gefährlichen Anschlag gefasset hatte, somit den Oesterreichern in das L
sich gezwungen gesehen, J. Hochfürstl. Durchl. dem regirenden Fürsten zu Anhalt-Dessau anzu
zerstreuen und sich dieser Stadt bemächtigen meolten. Dieses ist auch den 30 Nov 1745 glück
sich in der größten Unordnung zurück gemacht daß also der Fürst von Anhalt am besagten
                            ausserhalb des Thores auf das submisseste empfangen und

...deburg wie auch in die Chur-marck einen Einfall zu thun, als haben Ihro Königl. Majst. von Preußen
...n daß Dieselben mit ihrer Armee gerade auf Leipzig der feindlichen entgegen ziehen Dieselbe
...geführet worden immaßen die feindl. Armee des Fürsten Ankunft nicht erwartet sondern
...ne einigen Schwerdtschlag in Leipzig eingezogen ist nachdem er von dortiger Magistrat
...let worden.

richs II., von dem er soviel gehalten hatte, waren nicht die feinsten Quartiergäste gewesen. Diesen Ton, diese Lautstärke und die unfreundliche Art, etwas zu fordern, war man in Sachsen nicht gewohnt. Zwar kam es kaum zu irgendwelchen Übergriffen gegen die Bevölkerung, aber die Angehörigen des Heeres krakeelten wie Landsknechte durch die Straßen und taten, als wären sie die Herren der Welt. Sachsen war entsetzt über das Benehmen und den Drill, mit dem die Soldaten mehrmals täglich beim Exerzieren herumgescheucht wurden.

Als am Neujahrstage des Jahres 1746 alle Preußen die Stadt Leipzig verlassen hatten, zog endlich wieder beschauliche und nervenschonende Ruhe in die Stadt ein.

Nun endlich kann Bach wieder Pläne schmieden. In diesem Jahr will er unbedingt nach Berlin reisen und seinen Enkelsohn bewundern. Noch ist es zu kalt, aber im Frühjahr wird sich eine Reise zu den Kindern nach Berlin sicher einrichten lassen. Doch auch in diesem Jahr 1746 lassen sich seine Wünsche noch nicht realisieren.

Erst im Mai 1747 gelingt es Bach, sich von all seinen Verpflichtungen, als deren wichtigste er nun nicht mehr den Schuldienst sieht, sondern die Erfüllung all seiner sich selbst gestellten Aufgaben – der Kompositionen – frei zu machen. Anna Magdalena, der ewigen Sorgen und Mühen mit den Kindern ein wenig müde, möchte sich dem Gatten gern anschließen. Aber es läßt sich nicht einrichten. Die Jüngsten brauchen sie dringend, und vor allem ist es so gut wie ausgeschlossen, den behinderten Gottfried fremden Händen zu überlassen. Außerdem – konstatiert sie mit einer leichten Bitterkeit – haben die beiden Söhne aus des Mannes erster Ehe kaum eine besondere Anhänglichkeit zu ihr an den Tag gelegt. Was soll sie also in Berlin, wenn man ihr dort vielleicht mit der stets zur Schau getragenen Distanz entgegentreten wird?

Resigniert und etwas traurig packt Anna Magdalena das für

Übergabe der Stadt Leipzig 1745 an preußische Truppen

Es ist iedermänniglich bekannt, was maffen, als die Königl. Preußischen Trouppen im Monat December des jüngst abgewichenen 1745sten Jahres die Stadt Leipzig besetzt gehalten, hochansteigende Summen Geldes theils baar oder durch Wechsel-Briefe verschaffet, zum Theil auf die Wiedereinlösung des deponirten Silbers und Schmucks, die Fourage-Lieferung und sonst verwendet werden müssen. Wenn dann dieienigen, so bey diesen Drangsalen gemeiner Stadt mit ausserordentlichen Vorschüssen an ausgestellten Wechsel-Briefen und baarem Gelde beygestanden, hinwieder zu befriedigen unumgänglich nöthig ist, sowol denen contribuabeln Einwohnern, welche mit würcklicher Einquartierung derer Preußischen Trouppen beschweret gewesen, zu thun die Billigkeit erfordert, zu gegenwärtigem Bedürffniß aber anderer gestalt nicht zu gelangen, als wenn über dasienige, was an Capitalien zinßbar aufzunehmen unvermeidlich gewesen, von iedem Hause in der Stadt drey und ein halb mal so viel, und in der Vor-Stadt von iedem Grund-Stücke zweymal so viel, als davon bisanhero iährlich an Pfennig- und Quatember-Steuern zur Cämmereyen-Stube abgestattet worden; von denen hingegen, welche in dem Quatember-Cataltro nicht enthalten, hierzu über den Betrag des nach denen Schocken entrichteten, ein proportionirlicher Zuschuß geethan, und von denen Grund-Stücken, an welchen deren anietzige Besitzer die Lehn nicht haben, noch innerhalb 14. Tagen von dato an in Richtigkeit setzen, das ausfallende Quantum doppelt eingebracht, im übrigen bey einem ieden Bürger, Schutz-Verwandten und Einwohner nach Beschaffenheit seiner Handlung und getriebenen bürgerlichen Nahrung, etwas beygetragen wird; Als verordnet E. E. Rath dieser Stadt, daß vor allen Dingen dieienigen Contribuenten, welche baares Geld zur Casse geliefert, mit unsern hierzu Verordneten Abrechnung pflegen, zu dem Ende ohne Anstand bey unserer Schoß-Stube des Morgens von 9. bis 12. Uhr sich einfinden, die bey Erlegung des Geldes erhaltenen Cassen-Scheine einhändigen, die ein mehrers, als sie beyzutragen schuldig, herzschoffen, weiterer Abhandlung und Resolution erwarten, und dieienigen, so über das bereits bezahlte, annoch etwas abzustatten verbunden, ingleichen die andern Contribuenten und übrige zu dieser Contribution gezogene Personen, und zwar ein ieder nach obangezogenem Ansaß von denen Grund-Stücken und der Nahrung, das ihm zugetheilte Quantum, ieder Dienst-Bothe, männlichen und weiblichen Geschlechts, Einen Reichs-Thaler von dato an, darneben von denen, die weder Bürger und Schutz-Verwandte, noch unter die Zettel-Leute und Dienst-Bothen zu rechnen find, iedes so viel, als wir ihnen zu erlegen andeuten werden, von Zeit der erhaltenen Auflage an, binnen Vierzehen Tagen, in steuerbaren Münz-Sorten, bey Vermeidung der Execution an die hierzu bestellten Einnehmer in gedachter Schoß-Stube abstatten sollen. Im übrigen leben wir des zuversichtlichen Vertrauens, die gesamten dieser Stadt Einwohner, welche sonst vor ihre Personen derer Steuern befreyet sind, werden bey Tilgung dieser Schulden, zu Abwendung der angedrohten Pfündungen, gemachten Schulden die unvermögenden Contribuenten zu subleviren, und aus ihren Mitteln ein ergiebigs zu diesem ausserordentlichen Bedürffnisse beyzutragen, von selbst sich willig finden lassen. Urkundlich mit dem gewöhnlichen Stadt-Secret bedrucket. Signatum Leipzig, den 3. Mart. 1746.

Bekanntmachung des Leipziger Rates zur preußischen Invasion

die Reise ihres Mannes Nötige in die große, bauchige Ledertasche. Eine Beruhigung ist ihr, daß Wilhelm Friedemann den Vater auf der Reise begleiten wird. Denn sie macht sich – nicht unbegründet – Sorgen um ihren Mann, dessen Augenschwäche sich in letzter Zeit ziemlich rasch verschlimmert hat. Er sitzt ja auch viel zuviel und manchmal bis in die tiefe Nacht hinein in seiner Stube und schreibt. An irgendwelche gelegentliche Spaziergänge, wie sie die ganze Familie früher unternommen hat, ist seit langem nicht mehr zu denken. Ihr Mann hat keine Zeit für solche unwichtigen Dinge.

Bach fühlt sich gedrängt durch die ihm unter den Händen weggleitende Zeit. Jeder Abhaltung von dem, was er als seine eigentliche Bestimmung erkannt hat – nämlich die Berechtigung und Gültigkeit der alten Musik noch einmal und mit Nachdruck zu bestätigen, ihre Formen noch einmal zu einem Höhepunkt zu führen –, tritt er mit entschiedener Ungeduld entgegen. Kaum glaubt Anna Magdalena, daß er den Anstrengungen der bevorstehenden Berlinreise gewachsen sein wird. Aber sie weiß, wie sehr ihm diese seit Jahren am Herzen liegt, wie sehr er ein Wiedersehen mit seinem Zweitgeborenen ersehnt, wie gern er den ersten Enkel in die Arme schließen möchte. Das Wiedersehen mit den Kindern wird vielleicht dem müde gekämpften Manne guttun.

Eine letzte Reise von Sachsen nach Preußen

Gemeinsam mit dem Sohn Wilhelm Friedemann, der seinen Bruder schon sehr lange nicht gesehen hat und der sich in Halle dem Vater anschließt, fährt Bach in Richtung Preußen. Zum Glück hat sie Carl Philipp Emanuels Eilpost mit der Nachricht, daß er sich selbst mit dem Hofe in Potsdam aufhalte und daß der Herr Vater doch inzwischen für kurze Zeit in Berlin mit seiner Eheliebsten und dem Enkel vorliebnehmen möchte, noch vor der Abreise erreicht. Doch Bach denkt nicht daran, unter diesem Umstande gleich nach Berlin zu reisen. 1741 hat er nicht bei dem Sohn wohnen können, sondern in der Wohnung eines Familienfreundes Quartier bezogen. Diesmal will er soviel wie möglich mit Carl Philipp Emanuel zusammenbleiben. Der „Junge" ist in Potsdam? Nun, so wird man eben auch dorthin fahren!

Die Wege sind scheußlich, und das Gefährt holpert unaufhörlich durch eine eintönige Landschaft, die bald von angenehmeren Bildern abgelöst wird. Bach kennt dies von früher. Aber jetzt sind die Straßen doch schon ein wenig besser geworden – und in Richtung Berlin ja sowieso. Das hängt wohl nicht von ungefähr mit ihrer militärischen Bedeutung zusammen, denn nach Meinung der Militärs haben Straßen eine bevorzugte Aufgabe zu erfüllen. Aber man muß diese angenehmere Straße dann auch bald wieder verlassen, um gen Potsdam abzubiegen.

Dieses Potsdam scheint in einer Sandwüste zu liegen. Wie kann der König von Preußen nur an diesem Sand Gefallen finden? Es hat sich herumgesprochen, daß sich Friedrich II. hier eine Sommerresidenz bauen läßt, die nahezu fertig ist. Die Gegend ist gar nicht so übel, wenn man von diesem schrecklichen Sand einmal absieht, der durch jede Ritze der Postkutsche eindringt und auf allem eine dünne weiße Schicht wachsen läßt. Ausgedehnte Wälder erstrecken sich auf einigen welligen Hügeln. Je näher man dem Ziele kommt, desto deutlicher kann man Seen, Flußarme, kleine idyllische Inseln ausmachen. Zur Zeit hält Friedrich II. Hof im Potsdamer Stadtschloß, das Vater und Sohn Bach recht imposant zu sein scheint.

Bach ist müde von der langen Fahrt und will sich nicht nur den Reisestaub aus den Kleidern klopfen lassen, sondern auch ein wenig ruhen. Die Augen brennen ihm unerträglich. Von dem feinen Sandstaub, den die Brillengläser nicht haben abhalten können, sind die Lider stark geschwollen, und die Bindehaut ist entzündet. Dringend bedürfen sie der Kamillenbäder, zu deren Herstellung im Reisegepäck ein Fläschchen Absud mitgeführt wird.

Doch kaum hat sich Bach seines Rockes entledigt, da kehrt auch schon ganz aufgeregt Wilhelm Friedemann aus dem Schlosse zurück, wohin er gleich nach ihrer Ankunft geeilt ist, um sich beim Bruder melden zu lassen.

„Der König hatte um diese Zeit alle Abend ein Cammerkoncert, worin er meistens selbst einige Concerte auf der Flöte bließ. Eines Abends wurde ihm, als er eben seine Flöte zurecht machte, und seine Musiker schon versammelt waren, durch einen Officier der geschriebene Rapport von angekommenen

Fremden gebracht. Mit der Flöte in der Hand übersah er das Papier, drehte sich aber sogleich gegen die versammelten Capellisten und sagte mit einer Art von Unruhe: Meine Herren, der alte Bach ist gekommen! Die Flöte wurde hierrauf weggelegt, und der alte Bach ... sogleich auf das Schloß beordert ..."

Völlig zerschlagen, aber im festen Glauben, daß er schließlich den König von Preußen nicht warten lassen dürfe, kommt Bach nun nicht einmal dazu, sein Reisekleid mit dem altväterlichen schwarzen Kantorenrock zu vertauschen. Umständlich und etwas verwirrt reinigt er sich in Eile die verkrusteten Gläser seiner Brille. Dann läßt er sich von Friedemann zum Schlosse führen, dessen Wachen inzwischen unterrichtet worden sind und die beiden Besucher ungehindert passieren lassen.

Endlich wird auch die letzte Tür, die zum Musiksalon des Königs führt, aufgetan. Carl Philipp Emanuel Bach, der dem Vater entgegengeht, um ihn zu begrüßen und seinem Dienstherrn vorzustellen, erschrickt über dessen Aussehen. Nicht etwa, weil dieser sich nicht hat umkleiden können, sondern weil der Vater blaß ist, einen übernächtigten und völlig erschöpften Eindruck macht. Als er ihn vor sechs Jahren, damals 1741, zum letzten Male gesehen hat, strotzte Bach noch vor Gesundheit, hatte einen beachtlichen Bauch angesetzt und schien guter Dinge. Jetzt aber wirkt er, trotz des breiten, noch immer verschmitzten, leicht verlegenen Lächelns, mit dem er den Sohn in die Arme schließt, abgekämpft und schlaff. Sein Leib und auch sein Gesicht scheinen eher aufgedunsen als wohlgenährt und gesund.

Friedrich, den rührselige Szenen peinlich berühren, geht Bach rasch einige Schritte entgegen, räuspert sich. Dann folgen „weitläufige Complimente", die derzeit bei diesen Gelegenheiten üblich sind. Bach entschuldigt sich, daß er im Reisekleid habe erscheinen müssen – wegen der Eile –, weil er doch sogleich dem Rufe Sr. Majestät habe folgen wollen. Friedrich II. wiederum versucht in seiner leutseligen Art, Bach von der Belanglosigkeit eines sauberen Rockes zu überzeugen. Was bedeute ein Rock, wenn es doch um die Kunst, nun gar noch um die bedeutendste aller Künste, nämlich um die edle Tonkunst, gehe!

So geht das eine Weile hin und her, bis der König endlich gewahr wird, wie müde sein Gast ist, und ihn neben sich Platz nehmen läßt. Gemeinsam mit einigen Kapellmitgliedern und Freunden wird ein leichtes Mahl eingenommen. Man plaudert ungezwungen, und Bach, der nun wieder etwas lebendiger geworden ist, steht dem König im schönsten Obersächsisch Rede und Antwort. Von der sanften, angenehmen Stimme des Preußen ist Bach ebenso überrascht wie von dessen Bereitschaft, bei besonderen Anlässen auf jedes Zeremoniell zu verzichten.

> *„Der König gab für diesen Abend sein Flötenconcert auf, nöthigte aber den ... Bach, seine in mehreren Zimmern des Schlosses herumstehenden Silbermannschen Fortepiano zu probiren. Die Capellisten gingen von Zimmer zu Zimmer mit, und Bach mußte überall probiren und fantasiren."*

Friedrich II., der viel von Musik versteht, ist begeistert und von Bachs Musikalität tief beeindruckt. Um den Vater seines Hofcembalisten herauszufordern, fragt er, ob er sich denn zutraue, aus nur wenigen Tönen etwas Musikalisches zu entwickeln. Wie beiläufig schlägt er bei dieser Frage eine Folge von Tönen an und lächelt Bach zu. Mit seinem scharfen, durchdringenden Blick sieht Friedrich II. sofort, daß es in Bachs Kopf bereits arbeitet, und er gibt den Platz am Cembalo frei.

Ohne sich auch nur einen Moment zu bedenken, beginnt Bach, das vorgegebene Thema zu formen. Alle Anwesenden sind zunächst neugierig, dann sprachlos. Verwundert sehen sie einander an. Und bald hören alle ergriffen diesem Spiel zu, dessen Klarheit und Folgerichtigkeit musikalischer Gedanken-führung sie wie ein Wunder anmuten.

Bach ist völlig versunken in dieses eindrucksvolle, wie er es später selbst bezeichnet, „recht königliche" Thema, dessen Einfall er dem Preußenkönig gar nicht zugetraut habe, da es so gar nicht dem Zeitgeschmack entspricht. Er hält das Thema für gelungen, weil es ihm einmalige Möglichkeiten der Ausführung bietet, die er voll nutzt.

Kaum können die Anwesenden – abgesehen von den beiden Söhnen – den kühnen thematischen Entwicklungen folgen. Da sich Bach bei seinen Improvisationen ganz in die traditionsreichen Formen des Kanons und der Fuge zurückzieht, fällt es nicht leicht, sein Spiel zu verstehen. Gehören doch diese Formen zu jenen, welche als altväterlich belächelt und auch von den Hofmusikern der preußischen Kapelle nur noch selten gespielt werden. Was dieser alternde Mann da in so souveräner Weise darbietet, scheint ihnen zunächst eine Art Geheimsprache zu sein, hinter deren Inhalt sie erst ganz allmählich gelangen. Trotz der etwas bedrückenden Forderung an ihre geistigen Kräfte spüren alle, die an diesem und auch am folgenden Abend Bachs Spiel zuhören dürfen, daß sie Zeuge von etwas Einmaligem, Unwiederholbarem geworden sind.

Tags darauf spielt Bach in einem Orgelkonzert in der Heiliggeistkirche. Hier lernt den fast schon „legendären Organisten" ein weniger elitäres Publikum kennen, das von dessen Spiel aber ebenso beeindruckt ist wie die Zuhörer im Schloß.

Am Abend desselben Tages wird Bach erneut ins Schloß geladen. Und obwohl sich der Vater dieser für ihn gewiß sehr ehrenden, angenehmen Pflicht unterzieht und wieder eine sechsstimmige Fuge mit Beifall der Versammelten improvisiert, stellen die beiden Söhne besorgt fest, wie müde ihr Vater ist. Diese beiden letzten Tage sind offensichtlich zuviel für ihn gewesen. Obwohl er diese Müdigkeit zu überspielen sucht mit besonderer Lebhaftigkeit, beschließen sie, ihn endlich nach

Berlin zu bringen, wo er etwas Ruhe finden kann. Die Weiterreise wird daher gleich auf denselben Abend festgesetzt.

Carl Philipp Emanuel Bach hat den König, welcher die Sorgen des Sohnes um den erschöpften Vater durchaus verstehen kann, unterrichtet und um kurzen Urlaub gebeten. Friedrich II. nimmt deshalb von dem Wunsche, Bach noch etwas bei sich zu behalten, Abstand und beurlaubt seinen Cembalisten für die Dauer des väterlichen Besuches.

Das musikalische Opfer

In Berlin lernt Bach endlich die Schwiegertochter kennen, eine stattliche, reputierliche und kluge Person, die ihn freundlich aufnimmt und ihm den Enkel übergibt, der inzwischen anderthalb Jahre alt ist.

Schnell erholt sich Bach von der Anstrengung der letzten Tage, nur seine Augen machen ihm weiterhin Sorgen. Das Sehvermögen scheint sich wirklich von Tag zu Tag zu verschlechtern. Dem muß er irgendwie entgegenwirken. Er hat noch so viele Pläne, die er unbedingt in die Tat umsetzen möchte. Und wie kann ihm das gelingen, wenn seine Augen ihren Dienst versagen.

Allmählich stellt sich in Bachs Gedanken Unruhe ein. Die Söhne spüren, daß der Vater bald nach Leipzig zurückfahren will. Soweit es aber Kraft und Zeit noch zulassen, führen sie ihn durch Berlin, zeigen ihm das königliche Opernhaus, welches ihm ehrliche Bewunderung abnötigt und dessen Akustik ihn in Erstaunen versetzt.

„Alles, was in der Anlage desselben in Hinsicht auf die Ausnahme der Musik gut oder fehlerhaft war, und was Andere erst durch Erfahrung bemerkt hatten, entdeckte er beym ersten Anblick."

In der Stadt selbst hat sich seit seinem ersten Aufenthalt im Jahre 1718 manches verändert. Berlin ist repräsentativer geworden, es gibt bereits viele prächtige Gebäude und Skulpturen zu sehen. Dazwischen ducken sich freilich noch immer armselige Häuschen. Trotzdem fehlt der Stadt jene Wärme, die er als gebürtiger Thüringer so liebt. Ihm widerstrebt die militärische Ausrichtung der Straßenzüge. Alles ist langweilig und auch zu flach. Gewiß, am Terrain läßt sich ja nichts ändern, das ist zu akzeptieren. Aber hat man die Straßen unbedingt so schnurgerade, so lang und einfallslos bauen müssen? Der König, dem er soeben in Potsdam begegnet ist, hat doch Geschmack bewiesen und besitzt ein gutentwickeltes Gefühl für künstlerisch-bauliche Gestaltung. Wie kann er eine solch triste Stadt ertragen?

Gleich, nachdem Bach nach Leipzig heimgekehrt ist, setzt er sich in seine Komponierstube, um das „königliche Thema" noch einmal zu überdenken und zu Papier zu bringen. Gewiß, er hat die Aufgabe, die ihm im Potsdamer Schlosse gestellt worden ist, zur Zufriedenheit des Königs erfüllen können. Aber er selbst glaubt, daß er aus diesem Thema noch mehr herausholen kann. Deshalb wird er das Ganze nun ändern und speziell für den flötespielenden König, als Dank für dessen freundliche Aufnahme und sein musikalisches Verständnis, auch etwas hinzufügen.

Die Familie wird angewiesen, ihn nicht zu stören. Bach schreibt das, was er in Potsdam auf dem Cembalo improvisiert hat, nun für mehrere Instrumente um.

Nicht nur aus Taktgefühl, das ja seine allerstärkste Seite nicht ist, sondern aus echter Dankbarkeit ergänzt er das Ganze um eine Triosonate für Flöte, Violine und Cembalo. Selbstverständlich ist aber das Thema Friedrichs II. Zentrum der musikalischen Ausführung.

Anfang Juli schickt er dann das versiegelte Paket nach Berlin. In der Widmung bezeichnet Bach die Komposition als „Musikalisches Opfer". Er schreibt:

Allergnädigster König,

Ew. Majestät weyhe hiermit in tiefster Unterthänigkeit ein Musicalisches Opfer, dessen edelster Theil von Deroselben hoher Hand selbst herrühret. Mit einem ehrfurchtsvollen Vergnügen erinnere ich mich annoch der ganz besondern Königlichen Gnade, da vor einiger Zeit, bey meiner Anwesenheit in Potsdam, Ew. Majestät selbst, ein Thema zu einer Fuge auf dem Clavier mir vorzuspielen geruheten, und zugleich allergnädigst auferlegten, solches alsobald in Deroselben höchsten Gegenwart auszuführen. Ew. Majestät Befehl zu gehorsamen, war meine unterthänigste Schuldigkeit. Ich bemerkte aber gar bald, daß wegen Mangels nöthiger Vorbereitung, die Ausführung nicht also gerathen wollte, als es ein so treffliches Thema erforderte. Ich fassete demnach den Entschluß, und machte mich sogleich anheischig, dieses recht Königliche Thema vollkommener auszuarbeiten, und sodann der Welt bekannt zu machen. Dieser Vorsatz ist nunmehro nach Vermögen bewerk-

bewerkstelliget worden, und er hat keine andere als nur diese untadelhafte Absicht, den Ruhm eines Monarchen, ob gleich nur in einem kleinen Puncte, zu verherrlichen, dessen Größe und Stärke, gleich wie in allen Kriegs- und Friedens-Wissenschaften, also auch besonders in der Musik, jedermann bewundern und verehren muß. Ich erkühne mich dieses unterthänigste Bitten hinzuzufügen: Ew. Majestät geruhen gegenwärtige wenige Arbeit mit einer gnädigen Aufnahme zu würdigen, und Deroselben allerhöchste Königliche Gnade noch fernerweit zu gönnen

Ew. Majestät

(Leipzig den 7. Julii 1747.)

allerunterthänigst gehorsamster Knecht,
dem Verfasser.

Widmung Bachs an Friedrich II., König von Preußen, im Musikalischen Opfer

„Ew. Majestät weyhe hiermit in tiefster Unterthänigkeit ein musicalisches Opfer, dessen edelster Theil von Deroselben hoher
Hand selbst herrühret. Mit … Vergnügen erinnere in mich an-

297

noch ... da vor einiger Zeit ... Ew. Majestät selbst, ein Thema zu einer Fuge auf dem Clavier mir vorzuspielen geruheten, und zugleich allergnädigst auferlegten, solches alsobald in Deroselben höchsten Gegenwart auszuführen ... Ich bemerkte aber gar bald, daß wegen Mangels nöthiger Vorbereitung, die Ausführung nicht also gerathen wollte, als es ein so treffliches Thema erforderte. Ich fassete demnach den Entschluß ... dieses recht Königliche Thema vollkommener auszuarbeiten, und sodann der Welt bekannt zu machen ... Ich erkühne mich dieses unterthänigste Bitten hinzuzufügen: Ew. Majestät geruhen gegenwärtige wenige Arbeit mit einer gnädigen Aufnahme zu würdigen, und Deroselben allerhöchste Königliche Gnade noch fernerweit zu gönnen Ew. Majestät allerunterthänigst gehorsamsten Knechte, dem Verfasser."

Eine Reaktion des preußischen Königs Friedrich II. auf dieses Geschenk ist nicht bekannt geworden. Trotz der Bewunderung, die der Monarch Bach entgegengebracht hat, ist seine musikalische Auffassung eine ganz andere. Der Geschmack des Königs liegt im Gegenwärtigen, sosehr er Bachs Kunst auch zu schätzen weiß. Und daß Friedrich II. den Thomaskantor geschätzt hat, geht aus einem von Baron van Swieten überlieferten Gespräch hervor, in dem unter anderem vom Preußenkönig auch das Talent Wilhelm Friedemann Bachs als außergewöhnlich bezeichnet wird.

„Dieser Künstler besitzt eine hervorragende Gabe in bezug auf alles, was ich an Tiefe der harmonischen Kenntnisse und Stärke der Ausführung gehört habe oder mir vorstellen kann. Indessen finden diejenigen, die seinen Vater gekannt haben, daß er an ihn nicht heranreiche. Der König ist derselben Ansicht, und um sie mir zu beweisen, sang er mit lauter Stimme das Thema einer chromatischen Fuge, das er dem alten Bach gegeben hatte, der auf der Stelle eine Fuge daraus machte ..."

Bachs Sohn Wilhelm Friedemann hatte im Mai 1774 vor dem König gespielt, vielleicht, um diesen zu einer Anstellung zu bewegen. Unverrichteterdinge mußte er aber aus Berlin abreisen.

Letzte Lebenskraft und Tod

Als Bach im September 1748 als Pate bei dem neugeborenen zweiten Enkel, der seinen Namen erhält, nach Berlin gebeten wird, kann er selbst nicht an der Feier teilnehmen. Dieser Enkel wird später als begabter Landschaftsmaler bekannt. Er lernt in Dresden und Leipzig unter anderen bei dem Maler Adam Friedrich Oeser und geht schließlich nach Rom, wo er – erst dreißigjährig – 1778 stirbt. Bach läßt sich bei der Taufe von einem Bekannten vertreten. Er hat keine Kraft mehr, sich noch einmal den Anstrengungen einer so beschwerlichen Reise auszusetzen. Der Besuch im Vorjahre war der letzte auswärtige Aufenthalt des Vaters.

Der Januar des Jahres 1749 beschert der Familie Bach ein freudiges Familienereignis. Die älteste Tochter aus zweiter Ehe, Elisabeth Juliana Friederica, das „Liesgen", heiratet den Bachschüler Johann Christoph Altnikol, der kurz zuvor als Organist an der Naumburger Stadtkirche St. Wenzel angestellt worden ist.

Wie es sich gehört, werden zu der Feier auch Mitglieder des Naumburger Stadtrates geladen, die sich jedoch entschuldigen lassen und anstelle ihrer Vertreter „sechs Taler" nach Leipzig schicken. Zwar sind alle Familienmitglieder von diesem Vorfall ein wenig peinlich berührt, doch vergißt man im Hochzeitstrubel diese Angelegenheit schnell.

Zur Trauung am 20. Januar 1749, die selbstverständlich in der Thomaskirche stattfindet, sitzt Bach nach langer Zeit wieder an der Orgel, um seine Kinder zu ehren. Das Lieschen, dem er in seiner Kaffeekantate in so ansprechender musikalischer Charakterisierung einst Gestalt verliehen hat, ist die einzige seiner Töchter, deren Hochzeit er als Brautvater auszurichten hat. Von den zwanzig Kindern, die in seinen zwei Ehen geboren wurden, überleben nur vier Töchter und fünf Söhne den Vater.

Es liegt die Frage nahe, warum denn außer „Liesgen" alle am Leben gebliebenen Mädchen unverheiratet geblieben sind. War der Vater etwa eifersüchtig auf die Töchter, die er nicht jedem geben wollte? Verhielt sich Bach zu schroff oder abweisend gegen mögliche, seinen Vorstellungen nicht entsprechende Freier? Oder lag es an den Töchtern? Fühlte sich vielleicht die Älteste, Catharina Dorothea, die schon seit ihrer frühesten Kindheit die Erfahrung machen mußte, daß ein Mädchen im Gegensatz zu den Brüdern nichts galt und daß sie sich stets unterzuordnen hatte, als gebranntes Kind? Schien ihr das Leben als Ehefrau wenig begehrenswert? Sie liebte ihren Vater, gewiß. Aber sie hatte auch erleben müssen, wie sehr ihre Mutter und dann in noch weit stärkerem Maße die Stiefmutter Anna Magdalena von diesem, wie es eben üblich war, ausgenutzt wurde. Und auch sie selbst hatte eigentlich nie das tun können, was ihren Neigungen entsprach. Immer mußte sie im Haushalt und bei der Pflege der jüngeren Geschwister helfen. Vielleicht war sie dessen müde. Eine Ehe hätte ihr vielleicht nur die Fortsetzung dieses gleichförmigen Lebens bedeutet, wäre in keiner Beziehung eine Verbesserung ihrer Lebensqualität als Frau gewesen! Da konnte sie auch getrost im Elternhause bleiben. Genauere Anhaltspunkte wurden in keinen Zeugnissen überliefert.

Gerne hätte die Familie zu diesem ganz besonderen Feste der Hochzeit des Lieschens auch den Vetter Elias bei sich gesehen. Doch die Jahreszeit ist diesem für eine Reise „unbequem". Da Schweinfurt, wo der „Herr Vetter" jetzt lebt, so weit von Leipzig entfernt liegt – ein Umstand, der vor einigen Jahren sogar den älteren Bach nicht hätte von einer Reise abhalten können –, wird es wohl auch künftig nicht möglich sein können, „persönlichen Besuch einander abzustatten".

Diesen Vetter könnte Bach jetzt in Leipzig gut gebrauchen. Der war ihm stets ein guter und einfühlsamer Freund und Gehilfe vor allem in seinen schriftlichen Angelegenheiten gewesen. Jetzt half ihm zwar der neue Schwiegersohn, aber der war selten in Leipzig und mußte sich nun außerdem um eine eigene Familie kümmern. In Naumburg hatte sich nämlich auf den Tag genau neun Monate nach der Hochzeit Nachwuchs eingestellt. Wie der zweite Sohn Carl Philipp Emanuel Bachs wird auch Altnikols Knabe auf den Namen des Großvaters getauft. An dieser Feier kann Bach ebenfalls nicht teilnehmen.

Fast ausschließlich und oft stundenlang ist er seit Beendigung des „Musikalischen Opfers" mit einer anderen Komposition beschäftigt. Sein Amt versieht er nur noch zu besonderen Gelegenheiten. Es kostet ihn zuviel Zeit, und auch die Kräfte reichen für derartige – wie er meint – Belanglosigkeiten nicht mehr aus. Er hat Wichtigeres zu tun. Einmal noch möchte er den Nachweis erbringen, daß die traditionellen Formen und der „alte" Stil dann, wenn man sie richtig handhabt, durchaus ihren gültigen Wert haben. Ideen zu einer solchen Arbeit beschäftigen ihn schon seit Jahren, doch haben stets andere Pflichten die konsequente Ausführung verdrängt. Jetzt aber widmet er sich unter Aufbietung aller Kräfte ausschließlich diesem Anliegen, das ganz der Tradition verpflichtet ist, andererseits aber weit in die Zukunft hinausweist.

Für die Fugen und Kanons, die er diesmal schreibt, stellt er sich selbst das Thema. Es ist dem des Preußenkönigs ähnlich, aber viel kürzer.

Bach arbeitet jetzt trotz ununterbrochener, bohrender Augenschmerzen. Er ist fast blind – ein Schicksal, das er übrigens mit seinem gleichaltrigen Zeitgenossen Georg Friedrich Händel, auch mit Johann Ludwig Krebs teilt. Bei der Niederschrift der bedeutenden Komposition „Die Kunst der Fuge" muß er sich weitgehend auf die Hilfe anderer stützen.

Der Sohn Johann Christoph Friedrich steht dem Vater bei, wann er nur kann. Aber schon Anfang des Jahres 1750 tritt dieser in die Dienste des Grafen von Schaumburg-Lippe in Bükkeburg. Bach hatte ihm am 27. Dezember 1749 selbst das Bewerbungsschreiben diktiert.

Im Reisegepäck des erst Siebzehneinhalbjährigen befindet sich ein Exemplar des 1736 erschienenen Lutherbibel mit einer Widmung:

> *„Zum steten Andencken und Christlicher Erbauung schencket ihrem lieben Sohn dieses herliche Buch Anna Magdalena Bachin ... Deine getreu und wohlmeinende Mamma"*

Da kommt endlich der Sohn aus Berlin zu Hilfe. Im Februar, März und Juli leitet Carl Philipp Emanuel Bach in der Thomaskirche die Aufführungen von Bachs Magnifikat, einer Kirchenkomposition zu lateinischem Text für den katholischen Hof in Dresden.

Zu gern hätten einige Mitglieder des Leipziger Stadtrates schon jetzt einen neuen Kantor ernannt. Es ist bereits jemand empfohlen worden, dessen Anstellung von vornherein gesichert ist, weil er als Protegé des Ministers Brühl eingeführt wird. Dieser, ein intriganter und zudem höchst einflußreicher und mächtiger Höfling, ist der Meinung, daß es jetzt doch endlich an der Zeit sei, den kranken Thomaskantor seines Amtes zu entheben. Der Stadtrat indes bleibt unentschlossen. Muß man sich unbedingt dem Diktat dieses Ministers beugen? Sollen sie Bach gerade jetzt, wo er ohnehin kaum noch etwas leisten kann aus Schwäche und vor Schmerzen, vor den Kopf stoßen? Der Minister hat recht mit seinem Drängen, Bach ist außerstande, seine Pflichten zu erfüllen. Aber es wird doch eine Lösung geben, die auch von den Behörden akzeptiert werden kann.

Carl Philipp Emanuel Bach bleibt in Leipzig, als sich der Vater einer ersten Augenoperation unterzieht, die von einem

Carl Philipp Emanuel Bach (1714–1788)

englischen Arzt namens Taylor Ende März 1750 vorgenommen wird. Der Eingriff scheint zunächst gut zu verlaufen, denn bald vermag sich Bach wieder seinen Kompositionen zuzuwenden. Für kurze Zeit kann er sogar wieder sehen. Seine Familie und Freunde atmen auf. Ohne Rücksicht auf seine Kräfte diktiert der noch nicht Genesene seinem herbeigeeilten Schwiegersohn und auch Carl Philipp Emanuel Teile aus der „Kunst der Fuge" in die Feder. Alles geschieht in größter Eile und scheint gut zu gehen. Doch der Schein trügt. Ein Schlaganfall macht alle Hoffnungen zunichte. Tagelang liegt Bach bewußtlos, umsorgt von den nächsten Angehörigen, die wissen, daß seine Stunden gezählt sind.

Am Dienstag, dem 28. Juli des Jahres 1750 – Bach ist sechsundsechzig Jahre alt –, tritt der Tod ein. Freitag darauf wird Bach auf dem Kirchhofe von St. Johannis begraben.

Wie üblich werden in einem für diesen Tag angesetzten, dem Kirchenjahr entsprechenden Bußgottesdienst vom Pastor nach der Predigt die wichtigsten Gemeindenachrichten der Thomasgemeinde verlesen. Unter anderem wird mitgeteilt:

„Es ist in Gott sanfft und seelig entschlafen der Wohledle und Hochachtbare Herr Johann Sebastian Bach, Sr. Königl. Maj. in Pohl. und Churfürstl. Durchl. zu Sachs. Hoff Componist, wie auch Hochfürstl. Anhalt-Cöthenscher Capellmeister und Cantor an der Schule zu St. Thomae allhier ..."

Kein Wort des Dankes, nichts von einer Anerkennung seines Wirkens, kein Hinweis auf die Begräbnisstätte, um die Möglichkeit zu letzten Ehrungen zu geben.

Um die frei gewordene Stelle des Thomaskantors bewerben sich nun Johann Ludwig Krebs und auch Carl Philipp Emanuel Bach, der von allen sicher am besten für dieses Amt geeignet ist. Doch der Kandidat steht schon fest, man läßt andere Bewerber gar nicht erst zum Probespiel einladen. Auch die ausgezeichnete Leitung der drei Magnifikat-Aufführungen, die der zweitälteste Bachsohn in den letzten Monaten für seinen Vater übernommen hat, finden bei den Verantwortlichen keinerlei Beachtung.

Ohnehin ist man ja der Meinung, daß man einen Kantor brauche und keinen Kapellmeister. Der Groll des Stadtrates kommt jetzt, da Bach tot ist, noch einmal zum Ausdruck: Der alte Bach sei zwar ein großer Musiker gewesen, das wolle man ihm keineswegs bestreiten, aber eben doch kein „Schulmann"! Wie längst abgesprochen, wird Bachs Nachfolger der Günstling des Grafen Brühl, Gottlob Harrer, der schon bald nach Bachs Begräbnis in sein Amt eingeführt wird.

An dem Nachspiel, welches jetzt folgt, ist zu erkennen, wie sehr sich die Zeiten geändert haben. Familienbande als „Schutz-und-Trutz-Bündnis" sind nicht mehr gefragt. Diese alte protestantische Gepflogenheit gilt vermutlich als ebenso „altväterlich" wie Bachs Musik. Viel zu sehr ist man jetzt mit sich, mit seinen eigenen Problemen beschäftigt, über die lang und breit reflektiert wird, die zu bespiegeln man nicht müde wird. Was aber aus der jahrzehntelangen Gefährtin des Vaters wird, die ihre eigenen Ansprüche und Träume von Jahr zu Jahr hat mehr reduzieren müssen, weil Haushalt und Kinder sie ausgelaugt und ihre Kräfte aufgezehrt haben, interessiert niemanden.

Traurig und beschämend ist es, wie sich die Söhne, seien es nun die leiblichen oder die Stiefsöhne, nach dem Tode des Vaters, der ja auch der Ernährer Anna Magdalenas gewesen ist, wie sie sich zu der Mutter verhalten. Die „Bachin" ist, als Johann Sebastian stirbt, erst knapp fünfzig Jahre alt und überlebt ihren Mann um zehn Jahre. Die Hinterlassenschaft des Thomaskantors ist zu gering, als daß sie der Witwe ein auch nur einigermaßen sorgenfreies Leben hätte sichern können. Zudem müssen ja auch noch die jüngsten Kinder versorgt werden, zu deren Erziehung ein Vormund ernannt wird. Johann Christian wird der Obhut Carl Philipp Emanuel Bachs übergeben, der ihn für vier Jahre zu sich nach Berlin nimmt – wieder wird der

Jüngste von einem Bruder erzogen – und den Hochbegabten im Klavierspiel und in anderen Fächern unterrichtet. Niemand indes hilft, die Angelegenheiten der Mutter zu ordnen oder ihr unter die Arme zu greifen, obwohl sie alle dazu in der Lage gewesen wären. Anna Magdalena sieht sich gezwungen, den Rat der Stadt um das Geld zu ersuchen, das dieser ihrem verstorbenen Manne noch schuldete. Die Summe beläuft sich auf einundzwanzig Taler und einige Groschen.

Da der künftige Kantor jetzt Anspruch auf die Kantorenwohnung hat und so schnell wie möglich seine Stelle antreten muß, will man Bachs Witwe mit den Kindern aus der Wohnung haben. Doch dagegen erhebt Anna Magdalena Einspruch. Wo soll sie so schnell eine billige, geeignete Wohnung finden. Sie muß sich entschließen, vieles, was ihr Mann ihr als Andenken zurückgelassen hat, in Geld umzusetzen. Die nächste Wohnung wird klein und bescheiden sein. Nur das Nötigste wird sie behalten. Aber selbstverständlich trennt sie sich nicht von den Manuskripten ihres verstorbenen Mannes. Laut Schulordnung stehen ihr sechs Monate Frist zu, die sie sich noch in der Kantorenwohnung aufhalten darf. Damit jedoch sind Rat und Rektor nicht einverstanden. Vielleicht könne sie schneller eine Wohnung mieten, wenn sie etwas mehr Geld investieren wolle? Der Stadtrat zahlt ihr zusätzliche einundzwanzig Taler „Abstandsgeld", damit sie von ihrem Anspruch auf sechs Monate Auszugsfrist zurücktritt.

Trotz ihrer Bescheidenheit übersteigt die kleine Wohnung, die nun gemietet wird, Anna Magdalenas Mittel. Sie sieht sich deshalb vor die Situation gestellt, doch einige Handschriften ihres Mannes zu verkaufen. Zwar tut sie dies schweren Herzens, doch bleibt ihr keine andere Wahl. Der Rat der Stadt zahlt, weil man ihr aus „ihrer Dürftigkeit" heraushelfen möchte, weitere vierzig Taler. Auch diese Summe ist bald aufgebraucht.

Bachs Witwe muß die neue Wohnung verlassen. Obdachlos findet sie mal hier, mal dort Unterkunft. Der Zustand ist erniedrigend und unerträglich. Doch auch jetzt kommt ihr von den Kindern keine Hilfe. Nur die Naumburger Tochter – das Lieschen – ist bereit, den debilen Gottfried Heinrich zu sich zu nehmen. Als „Almosenfrau" mit notdürftigem Obdach und gelegentlicher kostenloser „Armensuppe" bringt sich die Mutter durch.

Nach zehn Jahren findet dieses Kapitel der Bachschen Familienchronik seinen Abschluß. Anna Magdalena Bach wird Ende Februar 1760 aus ihrer Not buchstäblich „befreit" und wenige Tage später in einem Armengrabe beigesetzt.

Persönlichkeit und Werk Johann Sebastian Bachs geraten für Jahrzehnte in Vergessenheit. Erst lange Zeit später nähert man sich seinen zahlreichen unvergleichlichen Kompositionen wieder und begreift sie als Ergebnis seiner tiefen, bereits früh erfahrenen und außergewöhnlichen Vertrautheit mit allen Möglichkeiten musikalischer Äußerung.

Werkverzeichnis (Auswahl)

Kantaten

– Frohes Volk, vergnügte Sachsen	BWV Anh. 12
– Tönet, ihr Pauken! Erschallet, Trompeten!	BWV 214
– Schweigt stille, plaudert nicht	BWV 211
– Blast Lärmen, ihr Feinde, verstärket die Macht!	BWV 205 a
– Preise dein Glücke, gesegnetes Sachsen	BWV 215
– Lobet Gott in seinen Reichen	BWV 11
– Schleicht, spielende Wellen, und murmelt gelinde	BWV 206
– Angenehmes Wiederau	BWV 30 a
– Willkommen! Ihr herrschenden Götter der Erden	BWV Anh. 13
– Mer ham e neue Oberkeet	BWV 212

Motetten

– Singet dem Herrn ein neues Lied	BWV 225
– Jesu meine Freude	BWV 227

Messen

– Messe in h-Moll	BWV 232
– Messe in g-Moll	BWV 235
– Sanctus in D-Dur	BWV 238
– Sanctus in G-Dur	BWV 240

Magnifikat in D-Dur	BWV 243

Passionen

– Matthäus-Passion	BWV 244
– Johannes-Passion	BWV 245
– Lucas-Passion	BWV 246
– Markus-Passion	BWV 247

Oratorien

– Weihnachtsoratorium	BWV 248
– Osteroratorium (Kantate zum Osterfest)	BWV 249

fast 350 vierstimmige Choräle (Bearbeitungen oder eigene Kompositionen)

Lieder und Arien

Notenbüchlein für Anna Magdalena Bach

Klavierbüchlein für Friedemann Bach

Orgelwerke (etwa 250)

Klavierwerke

– Inventionen für 2 und Sinfonien für 3 Stimmen	BWV 772–801
– Englische Suiten	BWV 806–811
– Französische Suiten	BWV 812–817
– Das Wohltemperierte Klavier, Teil 1 und 2	BWV 846–893

Zeittafel

1685   *Johann Sebastian Bach wird am 21. März in Eisenach geboren*
Georg Friedrich Händel und Domenico Scarlatti geboren

· 1687   Jean Baptist Lully – Schöpfer der französischen Nationaloper – gestorben
Christian Thomasius hält in Leipzig erste Universitätsvorlesungen in deutscher Sprache: „Welchergestalt man denen Franzosen im gemeinen Leben und Wandel nachahmen soll"

1688   Friedrich Wilhelm, (der Große) Kurfürst von Brandenburg (seit 1640) gestorben
Friedrich III., Kurfürst von Brandenburg (ab 1701 König von Preußen als Friedrich I.)
Friedrich Wilhelm I., König von Preußen (Soldatenkönig) geboren
Pfälzischer Erbfolgekrieg Frankreichs gegen Österreich, England, die Niederlande und Spanien (bis 1697)

1690   John Lockes Schrift „Versuche über den menschlichen Verstand" erscheint (englische Aufklärungsphilosophie)
Erfindung der Dampfmaschine

1693   *Bach wird Schüler der Eisenacher Lateinschule*

1694   *Tod der Mutter Elisabeth Bach, geb. Lämmerhirt*
Friedrich August I. (der Starke), Kurfürst von Sachsen
Gründung der Universität Halle an der Saale
Voltaire geboren

1695   *Tod des Vaters Johann Ambrosius Bach, Übersiedlung Johann Sebastian Bachs nach Ohrdruf*
Henry Purcell – Schöpfer der englischen Nationaloper – gestorben

1696   Johann Kuhnaus „Frische Clavierfrüchte oder sieben Suonaten" erscheinen. Beginn der Klaviersonate in Deutschland
Peter I. wird Zar von Rußland

1697   August der Starke wird nach Übertritt zum Katholizismus zum König von Polen gekrönt (bis 1733)

1698–	
1706	Bau des Berliner Stadtschlosses nach Plänen von Andreas Schlüter
1700	*Bach wird Mettenschüler an der Lüneburger Michaelisschule* Leibniz gründet in Berlin die Preußische Akademie der Wissenschaften und wird ihr erster Präsident Johann Christoph Gottsched geboren
1700– 1721	Nordischer Krieg Rußlands, Polen-Sachsens und Dänemarks gegen Schweden
1701	Georg Philipp Telemann gründet in Leipzig das erste collegium musicum
1701– 1713	Spanischer Erbfolgekrieg
1702	*Bach bewirbt sich als Organist in Sangerhausen*
1703	*Bach wird Hofmusiker in Weimar und anschließend Organist in Arnstadt* Zar Peter I. gründet St. Petersburg und erhebt es zu seiner Residenz
1704	Blüte der Hamburger Oper unter Reinhard Keiser
1705	*Bach wandert nach Lübeck zu Buxtehude* In Hamburg erlebt Händels erste Oper „Almira" ihre Uraufführung
1706	*In Arnstadt hat Bach Disziplinarverfahren wegen Verstoßes im Organistendienst und Urlaubsüberschreitung* Johann Pachelbel, Meister der Orgelvariation und -fuge, gestorben
1707	*Bach wird Organist in Mühlhausen; heiratet Cousine Maria Barbara Bach* Dietrich Buxtehude, berühmter norddeutscher Organist, gestorben
1708	*Bachs Kantate „Gott ist mein König" erscheint im Druck; Berufung nach Weimar und Geburt der ersten Tochter Catharina Dorothea*
1709	*Bach erhält Besuch Johann Georg Pisendels* Erfindung des sächsischen Porzellans durch Böttger in Meißen
1710	*Geburt von Bachs erstem Sohn Wilhelm Friedemann* Meißner Porzellanmanufaktur von August dem Starken gegründet
1710– 1713	Krieg Rußlands mit der Türkei
1711– 1722	Bau des Zwingers zu Dresden
1712	Händel geht nach London Christian Wolff veröffentlicht seine „Vernünftigen Gedanken von den Kräften des menschlichen Verstandes" (Aufklärungsphilosophie)

Friedrich II. (von 1740 bis 1786 König von Preußen) geboren
Jean Jacques Rousseau geboren
Englische Dampfmaschine findet erstmalig in Deutschland Anwendung

1713   *Bach begleitet den Weimarer Herzog nach Weißenfels; Geburt und Tod der Zwillinge Maria Sophia und Johann Christoph; Probespiel in Halle und Annahme der Organistenstelle an St. Marien*
Arcangelo Corelli – Violinvirtuose und bedeutender Instrumentalkomponist des Barocks – gestorben
Denis Diderot geboren
Friede von Utrecht beendet den Spanischen Erbfolgekrieg
In Berlin wird die erste Wollmanufaktur gegründet

1714   *Geburt von Bachs Sohn Carl Philipp Emanuel; Rücktritt Bachs vom Organistenamt in Halle; Ernennung zum Konzertmeister in Weimar*
Christoph Willibald Gluck geboren
Krönung des Kurfürsten von Hannover zum König Georg I. von England
In Berlin erscheint Leibniz' „Monadologie"

1715   *Geburt des Bachsohnes Johann Gottfried Bernhard*
In Frankreich entsteht volkstümliches, possenhaftes Singspiel
Christian Fürchtegott Gellert geboren
Ludwig XIV. („Sonnenkönig") von Frankreich gestorben

1717   *Bach wird Hofkapellmeister in Köthen; in Weimar muß er zuvor eine vierwöchige Haftstrafe absitzen; er reist nach Dresden und wird zur Orgelprüfung in der Paulinerkirche nach Leipzig eingeladen; sein Orgelbüchlein (46 Orgelchoräle) erscheint*
Johann Stamitz geboren
Johann Joachim Winckelmann geboren

1718   *Im Gefolge des Köthener Fürsten Reise Bachs nach Karlsbad; Geburt des Sohnes Leopold Augustus*
Abschluß des Friedensvertrages zwischen Österreich und der Türkei

1719   *Bach reist nach Berlin; er bemüht sich vergeblich, Händel in Halle zu treffen; Tod des Sohnes Leopold Augustus*
Händel gründet in London erste Opernakademie
In England erscheint Daniel Defoes „Robinson Crusoe"
In England wird der erste Landschaftspark geschaffen

1720   *Bach reist zum zweiten Male nach Karlsbad; Tod der Ehefrau Maria Barbara Bach; Aufenthalt in Hamburg und Bewerbung um Organistenstelle an St. Jacobi; Bachs „Klavierbüchlein vor Friedemann" (Anfangsstücke) und drei Violinkonzerte erscheinen*

1721	*Trauung mit Anna Magdalena Wilcke; Tod des Bruders Johann Christoph in Ohrdruf; Sendung der „Brandenburgischen Konzerte" (sechs Concerti grossi) nach Berlin*
1722	*Bewerbung Bachs um das Thomaskantorat; „Das Wohltemperierte Klavier" (1.Teil) entsteht; Tod des Bruders Johann Jakob in Stockholm*
1723	*Bach wird Thomaskantor in Leipzig; Übersiedlung der Familie in die Messestadt; Geburt der Tochter Christiana Sophia Henrietta*
1724	*Geburt des Sohnes Gottfried Heinrich; Gastspielreise mit Anna Magdalena nach Köthen; erste Aufführung der „Johannes-Passion" in Leipzig* Friedrich Gottlieb Klopstock und Immanuel Kant geboren
1725	*Geburt des Sohnes Christian Gottlieb; Konzerte in der Sophienkirche zu Dresden* Alessandro Scarlatti – Schöpfer der neapolitanischen Oper mit Dacapo-Arie und italienischer Ouvertüre – gestorben Zar Peter I. gründet in Petersburg die Russische Akademie der Wissenschaften
1726	*Geburt der Tochter Elisabeth Juliana Friederica; Tod der Tochter Christiana Sophia Henrietta; Brief Bachs an Georg Erdmann; Durchführung von Rekonstruktionsarbeiten in Bachs Kantorenwohnung* Der Roman „Gullivers Reisen" von Jonathan Swift erscheint Sonatenform mit zweitem Thema entsteht
1726–1743	Bau der Frauenkirche in Dresden
1727	*Geburt und Tod des Sohnes Ernestus Andreas; Uraufführung der Matthäus-Passion*
1728	*Tod des Sohnes Christian Gottlieb und Geburt der Tochter Regina Johanna* Tod des Fürsten Leopold von Anhalt-Köthen In London wird die „Bettler-Oper", ein englisches satirisches Singspiel, Parodie auf die italienische Oper, von Johann Christof Pepusch und John Gay uraufgeführt Bering durchsegelt die Meerenge zwischen Sibirien und Alaska
1729	*Bach erkrankt* *Geburt der Tochter Christiana Benedicta Louise; Bach entfernt sich ohne Urlaubsgenehmigung für drei Wochen aus Leipzig; er übernimmt das von Telemann gegründete collegium musicum* Händel hält sich in Halle auf, doch kommt es zu keinem Zusammentreffen mit Bach Matthias Gesner wird Thomasrektor Gotthold Ephraim Lessing geboren

1730 *Tod der Tochter Christiana Benedicta Louise; Vorlage eines „... Ent-wurffs ... einer ... KirchenMusic" beim Leipziger Stadtrat; Bach wird Nachlässigkeit im Schuldienst vorgeworfen; weiterer Brief an Jugend-freund Georg Erdmann*
Gottscheds „Versuch einer Kritischen Dichtkunst für die Deut-schen" erscheint

1731 *Geburt der Tochter Christiana Dorothea; Bach gibt Konzerte in der So-phienkirche zu Dresden*
Der Erzbischof von Salzburg vertreibt 26000 Protestanten, die in Preußen und Sachsen angesiedelt werden

1732 *Geburt des Sohnes Johann Christoph Friedrich und Tod der Tochter Chri-stiana Dorothea; Bach reist mit Anna Magdalena nach Kassel*
Johann Gottfried Walthers „Musikalisches Lexikon" erscheint
Joseph Haydn geboren
In Berlin revolutieren die Handwerksgesellen gegen das Reichszunft-gesetz

1733 *Tod der Tochter Regina Johanna; Geburt und Tod des Sohnes Johann Au-gust Abraham; Wilhelm Friedemann Bach wird Organist an der Sophien-kirche zu Dresden; Bach überreicht in Dresden dem Kurfürsten seine Messe h-Moll*
Friedrich August I. Kurfürst von Sachsen und König von Polen (als August II.) gestorben
Christoph Martin Wieland geboren

1733–
1738 Polnischer Erbfolgekrieg

1734 *Besuch Franz Bendas im Hause Bach; Teilnahme Bachs an der Huldigung anläßlich der Krönungsfeierlichkeiten des Kurfürsten von Sachsen, Au-gust II., zum König von Polen (als August III.) in Leipzig; Bachs Weih-nachtsoratorium wird aufgeführt*

1735 Geburt des Sohnes Johann Christian; Bach beteiligt sich am Vertrieb von Cembalowerken Hurlebuschs; der Sohn Johann Gottfried Bernhard bewirbt sich um das Organistenamt an der Kirche Beatae Mariae Virginis zu Mühlhausen
Linnés Systematik der Naturwissenschaften erscheint

1736 *Präfektenstreit; Ernennung Bachs zum Kurfürstlich-Sächsischen Hofkom-ponisten; Konzerte in der Dresdner Sophienkirche; Aufführung von Bachs Osteroratorium*
Giovanni Pergolesi – italienischer Vertreter der Opera buffa – ge-storben

1737 *Bach legt die Leitung des collegium musicum nieder; der Vetter Johann*

Elias Bach wird Bachs Sekretär und Hauslehrer seiner Kinder; Geburt der Tochter Johanna Carolina

1738   *Bach reist nach Dresden; Carl Philipp Emanuel Bach wird Cembalist beim Kronprinzen Friedrich von Preußen*
Birnbaum verteidigt Bach gegen die Angriffe Johann Adolph Scheibes
Ende der Hamburger deutschen Oper
Lorenz Christoph Mizler gründet die Gesellschaft der Musikalischen Wissenschaften
Friedensschluß von Wien beendet polnischen Erbfolgekrieg

1739   *Tod des Sohnes Johann Gottfried Bernhard; Bach übernimmt erneut die Leitung des collegiums musicum; er reist mit Anna Magdalena nach Weißenfels*
In Hamburg erscheint Matthesons „Vollkommener Kapellmeister"
In Preußen wird ein Edikt gegen das Einziehen von Bauernland durch den Adel erlassen

1740   *Bach reist nach Halle*
Gottscheds „Deutsche Schaubühne" erscheint
Friedrich II. wird König von Preußen
Maria Theresia wird Kaiserin von Österreich
Beginn des ersten Schlesischen Krieges zwischen Österreich und Preußen

1741   *Bach unternimmt Reise nach Berlin und Dresden*

1742   *Geburt der Tochter Regina Susanna; der Vetter Elias Bach beendet seine Stellung im Hause Bach; Bachs „Goldbergvariationen" (30 Variationen für Cembalo) erscheinen*

1743   In Leipzig werden die „Großen Konzerte" gegründet (ab 1781 „Gewandhauskonzerte")
Antonio Vivaldi – italienischer Geiger und Komponist – gestorben

1744   *Carl Philipp Emanuel Bach heiratet in Berlin Johanna Marie Dannemann*
Johann Gottfried Herder geboren
Friedrich II. von Preußen beginnt den zweiten Schlesischen Krieg
Seidenweberaufstand in Lyon

1745   Besetzung Leipzigs durch preußische Truppen
Friedensschluß zu Dresden beendet den zweiten Schlesischen Krieg
In Potsdam wird mit dem Bau des Schlosses Sanssouci begonnen

1746   *Wilhelm Friedemann Bach wird Organist an St. Marien zu Halle*
Abzug der preußischen Truppen aus Leipzig
Graf Brühl wird Premierminister in Sachsen

1747   *Bach besucht die Familie seines Sohnes Carl Philipp Emanuel Bach in Berlin; er hält sich zuvor in Potsdam auf und spielt vor König Friedrich II. im Potsdamer Stadtschloß; Konzerte in der Heiligengeistkirche in Potsdam; Besuch Mizlers in Leipzig und Bachs Eintritt in Mizlers Gesellschaft; Sendung des „Musikalischen Opfers" an Friedrich II.*
Abschluß der Bauarbeiten am Schloß Sanssouci

1748   Klopstocks „Messias" erscheint

1749   *Bachs Tochter Elisabeth Juliana Friederica heiratet seinen Schüler Johann Christoph Altnikol aus Naumburg*
Johann Wolfgang Goethe geboren

1750   *Bach unterzieht sich mehrerer Augenoperationen; Carl Philipp Emanuel dirigiert in der Thomaskirche des Vaters Magnifikat; Johann Christoph Friedrich Bach wird Hofmusiker in Bückeburg; am 28. Juli stirbt Johann Sebastian Bach und wird auf dem Leipziger Johanniskirchhof begraben*

Literaturverzeichnis (Auswahl)

Bach-Dokumente I, II, III, Leipzig 1963, 1969, 1972

Bilddokumente zur Lebensgeschichte Johann Sebastian Bachs, Leipzig 1979

Kalendarium zur Lebensgeschichte Bachs, Leipzig 1979

Bach-Jahrbücher in Auszügen, Leipzig 1950 ff.

Schmieder, Wolfgang: Thematisch-Systematisches Verzeichnis der Werke Johann Sebastian Bachs, Leipzig 1961

Bach-Studien Band V, Leipzig 1975

Sämtliche von Johann Sebastian Bach vertonte Texte, hrsg. von Werner Neumann, Leipzig 1974

Johann Nikolaus Forkel: Über Johann Sebastian Bachs Leben, Kunst und Kunstwerke, Leipzig 1802

Dürr, Alfred: Die Kantaten Johann Sebastian Bachs I u. II, Bärenreiter-Verlag Kassel 1971

Terry, Charles Sanford: Johann Sebastian Bach, Leipzig 1929

Mittenzwei, Ingrid: Der Philosoph von Sanssouci, Berlin 1983

Schering, Arnold: Musikgeschichte Leipzigs Band 3, Leipzig 1926

Die Kunst des 18. Jahrhunderts, Dresden 1978

Die Bibel in der Übersetzung Luthers, Halle 1913

Bildnachweis

Die Veröffentlichung der Bilddokumente erfolgt mit freundlicher Genehmigung des Deutschen Verlages für Musik, Leipzig, des Bach-Archivs, Leipzig, sowie der ADN-Zentralbildstelle, Berlin.

Daß dieses Buch – vorwiegend für Jugendliche geschrieben – diesen Leserkreis doch noch erreicht, habe ich dem unermüdlichen Bemühen meiner Lektorin Frau Gisela Adam zu danken. Neben ihr gilt mein Dank vor allem Dr. Gerd Rienäcker, der mir während der Niederschrift des Manuskriptes mit vielen wichtigen Hinweisen wertvolle Hilfe geleistet, und Herrn Dr. Wolfgang Goldhan, dem Leiter der Musikabteilung der Staatsbibliothek, der einen großen Teil des Bildmaterials zur Verfügung gestellt hat.
An diesem Platz möchte ich um Verständnis dafür bitten, daß bei der Fülle des Bachschen Gesamtwerkes nur einer geringen Anzahl von Kompositionen gedacht werden konnte. Die Auswahl, die für Text und Zeittafel getroffen wurde, bedeutet keine Wertung.

Berlin, Sommer 1986   *R. Mann*

Inhalt